Ignaz Aurelius Fessler

Mathias Corvinus, König der Ungarn

Erster Teil

Ignaz Aurelius Fessler

Mathias Corvinus, König der Ungarn
Erster Teil

ISBN/EAN: 9783743329317

Hergestellt in Europa, USA, Kanada, Australien, Japan

Cover: Foto ©ninafisch / pixelio.de

Manufactured and distributed by brebook publishing software (www.brebook.com)

Ignaz Aurelius Fessler

Mathias Corvinus, König der Ungarn

MATHIAS CORVINUS,

KÖNIG DER HUNGARN
UND
HERZOG VON SCHLESIEN

Nec fors, nec ratio, nec mentis vividus ardor,
Nec pars virtutis defuit ulla Tibi.
                                    Strozza

Neue verbesserte Auflage.

Erster Theil.
BRESLAU.
Bey *Wilhelm Gottlieb Korn.*
1796.

Ch. Sambach del.   C. Kohl sc. Vienna

SEINER EXCELLENZ,

DEM HOCHGEBORNEN

HERRN

CARL GEORG HEINRICH GRAFEN von HOYM

KÖNIGL. WÜRKLICH GEHEIMDEN ETATS KRIEGES UND DIRIGIRENDEN MINISTER,

CHEF-PRÄSIDENTEN

BEY DEN HOCHLÖBL. KRIEGES- UND DO-MAINEN-CAMMERN IN SCHLESIEN,

DES GROSSEN SCHWARZEN ADLER-ORDENS RITTER,

ERBHERRN DER HERRSCHAFTEN DYHRENFURT, ETC. ETC.

HOCHGEBORNER GRAF,

GNAEDIGSTER HERR!

Stolz auf das Glück, Schlesiens erlauchten Minister schon seit einigen Jahren in der Nähe bewundern zu können, wage ich's um so freymüthiger Ew. Excellenz die Schilderung eines Fürsten zu überreichen, der sich einst um eben das Land die schätzbarsten Verdienste erworben hatte, das jetzt in Hochdenenselben seinen thätigen, unvergesslichen Wohlthäter verehrt.

Ich wünschte meinen Zeitgenossen das Bild eines Monarchen in das Gedächtnifs zurückzurufen, der auch bey der Nachwelt die Achtung und Bewunderung verdient, die ihm sein Zeitalter, als den seiner Grösse gebührenden Tribut dankbar

entrichtet hatte; und ich werde meinen
Zweck vollkommen erreicht haben, wenn
der Versuch meiner Darstellung glücklich
genug ist, von Ew. Excellenz einiges
Beyfalles gewürdigt zu werden.

In einem Jahrhunderte, wo Tapferkeit
noch mehr als Geistesgrösse galt, wo man
durch persönlichen Muth den Mangel wahrer Verdienste überflüssig ersetzt glaubte,
verband Mathias von Hunyád mit der
Entschlossenheit des grössten Helden die
zwar minder glänzende, aber um so wohlthätigere Würde eines Freundes und Beförderers der Künste und Wissenschaften;
mit allen Talenten eines siegegewohnten
Feldherrn das rastlose Bestreben, der Pro-

matheus seiner Nation, der Vater seiner Völker zu seyn. Sixtus der Vierte, der fremder Grösse nie ohne Widerwillen huldigte, nannte ihn den König der Könige. Mohamed der Zweyte, der sich selbst für den grössten Monarchen seiner Zeit erklärte, gab den zweyten Rang dem Helden Pannoniens, dessen mächtiger Arm seine Herrlichkeit so oft erschüttert hatte. In den Annalen meines Vaterlandes glänzt die Periode seiner Regierung als die Epoche der rühmlichsten Thaten; dort sah ich was Mathias für Hungarn, was er auch für Schlesien gewesen seyn würde, hätte er nicht in dem Geiste seiner Zeitgenossen Hindernisse gefunden, die weder sein Scharfsinn noch seine Thätigkeit ganz zu besiegen vermochte. Gefühle der Wehmuth regten sich in meiner Brust, wenn ich fand, dass er oft die edelsten Entwürfe aufgeben musste, die sein erleuchteter Geist für das Glück und die Würde der ihm unterworfenen Völker gefasst hatte; wenn ich den Ursachen nachspürte, warum meine Nation unter einem solchen Könige nicht höher gestiegen wäre, und ich mir selbst antworten musste: der Mann war für Hungarn und für sein Jahrhundert zu grofs; aber desto glücklicher fühlte ich mich dann als Bewohner eines Landes, in welchem ich jetzt überall jenen blühenden Wohlstand verbreitet seke, den Hungarns grösster König ihm einst nur wünschen, nur vorbereiten, nie völlig geben konnte.

Unfähig den erhabnen Gegenstand zu verkennen, dem mein zweytes Vaterland einen wichtigen Theil seines glücklichen Zustandes, dem es den reitzenden Flor seiner Wissenschaften und Künste dankt, weihe ich Ew. Excellenz mit dieser Frucht meiner Musse zugleich das Opfer meiner reinsten Verehrung. Geruhen Hochdieselben es mit jener huldvollen Nachsicht anzunehmen, mit welcher Sie jeden litterarischen Versuch, der Moralität und Geschmack zum Zwecke hat, begünstigen, so ist der schönste Wunsch meines Herzens befriedigt.

Ich theile mit meinen Mitbürgern den frohen Genuſs des Glückes, das Ew. Excellenz erhabne Sorgfalt über Schlesiens Bewohner verbreitet; aber mehr noch die ehrfurchtsvollen Gefühle, mit welchen ich unausgesetzt verharren werde.

EW. HOCHGRAEFLICHEN EXCELLENZ

Carolath in Nieder-Schlesien,
den 15. Februar 1795.

unterthänigst gehorsamster Diener
FESSLER.

HISTORISCHE EINLEITUNG.

Die ausgewanderten Völker des Norden hatten sich auf den Trümmern der römischen Herrschaft niedergelassen: und Europa ward der Schauplatz der grossen Veränderungen, aus welchen nach langwierigem Kampfe das Licht, die Cultur und das Glück der spätern Jahrhunderte hervorging. Monarchien und Freystaaten waren verschwunden; die Fackel der Philosophie und des Geschmackes war erloschen; Künste, Wissenschaften und Sitten hatten sich vor dem verheerenden Schwerte barbarischer Horden nach Byzanz geflüchtet.

Die Gewalt des Stärkern verschlang alle Rechte. Das Haupt der Überwinder vertheilte das eroberte Land unter seine Krieger, die mit dem Besitze der Grundstücke zugleich die Pflicht übernahmen, ihrem Führer Heerfolge zu leisten, wenn des Nachbars zunehmende Macht die Sicherheit seiner Person, oder seines Eigenthumes in Gefahr gesetzt hatte. Die Überwundenen Einwohner wurden nach dem Rechte des wilden Siegers behandelt; als Sclaven mussten sie jetzt das Feld bauen, das sie kurz zuvor als Eigenthümer besessen hatten. So war der Grund zur Feudalverfassung gelegt, die unter dem Scheine der Gerechtigkeit verhüllt, Wurzel fasste, und von der Zwietracht und Unwissenheit begünstigt, ihr Ansehen verbreitete.

Weil das Loos bey der Theilung der Ländereyen entschieden hatte, so waren die Besitzungen ungleich; und die Mächtigern hatten alle Mittel in den Händen, unter dem Vorwande des Schutzes sich die Geringern zu unterwerfen. Gewaltsame Anmassungen zerstörten jetzt selbst unter den Freyen die Gleichheit der Rechte; die Klagen der Unterdrückten wurden verachtet; der König und die Vornehmen herrschten willkürlich über das geraubte Eigenthum der Unglücklichen. Die Wuth, alles an sich zu reissen, alles seinem Eigennutze dienstbar zu machen, ward allgemein; sie nährte die Furie des Krieges, und bereitete eine neue Ordnung der Dinge vor.

Die Religion Jesu würde die Barbaren zu bessern Menschen gemacht haben, wäre sie nicht von ihren Lehrern in ein Gewebe trockner Speculationen verwandelt worden, um die ihren

Vortheilen so günstige Herrschaft des Aberglaubens und der Unwissenheit fester zu gründen. Sie erreichten ihr Ziel. Das verblendete Volk verehrte in ihnen die Vertrauten des Himmels, in dessen Nahmen sie segneten, oder fluchten; die Schwachheit und Politik der Fürsten erhob sie durch Ansehen und Reichthümer zu einer Macht, die anfänglich nur das unbändige Volk und den übermächtigen Adel im Gehorsam erhalten sollte, aber bald ihren gekrönten Wohlthätern selbst gefährlich und furchtbar ward. Die Diener des Heiligthumes warfen sich zu Herrn und Richtern der Könige auf; sie vergaben den Thron, und verkauften den Himmel für die Schätze der Erde. Ihr mächtiger Einfluſs auf das Glück und die Ruhe der Staaten vermehrte die Ansprüche ihres Stolzes und ihrer Habsucht. Oft wurden sie mit Nachdruck zurückgewiesen; aber sie vertheidigten dieselben mit allem, was der Kirchenglauben blendendes und das Priesterthum fürchterliches hatte: das Volk zitterte vor dem Kreuze des erbitterten Priesters; und Fürsten, die seinem Hirtenstabe oder seinem Schwerte Trotz zu biethen gewagt hatten, fielen unter den Schrecken heiliger Bannflüche seiner Rache zum Opfer.

Mit innigstem Wohlgefallen sahen die Grossen die Erniedrigung ihrer Regenten; und vereinigten sich mit dem Priesterthume zu dem

Zwecke ihrer gemeinschaftlichen Vergrösserung. Lehen, bis jezt nur der freywillige Lohn geleisteter Dienste, wurden von Königen erzwungen. Oft nöthigten bürgerliche Fehden und Gefahren den Lehnsherrn, den Schutz und die Tapferkeit seiner Vasallen zu erkaufen; er bestätigte den Sohn in dem Besitze der verliehenen Güter und Würden, welche der Vater schon besessen hatte. Ähnliche Fälle erzeugten Ansprüche, und diese galten für Recht, wo Gewalt genug war sie durchzusetzen. Die Lehen wurden erblich; das Feudalsystem zerriſs das Band, welches den Adel an den Thron geheftet hatte; der Damm der Ordnung war durchbrochen, und der Strom der Gewaltthätigkeit ergoſs sich von allen Seiten. Staaten ohne Gesetze, Monarchien ohne Oberhaupt, Könige ohne Unterthanen erschienen und verschwanden jetzt von dem Schauplatze. Grosse und kleine Herrn waren beständig gegen einander bewaffnet; alle menschlichen Gefühle erstarben unter der Gewohnheit des Mords und des Raubes, die Gerechtigkeit musste schweigen und den Zweykampf oder den Aberglauben entscheiden lassen über Recht und Unrecht.

Dieſs war Europa's Gestalt, als die Hungarn, ein scythisches Volk, unter Almo's Führung Baskiria's Wüsteneyen verlieſsen, und mit einigen Stämmen Cumaner und Russen vereiniget, Pannonien unterjochten. — Alter und grosse Unternehmungen hatten den tapfern Heerführer zum Grabe reif gemacht. Bey dem Sterbbette des grauen Helden schworen die Häupter des Volkes seinem Sohne Arpad den Eid der Treue; ihm ward die höchste Gewalt überlassen, und das Recht der Erbfolge für seine Nachkommen fest gesezt.

Arpad theilte das eroberte Land unter die Krieger; nach dem Grade der bewiesenen Tapferkeit bestimmte er den Theil, den jeder als sein erworbenes Eigenthum besitzen sollte. Die eingebornen Slaven, Ruthener, Bulgarer, Valachen und Pannonier dienten zwar als Leibeigene ihren neuen Gebiethern, doch mit der Aussicht auf ein besseres Schicksal, wenn sie sich durch rühmliche Thaten desselben würdig zeigten. Menschlicher und gerechter als die Barbaren aus Norden, hatte Arpad verordnet, dafs die Knechte, nicht nur ihre Herrn auf den Kampfplatz der Ehre und des Muthes begleiten, sondern auch an ihrer Seite für das Vaterland kämpfen sollten. Eigenthum, Freyheit und Erhebung in die Classe der Edeln war ihr Lohn, wenn Muth und Entschlossenheit in dem Getümmel der Schlacht ihre Herzen zu Heldenthaten entflammt hatten.

Zoltan, Arpads Sohn, berichtigte die Grenzen des Reiches; Toxis der Erbe seiner

Fürstengewalt suchte dieselben zu erweitern.
Mit einem zahlreichen Heere erschien er in
Deutschland zu Luitholfs Unterstützung, der
sich gegen seinen Vater, Otto den Grossen,
empört hatte. Eine unglückliche Schlacht zwang
den Fürsten der Hungarn zum Friedensschlusse
mit dem Kaiser. Sein Sohn Geysa erneuerte
und befestigte denselben, weil edlere Absichten
seine sanfte, friedliche Seele beschäftigten. Das
raubsüchtige Volk zu verträglichen, gerechten
und geselligen Menschen umzubilden, war sein
eifrigster Wunsch. Künstler und Handwerker
rufte er aus Italien und Germanien unter vor-
theilhaften Bedingungen in das Land; die hau-
fenweise seinem Rufe folgten, nachdem er auch
den Lehrern des Christenthumes unbegrenzte
Freyheit, die Sittenlehre Jesu in Hungarn zu
verkündigen ertheilt hatte. Er selbst bekannte
sich mit seinem Hause zu dieser wohlthätigen
Lehre, sobald die Magnaten des Reiches zu diesem Schritte genugsam vorbereitet waren.

Stephanus, der Hungarn erster König, trat
in die Fusstapfen seines Vaters; mehr das Glück
seines Volkes, als die Erweiterung seiner Herrschaft war das Ziel seiner Kräfte. Die wohlge-
ordnete monarchische Verfassung, die er dem
Reiche gab, war das erste Werk, womit er sich
unter den ohnmächtigen Königen seiner Zeiten
hervorthat. In der allgemeinen Versammlung

der Grossen trat er als Gesetzgeber auf; Gottesfurcht, Menschenliebe, Ordnung und Gerechtigkeit sprachen aus seinen Verfügungen. Sie hatten viele und auffallende Mängel; nur hier und da leuchteten unter den Irrthümern des Zeitalters einige Strahlen reinerer Vernunftkenntnisse hervor: aber im Ganzen waren sie den Bedürfnissen des Reiches und der aufkeimenden Cultur der Nation angemessen, die des hellern Lichtes der gesetzgebenden Klugheit noch nicht empfänglich war. Ihre Verbesserung blieb seinen Nachfolgern überlassen, und Hungarn war so glücklich, in mehrern derselben thätige Beförderer seines Wohlstandes zu finden: die Nahmen, Ladislaus, Colomanus und Bela der Dritte glänzen in den Gesetztafeln und in den Jahrbüchern des Vaterlandes. Sie befestigten die Verfassung des Reiches, gründeten die Treue der Nation auf eine gelinde Ausübung der höchsten Gewalt, erhielten die Ordnung, und siegten auswärts über ihre Feinde; während die Flamme der Anarchie in Deutschland und andern Provinzen das Wohl der Fürsten und Völker verzehrt hatte.

Häufige Drangsale deckten jetzt das Mangelhafte des Feudalsystems auf: Raub war das Ziel der allgemeinen Thätigkeit, und Kriegssucht die herrschende Leidenschaft geworden. Zum Glücke der spätern Generationen gab ihr der römische Hierarch durch den Taumel der heiligen Kriege eine neue Richtung. Die Ohnmacht der Könige hatte sein Ansehen erhöhet, Zwietracht und Aberglaube hatten seine Herrschaft erweitert; nur Asien erkannte sie noch nicht. Für die Vergebung der Sünden sollte sich Europa seiner Volksmenge entladen, und in Palästina's Eroberung noch mehr, als durch die Gräuel gewaltsamer Empörungen und blutiger Bürgerfehden sich entkräften. Wilde Leidenschaften, schwärmerische Frömmigkeit, Geschmack an Abentheuern, drückende Bedürfnisse und frohe Aussichten auf reichliche Beute begünstigten die stolzen Absichten des schlauen Priesters von Rom. Viele tausende, von schwerer Sündenlast gedrückt, oder von fanatischem Eifer begeistert; verliessen Vaterland, Familie und Eigenthum; nahmen das Kreuz, und eilten, das Grab Jesu zu erobern, oder für dasselbe zu sterben. Bald ergaben sich die geheiligten Krieger den schändlichsten Lastern; und die Waffen der Ungläubigen siegten über die verlassenen Helden des Kreuzes.

Schon vier mahl hatte die Gerechtigkeit des Ewigen diefs traurige Loos über Europa's wüthende Heere verhängt, als der Römische Bischof Honorius im Nahmen Gottes alle christliche Fürsten, und besonders den König der Hungarn zur Rache des vergossenen Christenblutes aufforderte. Mit zehntausend Rittern ging Andreas der Zweyte an Bord. Zu Aco ward er zum obersten Heerführer ernannt. Sieg ging vor ihm her; wo er mit seinen tapfern Hungarn erschien, ergriffen die Saracenen die Flucht. Aber hinter ihm lauerte der Neid. Auch Giftmischer trugen das Kreuz; an dem Fusse des Thabors reichten sie dem Könige einen vergifteten Trank. Der Held sollte verklärt, und der Ruhm seiner Thaten seinen Mördern zu Theile werden. Andreas entrann der Gefahr und verliefs das Gelobte Land; denn traurige Nachrichten ruften ihn in sein eigenes zurück.

Zerrüttung und Elend begegneten ihm von allen Seiten; er fand die Schatzkammer erschöpft, die Gesetze verachtet, alles zur Empörung geneigt. Jeder Versuch zur Herstellung der Ordnung mifslang, und vermehrte das Übel. Eine gänzliche Reform der Verfassung schien das einzige Mittel, den gesunkenen Staat wieder aufzurichten. Der Reichstag ward ausgeschrieben; mit den versammelten Ständen vereinigt, gab der König die berühmte Verordnung, die unter dem Nahmen der Goldenen Bulla für das Grundgesetz des Reiches erklärt wurde. Sie bestimmte die Rechte des Thrones, des Adels, des Volkes; sie blieb das Unterpfand der National Freyheit: alle nachfolgenden Könige mussten bey ihrer Krönung die Erhaltung desselben beschwören, und die Stände waren befugt, dem Regenten ernsthaften Widerstand zu leisten, der es wagen würde, diefs Palladium ihrer Freyheit und Sicherheit anzugreifen.

Erst die folgende Generation war so glücklich, die Früchte dieser heilsamen Verordnung zu geniessen; die Gegenwärtige musste in dem Kampfe mit den Übeln unterliegen, die schon so tiefe Wurzeln gefasst hatten. Bela der Vierte würde die Wunden des Vaterlandes glücklich geheilt haben, hätte nicht innere Zwietracht, und dann der verheerende Einfall der Tartarn den siechen Staatskörper seiner besten Kräfte beraubt. Ladislaus des Vierten gräuliche Schandthaten verzehrten, was die Wuth der Barbaren übrig gelassen hatte: und Andreas der Dritte bestieg nur den Thron, um über die Treulosigkeit seines Volkes und die Verwüstung des Vaterlandes zu seufzen, und zu sterben.

Mit ihm erlosch der Arpadische Stamm, der das Reich durch vier Jahrhunderte beherrscht hatte. Ungeachtet der Niedrigkeit einiger seiner Könige, die in dem Hochverrath ihre Selbsterhaltung suchten; trotz den Waffen Kaiser Heinrichs des Dritten, der sich Hungarn unterwerfen; trotz den Kunstgriffen Manuels, der dasselbe mit dem orientalischen Kaiserthume vereinigen wollte; hatte es bis jetzt

seine Unabhängigkeit von jeder äussern Macht-
behauptet. Erst nach Andreas Tode stand es
in Gefahr, diese schätzbare Freyheit zu verlieren.

Bonifacius der Achte, der gleich einer
Sonne die ganze Christenheit erleuchten, er-
wärmen und an sich ziehen wollte, würdigte
auch Hungarn seiner apostolischen Sorgfalt. Mit
hierarchischer Vaterliebe stellte 'er der Nation
vor; Stephanus der Erste hätte sein Reich
mit allen Rechten des Thrones dem päbstlichen
Stuhle unterworfen; folglich gebührte ihm das
Recht, nach Abgange des Arpadischen Stammes den König der Hungarn zu ernennen. Aber
standhaft widersetzten sich die Magnaten den
Forderungen des herrschsüchtigen Bischofs von
Rom: weder die Gewalt seiner Bannstrahlen,
noch die Ränke seines Legaten konnten sie zurückhalten, ihr Wahlrecht zu behaupten. Glücklich lenkte sie Hungarns Genius bey der Ausübung desselben. Carl Robert und Ludwig
waren die Väter ihres Volkes; die düstere Nacht
der politischen Verwirrung verschwand; ein hei-
terer Morgen der Ruhe und des Wohlstandes
erschien. Sie betrachteten ihre Gewalt, als den
Beruf mit dem Verderben zu kämpfen; und ihre
Würde, als das kostbare Vorrecht zu beglücken:
diefs war der Zielpunct ihrer grossen Unternehmungen, durch welche sie dem Throne Glanz,
Achtung und Liebe verschafften, den die Schwach-

heiten und Laster Ladislaus des Vierten verhasst gemacht hatten. Handlung, Künste und Wissenschaften legten sie zur Grundfeste eines bessern gesellschaftlichen Gebäudes; ein gesittetes Volk trat an die Stelle des zügellosen Pöbels, erhabner Freyheitsdrang arbeitete gegen die Ausschweifungen barbarischer Raubsucht, die Stimme der Edeln siegte über das betäubende Geschrey der Unzufriedenen, die Gesetze waren der vereinigte Wille der Nation, durch sie waren die Rechte und das Eigenthum aller Stände gesichert. Eine furchtbare Kriegsmacht verbürgte die Dauer dieser neuen Schöpfung; sie demüthigte durch Ludwigs unüberwindlichen Arm Italien, Neapel, Venedig, die Lithuanier und Tartarn; und führte die Walachey, die Moldau, Galicien, Lodomerien, Bossnien, Bulgarien und Dalmatien unter die Herrschaft der Hungarischen Krone zurück.

Zu welcher Höhe politischer Macht und Grösse wäre Hungarn emporgestiegen, hätte Sigmund nicht so lange seine wahren Vortheile verkannt; hätte er sich mehr die Beyspiele seiner würdigen Vorfahren, als die Entsetzung der Afterpäpste, und die Unterdrückung der Thaboriten zum Ziele seiner Ruhmsucht gesetzt; hätte er nicht durch die Ausschweifungen seiner Jugend, durch seine Pracht und Verschwendung die Herzen der Hungarn von sich entfernt! Mißtrauisch gegen eine edle, grossmüthige Nation, deren Liebe er nicht verdienen wollte, nährte er mit Vorsatz ihren Haß. Durch Verbannung oder Hinrichtung seiner Feinde, durch Hochmuth und Grausamkeit wollte er sich auf dem Throne befestigen, den die Hungarn seit Ludwigs glücklichen Tagen nur als die Grundfeste ihrer Freyheit zu betrachten gewohnt waren. Nach unumschränkter Herrschaft begierig, wollte er ein Volk die Fesseln der Knechtschaft zu tragen zwingen, das von seinem Ursprunge an durch Tapferkeit, Edelmuth und Festigkeit sich der Freyheit so würdig bewiesen hatte. Mit Ernst, Würde und Majestät trat die Nation vor ihn hin, und zeigte ihm in den Reichsgesetzen die Urkunde ihrer Rechte, und seiner Pflichten. In dem Gefängnisse zu Vissegrad und Siklos gab er seine stolzen Entwürfe verloren; und ward, was gefangene Könige selten werden, mit aufrichtigem Herzen ein guter König. Von nun an war den verderblichen Anschlägen treuloser Rathgeber sein Herz, dem Sirenengesange der Schmeichler sein Ohr, der Habsucht niedriger Günstlinge die Schatzkammer des Vaterlandes verschlossen. Nur das Verdienst fand in ihm seinen Freund; nur Männer, die sich demselben geweihet hatten, wurden seine Vertrauten. Dieser glücklichen Veränderung hatte Hungarn die herrlichen Tage zu verdanken, in welchen es durch die Weisheit seiner Beherrscher, und durch die Tugenden seiner Helden über alle Staaten Europa's hervorragte.

Noch unter Sigmunds Regierung hatte sich Johannes Corvinus in der Reihe der Helden ausgezeichnet. Aus einem alten, aber verarmten Geschlechte in der Wallachey entsprossen, konnte er nur auf der Laufbahn des Kriegers das Glück und die Grösse erreichen, zu welcher die Natur so viele Kraft und so mächtigen Drang in seine Seele gelegt hatte. Nicolaus von Ujilak, Statthalter von Siebenbürgen, sah und bewunderte seine ersten Schritte; sie verriethen den muthvollen Kämpfer, Europa's werdenden Helden, den künftigen Erschütterer der ottomanischen Herrschaft. Nach der Schlacht an dem Vagus, wo fünf tausend Thaboriten unter hungarischen Schwertern fielen, begleitete er den König nach Italien. Unter den Befehlen des Herzogs von Mailand, Sigmunds Bundesgenossen, zog er gegen die Venetianer zu Felde, die durch die Zwiste des Königs mit den Ständen begünstiget, Dalmatien an sich gezogen hatten. Der Streit zwischen der Republik und dem Könige ward durch Unterhandlungen beygelegt; Corvinus verliefs Italien, wo ihm zu Lorbern der Tapferkeit keine Hoffnung mehr übrig war. Seine bis dahin geleisteten Dienste belohnte Sigmund mit dem Berg-

Bergschlosse Hunyád, auf dem sein unruhiger Geist mehr in der Aussicht auf künftige Thaten, als in dem Wohlwollen seines Königs Befriedigung fand.

Albert führte ihn aus seinem einsamen Aufenthalt in das Licht hervor; er versetzte ihn unter die Baronen des Reiches, und ernannte ihn zum Statthalter von Siebenbürgen und zum Ban von Severin. Alle Wege zu den ansehnlichsten Ämtern und Würden des Reiches standen ihm jetzt offen; aber Johann von Hunyád betrat nur den des Verdienstes. Erhöhung seines Selbstgefühls, nicht Vermehrung seines Ansehens lag ihm am Herzen. Das Glück war sein Gefährte, aber die Liebkosungen desselben konnten ihn weder bezaubern noch einschläfern; mit unverrücktem Auge folgte er seinen bessern Führern, Gemeingeist und Rechtschaffenheit. Ein heller Kopf, ein fühlendes Herz, grosse Leidenschaften und reife Erfahrung machten ihn als Staatsmann gross, als Helden unüberwindlich. Die Religion heiligte das Feuer seines Enthusiasmus für Freyheit und Vaterland; sie erhob seine Empfindungen, erhielt ihn in rastloser Thätigkeit, machte ihm Aufopferungen leicht, und Handlungen der Grossmuth zur Gewohnheit. Unter Geschäften und Anstrengung, unter Unruhen und Zusammenstofs von Gefahren zu schneller Entscheidung gewöhnt, blieb er auch in den bedenklichsten Augenblicken von unentschlossener Kleinmuth und blinder Verwegenheit gleich weit entfernt: auf dem höhern Standpuncte der ruhigen Vernunft übersah er mit einem Blicke die drohenden Übel und die Verbindung der Umstände, von welchen er Rettung hoffte; er handelte, wo andere noch berathschlagten, oder schon alles verloren gegeben hatten. Seine Erwartungen blieben nie unerfüllt; immer standen sie mit dem Umfange seiner Kräfte im genauesten Verhältniſs: thätiger Wille, nicht gängelnde Hoffnung war die Seele seiner Unternehmungen. Sein thatenreiches Leben war ein beständiger Wechsel der Siege, bald über die Feinde des Vaterlandes, bald über die heimtükkischen Verfolger seines Verdienstes. Gegen Freunde und Feinde behauptete er sein Ansehen; bey jenen durch Festigkeit und Wahrheit seines Charakters, bey diesen durch Grossmuth: er kannte weder Eigennutz noch Rache. Rein, einfach und edel waren seine Sitten; seine Lebensart war der Wandel des Christen; nur auf dem Schlachtfelde wider Mohammeds Verehrer unterdrückte bisweilen sein frommer Eifer die sanftern Gefühle der Menschlichkeit. Von den Guten geliebt, von den Bösen gefürchtet, von Niemanden verachtet, wallte er auf dem Pfade der Tugend und Ehre zur Unsterblichkeit hin.

Albert trat vom Schauplatze ab, bevor er noch die grossen Erwartungen erfüllen konnte, die seine Herrschertalente in allen Gemüthern erweckt hatten. Unter Elisabetha's Herzen lebte schon der künftige Erbe des väterlichen Thrones; ihren Händen vertraute die Nation das Steuerruder des Staates. — Gewaltige Stürme drohten demselben von ferne. Unter Rokyzana's Anführung verbreiteten Hussens Anhänger Schrecken und Verwüstung in Böhmen; Murad der Zweyte hatte sich Thessalonica, Aetolien und Epirus unterworfen; jetzt fasste er den Entschluss, sein siegreiches Heer nach Hungarn zu führen. Johann von Hunyád wachte für das Vaterland; die Grösse der Gefahr und die Ohnmacht der Regentin war ihm bekannt; mit ihm vereinigt, drangen die Magnaten in die Königin, ihren Witwenstand zu verlassen, und einen Gemahl sich zu wählen, der das Reich gegen innere und auswärtige Feinde thätig beschützen könnte. Unter der Bedingung, daß dem Sprösslinge ihrer ersten Ehe Böhmen und Österreich, dem Erstgebohrnen der zweyten Hungarn zum Erbtheile werde, gab Elisabeth den Vorstellungen ihrer Grossen Gehör; von ihnen geleitet, wählte sie Uladislaus den König von Pohlen. Schon war eine zahlreiche Gesandschaft aus Hungarn in Cracau angelangt, schon hatte der König Elisabetha's Hand und die Hungarische Krone anzunehmen sich erklärt, als nach Ladislaus Geburt die Eintracht der Reichsstände verschwand, und der Wankelmuth der Königin die getrennten Gemüther zu blutigen Fehden ermunterte. Durch die Rathschläge des Grafen von Cilley verführt, widersetzte sich jetzt die Regentin der beschlossenen Verbindung mit dem Könige von Pohlen; ein grosser Theil des Adels trat auf ihre Seite; von seiner Ergebenheit versichert, brachte sie ihren Säugling nach Stuhlweissenburg, wo er von dem Primas gekrönt, und von der Partey der Königin für ihren künftigen Beherrscher erkannt wurde. Indessen erschien Uladislaus an den Grenzen des Reiches. Elisabeth bemächtigte sich heimlich der Krone, und floh mit diesem Schatze nach Raab, wo sie ihn bald an Kaiser Fridrich den Dritten für eine geringe Summe verpfändete. Uladislaus ward von den Seinigen nach Stuhlweissenburg zur Krönung geführt; auch die Häupter der Gegenpartey erschienen daselbst; hier wurden die versammelten Stände den Raub der Krone gewahr. Das Verbrechen der Königin setzte alles in Wuth; Ladislaus von Gara, Hüther der Kleinodien des Reiches, ward des Hochverraths schuldig erklärt, von den erbitterten Grossen zur Rache gefordert, und nur durch die Vermittelung des Königs von dem verdienten Tode befreyet. Er musste seinem Retter huldigen;

und Dionysius von Széch, Primas des Reiches, ward gezwungen, den neuen König mit einem Diadem zu krönen, welches aus der Kirche von dem Bilde Stephanus des Ersten für diesen Nothfall entlehnt wurde. Durch Uladislaus Erhebung war der Königin und ihrem Anhange der Krieg erklärt; ihre gefährliche Lage verleitete sie zu neuen Schritten der Treulosigkeit. Von ihr aufgefordert bemächtigte sich Johann Giskra von Brandeis mit seinen Böhmen der Bergstädte von Hungarn. Ulrich von Cilley erhielt das Land jenseits der Donau in dem Gehorsam gegen die Königin. Die Croaten waren ihr treu geblieben, und Ladislaus von Gara stellte sich an ihre Spitze, um die Forderungen eines leichtsinnigen Weibes gegen die Helden des Vaterlandes zu vertheidigen. Uladislaus hatte den Thron von Hungarn nicht gesucht; aber auf demselben sich behaupten hielt er für Pflicht. Seine Hoffnung war auf Johann von Hunyád gerichtet, den er dem Anführer der Croaten entgegenstellte. Gara's Haufen wurden zerstreut, und die mächtigste Stütze der Königin war gesunken.

Die Einfälle der Ottomanen in Siebenbürgen zwangen den König seine Macht zu theilen; und auch hier siegte Johann von Hunyád; das Lager und die Waffen der Feinde wurden den Überwindern zu Theil.

Indessen hatte das Ubel im Innern des Reiches tiefere Wurzeln gefasst. Die Stände von Böhmen hatten beschlossen, sich von Hungarn zu trennen und einen eigenen König zu wählen; aber kein deutscher Fürst war ihren Wünschen geneigt. Albrecht Herzog von Bayern und Fridrich der Dritte schlugen eine Krone aus, welche sie nur durch die Gewalt der Waffen auf ihren Häuptern hätten befestigen können. Sich selbst überlassen, ernannten sie Hineck Ptaczek Herrn von Birkenstein und Meinharden von Neuhaus zu Statthaltern des Reiches. Aber ihre Herrschaft war von kurzer Dauer; bald unterlagen sie der Herrschsucht Georg's von Podiebrad, der sie an seltenen Eigenschaften und an dem Ruhme glänzender Thaten übertroffen hatte.

Mit dem besten Erfolge hatte bis jetzt Uladislaus den Krieg gegen die Partey der Königin in Hungarn fortgesetzt. Elisabeth sah sich erschöpft, fühlte sich von Mangel und Sorgen gedrückt; schon hatte sie für ansehnliche Summen mehrere Städte an den Kaiser versetzt; neue Bedürfnisse machten neue Ausgaben nothwendig; nun hatte sie nichts mehr als ihren unmündigen Ladislaus, und auch ihn verpfändete sie an Fridrich, um noch einige Summen zur Unterhaltung des Krieges zu erlangen. Dieser übereilte Schritt beleidigte viele ihrer eifrigsten

Anhänger, die sich von nun an für Uladislaus erklärten. Der Abfall der Ihrigen ging ihr zu Herzen; sie forderte ihren Sohn und die Krone von dem Kaiser zurück; aber Fridrich hatte für ihr Bitten und Flehen kein Gehör. Die Partey des Königs erhielt durch Hunyádi's Siege gegen die Ottomanen mehr Ansehen und Gewicht. Das blutige Treffen, das Hungarns Held vor dem eisernen Thor in Siebenbürgen dem Abedin geliefert hatte, setzte ganz Europa in Erstaunen. Unter diesen glücklichen Umständen erwachten sanftere Gesinnungen in dem Herzen der Königin. Julian Cäsarini Eugenus des Vierten Legat bemühte sich, die streitenden Parteyen zu vereinigen; die Bedingungen des Friedens wurden festgesetzt: aber Johann von Hunyád erklärte sie für nachtheilig, und seinem Ausspruche gemäß wurden sie von den Ständen verworfen. Alles was der Cardinal bewirken konnte, war, daß Uladislaus die Königin in Raab, und sie den König in Ofen besuchte. Vertraute Gespräche söhnten sie miteinander aus, und nur Elisabetha's plötzlicher Tod, der am dritten Tage nach ihrer Rückkunft in Raab erfolgte, hinderte ihre gänzliche Vereinigung.

Bey dem Grabe der Königin erlosch die Fackel des Bürger-Krieges; aber destomehr hatte Hungarn von der anwachsenden Macht der Türken zu fürchten. Sie zu demüthigen war jetzt des Königs eifrigster Wunsch; Hunyadi's Tapferkeit hatte ihm die Erfüllung desselben erleichtert. Mit einem zahlreichen Heere zog er nach Servien, um daselbst die Unternehmungen seines Helden mit Nachdruck zu unterstützen. Fünf mahl schlug Hunyádi die Feinde auf seinem Marsche nach Bulgarien. Bey Nissa blieben zwanzig tausend todt auf dem Kampfplatze. Dreyssig tausend fanden in den engen Pässen des Hämus ihr Grab; selbst Carambeg der Ottomanen tapferster Heerführer gerieth in die Hände des Überwinders. Die Moldau und Wallachey war verloren, und Murad bath um den Frieden. Der König bewilligte ihm denselben auf zehn Jahre; er beschwor den Vertrag auf das Evangelium, und empfing zur Befestigung seines Eides in der Kirche zu Szegedin das Abendmahl.

Mitten unter dem allgemeinen Frohlocken über die glorreichen Siege der Hungarn verwandelte Elisa Szilágyi die Freude Johanns von Hunyád in hohes Entzücken, als sie ihn bey seinem Einzuge in Clausenburg mit ihrem jüngstgebornen Mathias Corvinus empfing. Mit dem Kinde in den Armen warf sich der wonnetrunkene Vater auf seine Kniee, und dankte dem Ewigen für diese süsse Belohnung der Opfer, die er unter tausend Gefahren und

Hindernissen auf dem Altare des Vaterlandes dem Himmel gebracht hatte. Die Erhaltung und Ausbildung dieses theuern Unterpfandes war von nun an seine heiligste Sorge. Gleich nach den ersten Jahren der Kindheit übergab er ihn der Aufsicht und dem Unterrichte seines vertrauten Freundes Johann Vitéz von Zredna. In Italien hatte sich Vitéz zum Urheber der Cultur seines Volkes gebildet. Guarini, Aretin, Valla, Pomponius Lätus und Theodorus Gaza freuten sich in ihm ihrer Grösse: und ihnen verdankte Hungarn seinen ersten Erleuchter. Weisheit des Lebens erhöhte den Werth seiner Kenntnisse; die Lehren der Alten waren nicht nur die Grundstoffe seines Wissens, sondern auch die Maximen seines Handelns. — Von seiner glücklichen Wahl überzeugt, folgte Johann von Hunyád ruhig dem Winke der Vorsicht, die ihn jetzt zum Mitwirker der Rache über einen treulosen König von den Seinigen abrufte.

Julian der Römischen Hierarchen Gesandter trat als Apostel des Meineides in die Versammlung der Stände. Mit der gleifsnerischen Gottesfurcht und der täuschenden Beredsamkeit des vollendeten Priesters bewies er dem Könige und den Grossen, sie hätten durch ihren Friedensschluss mit Murad die Sache Gottes verrathen; sie wären nicht befugt gewesen, ohne

Einwilligung der übrigen verbündeten Fürsten, und vorzüglich des Oberhauptes der Christenheit mit den Feinden des Kreuzes in Verträge sich einzulassen; und gesetzt auch, Religion und Gerechtigkeit billigte ihren Schritt, so bliebe es noch immer ihre heiligste Pflicht, zum Besten der Kirche Gottes den Krieg wieder anzufangen, weil der Eifer ihrer Bundesgenossen den glänzendsten Sieg verspräche, und der Christ ohnehin nicht verbunden wäre, den Ungläubigen Treu und Glauben zu halten. Männer, die seit einer Reihe von Jahren den Waffen ihrer mächtigste Feinde getrotzt hatten, gaben sich jetzt dem geweihten Verführer gefangen, und der Krieg wurde beschlossen. Ohne wirksamen Widerstand kam Uladislaus und Hunyádi mit dem Heere nach Varna. Der Held der Hungarn ordnete das Treffen. An den Rücken eines Berges gelagert, war er auf dem rechten Flügel durch einen Fluss, auf dem linken durch eine Wagenburg gedeckt. — Die Reuterey der Osmanen machte den Angriff. Der Fanatismus der Religion entflammte den Muth der Pannonier. An ihrer Spitze hatte Hunyádi den Feind schon drey mahl zurückgeworfen, als Murad, bevor er das Treffen erneuerte, die Urkunde des Friedens hervorzog, seine Augen gen Himmel erhob und den Gott der Christen zur Rache seines beleidigten Nahmens, und zur Bestrafung des Meineides aufforderte. Gewaltig wirkte das Gebet des Sultans in den Herzen seiner Streiter; mit Wuth und Verzweiflung warfen sie sich in die Reihen der Hungarn. Wunder des Muthes und der Klugheit that Hunyádi. Auf zwey tausend Schritte war schon alles mit Leichen bedeckt und der Sieg beynahe erfochten, als Uladislaus, von jugendlicher Hitze getrieben, gegen Hunyádi's warnenden Zuruf in die Mitte der Janitscharen drang, und von einem Wurfspiesse getroffen zu Boden fiel. Der Kopf des Königs ward auf eine Lanze gesteckt; bey dem Anblikke desselben ging die Übermacht der Hungarn verloren: Schrecken trat an die Stelle der Tapferkeit; nichts konnte sie von der schimpflichen Flucht zurückhalten. Murad verboth, die Flüchtigen zu verfolgen. Er hatte den Sieg zu theuer erkaufen müssen; der Verlust der Seinigen ging ihm zu Herzen: wehmüthig rufte er auf dem Schlachtgefilde: **Solche Siege wünsche ich meinen Feinden.**

Jetzt versammelten sich die Stände auf dem Pester-Felde, um über die Bedürfnisse des Reiches Rath zu halten. Ladislaus ward für den rechtmässigen Nachfolger des unglücklichen Königs erklärt, und eine ansehnliche Gesandschaft zog nach Österreich, um von Fridrich dem Dritten die Auslieferung ihres Königs und der Krone zu fordern. Indessen schlug Hunyádi bey Nicopolis die Türken, und bey Petau den Grafen von Cilley, der unter dem Vorwande der Treue gegen Ladislau's die Güter des Adels von Croatien geplündert und verheert hatte. Schon waren bey der Rückkunft des Helden die Gesandten in Hungarn wieder angelangt. Fridrichs schleichende Politik hatte die gerechten Wünsche der Nation vereitelt; um die Erfüllung derselben zu erzwingen, ward Hunyádi mit einhälliger Stimme zum Statthalter des Reiches erwählt. Mit zwölf tausend Mann fiel er in die Österreichischen Lande ein. Fridrich verschloss sich in Neustadt, wo durch Vermittelung des Grafen von Cilley zwischen beyden Theilen ein zweyjähriger Stillstand festgesetzt wurde. Bis dahin sollte der Kaiser in dem ruhigen Besitze der von Elisabeth verpfändeten Städte gelassen werden, und Ladislaus unter seiner Vormundschaft verbleiben.

Der Sieg bey Varna hatte die Osmanen mit der Schwäche ihrer Feinde bekannt gemacht. Mit neuen Haufen verstärkt erschienen sie an Hungarns Grenzen; Mord und Verwüstung ging vor ihnen her. Hunyádi zur Rache aufgefordert, rückte mit sechs und zwanzig tausend Mann in Thracien ein, und both bey Cosana dem Feinde das Treffen an. Mit der aufgehenden Sonne begann das blutige Gefecht, und erst bey einbrechender Nacht war des Würgens ein Ende.

Zerstreut flohen die Türken in ihr Lager zurück; ihr Weg dahin ging über tausend Leichen ihrer Brüder; so gewaltig hatte das Schwert der Pannonier gewüthet. Schlaflos sahen Hunyádi's Männer der Entscheidung des kommenden Tages entgegen. Mit ausgeruhten Kriegern stellte sich Murad des Morgens zum Kampfe; aber Hunyádi merkte die Überlegenheit der Osmanen. Seiner Anordnung gemäſs, sollte Johann von Székely mit dem Mitteltreffen nur die Fronte des Feindes beunruhigen, und erst wenn der Muth und die Kraft der Barbaren sinken würde, sie mit seiner ganzen Macht überfallen. Doch Székely achtete die Befehle des erfahrnern Heerführers nicht, er allein wollte die Lorbern erfechten, {welche die Belohnung aller werden sollten. Mit brennender Ungeduld stürzte er in die Haufen der Feinde, und schlug sie zurück. Die Begierde des Sieges trieb ihn zu weit; seine Seiten waren den Barbaren blosgestellt, die mit Vorsatz dem Vordringenden Platz gemacht hatten. In ihrer Mitte fand der verwegene Kämpfer den Tod. Mit Székely's Fall war alle Hoffnung verschwunden. Hunyádi wollte die Ordnung wieder herstellen; aber der entscheidende Augenblick war zu nahe; schon lagen acht tausend Hungarn auf dem Schlachtfelde. Das Zeichen zum Rückzug erscholl; und für einen Verlust von vier und dreyssig tausend Mann blieb den Osmanen der verderbliche Sieg. So rächte sich die Göttin des Glückes an dem Manne, der auf der Höhe des Verdienstes ihr buhlerisches Lächeln mit edelm Stolze verachtet hatte. Mit ihr verschwor sich der Neid. Hunyádi's Ansehen demüthigte den Hochmuth der Grossen, die nicht leiden wollten, daſs der Tugendhafte über Männer herrsche, deren ganzer Werth nur in der Zahl ihrer Ahnen bestand. — Hungarn verriethen die Sache des Vaterlandes, um den Beschützer desselben ihrer niedrigen Eifersucht aufzuopfern.

Ungestraft hatten bis jetzt die Böhmischen Brüder die gräulichsten Frevelthaten in Ober-Hungarn ausgeübt. Hunyádi zog aus um sie zu vertilgen. Er belagerte Losocz, wo sie ihren Hauptsitz hatten, und forderte die Edeln der benachbarten Gespannschaften auf, ihn zu unterstützen. Mit treulosen Entwürfen im Herzen stellten sie sich in dem Lager. Ihre Bereitwilligkeit machte den Heerführer kühn, mit seiner ganzen Macht überfiel er die Böhmen. Schon zeigten sich diese zur Übergabe bereit, als plötzlich Johann Giskra von Verräthern geführt, den Lauf des Siegers unterbrach, und sein Heer in die Flucht jagte. Stephan von Pelsötz, unter der Belagerung tödtlich verwundet, deckte vor seinem Hintritte das Geheimniſs der Bosheit auf, woran er selbst den wichtigsten Antheil hatte: sein Geständniſs diente dem gekränkten Statthälter dazu, die Schande seiner Niederlage zum Theile wieder auszulöschen. Mit seinen treuesten Männern verfolgte er die Feinde und entriſs ihnen mit stürmender Hand Ságh, Neusohl und Rosenau. Er musste weichen, als Giskra neue Hülfstruppen aus Böhmen erhielt, und die Hungarischen Stände den Frieden von einer Räuberhorde lieber erkaufen, als durch das Schwert ihres Helden erfechten wollten.

Hunyádi sah das Schicksal des Vaterlandes an das seinige geknüpft; diefs erfüllte seine patriotische Seele mit Wehmuth. Er wünschte seine Gewalt niederzulegen, und sich allein den giftigen Pfeilen des Neides blosszustellen; zu diesem Zwecke wagte er jetzt das Äusserste, um Elisabetha's Sohn aus Fridrichs Händen zu befreyen, und ihn in den Besitz seines väterlichen Thrones einzusetzen. Er vereinigte sich mit den Böhmen und Österreichern, deren Unwille gegen den Kaiser auf das Höchste gestiegen war, nachdem sie, eben so oft als die Hungarn, ihren Erbherrn Ladislaus vergebens zurückgefordert hatten. Nach vielen fruchtlosen Bitten, Gesandschaften und Unterhandlungen rüstete Ulrich von Eitzing sechzehntausend Mann Böhmen und Österreicher zum Kampfe. Einige glückliche Gefechte mit den kaiserlichen Völkern öffneten ihm den Weg nach Neustadt; dort saſs Fridrich mit seinen Vertrauten und, brütete über den Plan einer Universal-Monarchie, die er mit der Anmassung von Hungarn, Böhmen und Österreich gründen wollte. Der Donner der Kanonen weckte ihn aus seinen Träumen. Er sah, daſs es um Ladislaus ernstlich gemeint wäre; die Nothwendigkeit drang ihm den Entschluss auf, den Forderungen der Verbündeten nachzugeben, und den jungen König dem Grafen von Cilley seinem Groſsoheim zu überliefern. Auf dem Provincial-Convent zu Wien wurden die Bedingungen festgesetzt, welche die gänzliche Herstellung des Friedens erwarten liessen. Fridrich sollte dem Könige die Krone, und alle Ländereyen zurückstellen, die er entweder mit Gewalt, oder unter dem Titel der Vormundschaft an sich gerissen; wofür ihm Ladislaus die ganze Summe bezahlen sollte, womit er einst die Königin Elisabeth unterstützt hatte. Aber der Kaiser verlangte noch mehr; auch die Kosten der Erziehung wollte er ersetzt haben: sie wurden ihm verweigert, und er behielt die Krone sammt allen Städten, die ihm verpfändet waren.

Feyerlich übergab jetzt Johann von Hunyád dem Könige die höchste Gewalt, die er durch sechs Jahre zum Besten des Vaterlandes verwaltet hatte. Der zwölfjährige König, von weisen Rathgebern geleitet, bestätigte ihn gegen alle Erwartung in seinem Amte. Die Dankbarkeit

keit gegen den Helden führte ihn noch weiter. Trotz allen Nachstellungen des Neides und den Künsten der Bosheit, deren sich Hunyádi's Feinde zu seinem Sturze bedient hatten, ertheilte ihm der König öffentlich das Zeugnifs der Treue, der Klugheit, der Rechtschaffenheit, mit der er seine edelsten Kräfte für das Glück und die Sicherheit des Reiches aufgeopfert hatte. Er beschenkte ihn und seine Nachkommen mit der Gespannschaft Biztricz in Siebenbürgen, wodurch er und sein Geschlecht unter die höchsten Stände von Hungarn versetzt wurde. Mit zitternder Hand und erbittertem Herzen unterschrieb Ladislaus von Gara, Palatinus des Reiches, das königliche Diplom; schamroth las es Ulrich von Cilley in dem Cabinete des Königs und schwor, die ganze Hölle wider den Gerechten in Bewegung zu setzen. Vielleicht wäre sie mit ihm in ein Bündnifs getreten, vielleicht hätte er das Mafs seiner Verbrechen früher noch voll gemacht; wäre er nicht, von allen Rechtschaffenen gehasst, auf Eitzingers dringende Vorstellungen von dem Könige verstossen worden. Von dem Staatsrathe mit dem Nahmen Verführer des Königs und Tyrann des Volkes gebrandmarkt, musste er unter dem Spotte des jauchzenden Pöbels den Hof verlassen, wo er von dem Ziele seines Stolzes, von unbegrenzter Herrschaft nicht weit mehr entfernt war.

C

Indessen hatte Mohammed der Zweyte Constantinopel erobert und dem Griechischen Reiche ein Ende gemacht. Fürchterlich drohte er jetzt Hungarn, die Vormauer der christlichen Staaten zu bestürmen, und die Schrecken seiner Gewalt in Europa zu verbreiten. Mit den verderblichen Absichten der Osmanen bekannt, und für wirksame Hülfsmittel besorgt, schrieb Johann von Hunyád einen Landtag nach Ofen aus. Ihm ward von dem Könige und den Ständen die Vollmacht über die Heere des Vaterlandes anvertrauet. Die heilsamsten Verfügungen wurden getroffen; aber nichts ward vollzogen, weil Hunyádi's Gegenpartey fest beschlossen hatte, selbst das Reich dem Verderben Preis zu geben, um den Statthalter desselben desto gewisser zu stürzen.

Während die Bosheit im dunkeln auf neue Fallstricke für Hungarns Helden bedacht war, schritt Mohammed zur Ausführung seiner kühnen Entwürfe. Er zog nach Servien, um Semendria mit stürmender Hand wegzunehmen, und dann durch Belgrads Eroberung sich den Weg nach Hungarn zu eröffnen. Hunyádi hoffte von dem Muthe und der Treue seiner auserlesenen Mannschaft, was er von der Unterstützung seiner Mitstände vergebens erwartet hätte: mit ihr und seinem ältern Sohne Ladislaus zog er dem Überwinder von Byzanz entgegen. Noch hatte sich dieser mit dem furchtbaren Corvinus nicht gemessen; er sah nur die Wunden bluten, die Hunyádi, selbst in seinen Rückzügen, der Macht der Osmanen versetzt hatte. Mohammed wollte die Hungarn überraschen; weder auf Vorbereitung, noch auf Widerstand von ihrer Seite war er gefasst; um so mehr erschreckte ihn der Ruf von der Ankunft des Helden. Eilend brach er die Belagerung von Semendria ab und floh nach Sophia; nur Feresbeg blieb mit dreyssig tausend Mann zurück, um das bey Krusoliez verschanzte Lager zu vertheidigen. Hunyádi forderte ihn zum Kampfe heraus; aber unbeweglich stand Feresbeg hinter seinen Wällen. Er musste sie verlassen, nachdem ihm Hunyádi alle Zufuhr der Lebensmittel abgeschnitten hatte. Die Schlacht war unvermeidlich; die Heere ordneten sich. Ladislaus von Hunyád machte den Angriff mit einer Heftigkeit, die alles zu vernichten drohte. Nach drey heissen Stunden, in welchen Muth und Verzweiflung sich erschöpft hatten, war der Sieg entschieden, Feresbeg gefangen, seine Haufen zerstreut. Bis nach Pirotha verfolgten die Hungarn die Flüchtigen, um dort mit dem Sultan zu vollenden, was sie mit seinem Heerführer angefangen hatten: aber Hunyádi's Nahme war Mohammeds Ohren ein Donner, dessen schrecklicher Hall ihn bis nach Adrianopel zurückjagte.

Der Sieg des Statthalters war eine Schlange mehr in den Herzen seiner Feinde; er sah die Stürme, die sich von fern wider ihn aufthürmten. Von zweyhundert seiner treuesten Ritter begleitet, zog er nach Hunyád, um in dem Schoofse seiner Familie neue Kräfte zu sammeln.

MATHIAS CORVINUS.

ERSTES BUCH.

Mathias Corvinus hatte jetzt sein eilftes Jahr vollendet, hatte einen Grad von Geistesbildung erreicht, der weit über sein Alter und über die Cultur seines Landes erhaben war. Schnell hatten sich die Keime des Guten, Edeln und Grossen in seiner Seele entwickelt; er war die Freude seiner Lehrer, der Stolz seines Geschlechtes, die Hoffnung der Freunde des Vaterlandes. Ein aufgeklärter Verstand und männliche Festigkeit mässigte Elisa's zärtliche Mutterliebe; alles, was die Künste der Weichlichkeit zum Verderben des Menschengeschlechts erfunden hatten, war aus ihrer Burgfeste verbannt, frühe gewöhnte sie ihren Liebling zu Beschwerden und Unbequemlichkeiten. Johann von Vitéz machte ihn mit den Helden und Lehrern der Vorwelt, mit den Musen der Griechen und Römer vertraut. Wonne war es dem würdigen Manne, wenn die feurige Fantasie seines Zöglings von Virgils erhabnen Bildern, oder von Lucans edeln Schilderungen begeistert, ihn trieb, die Thaten der alten Helden in seinen Spielen nachzuahmen. Xenophon, Arrianus, Plutarchus, Apulejus, Curtius, Frontinus und Vegetius waren die unzertrennlichen Gefährten seiner ernsthaften Stunden. — Nach der Schlacht bey Varna hatte der Statthalter seinen Freund Vitéz zum Bisthume von Grosswardein befördert; die Pflichten gegen seine Kirche, oder die Angelegenheiten des Staates nöthigten ihn oft, seinen Zögling zu verlassen; er theilte seine Sorge für den Knaben mit Männern, die seines Zutrauens würdig waren. Paul von Iwanich und Johann von Túrótzi vertraten die Stelle des Bischofs; durch ihren Unterricht ward dem Knaben die Geschichte des Vaterlandes zur Quelle der grossen Gesinnungen, die dann seinen männlichen Thaten so viel Leben und Würde ertheilten. Andreas Báthory, Hunyáds alter Waffenbruder, übte ihn in den Künsten des Krieges und der Tapferkeit; er widmete sich denselben mit einem Eifer, der seinem Meister nichts mehr zu wünschen übrig ließ. Ungeduldig harrte Mathias der Rückkunft seines Vaters; auf das Bewusstseyn seiner Fortschritte war seine Hoffnung gegründet, daß er ihn künftig auf den Kampfplatz würde begleiten dürfen. Nun erschien die gewünschte Stunde des Wiedersehens. In voller Rüstung und mit einem alten Schwert in der Hand eilte der

Knabe dem Helden entgegen. »Gott mit euch Vater und euern Männern, — rufte Mathias, — »kommt ihr siegreich oder flüchtig?«

Joh. v. H. Siegreich, Bube, siegreich; wie die Halmen unter der Sense des Schnitters fielen die Türken unter Gottes Arm, der für uns kämpfte.

Math. C. (ihm das Schwert reichend) Diese Reliquie zur Belohnung. Zum Werkzeuge des Gerichts und der Rache war sie bestimmt, hätten euch die Kreuzhasser zum dritten mahle roth nach Hause gejagt.

Joh. v. H. Wo kamst du zu diesem Schwerte?

Math. C. In den Schranken der Ehre, wo ich mich als Hunyádi's Sohn zeigte — doch die Mähre davon hernach; jetzt eine andere Frage: habt ihr die Rechnung mit den Türken geschlossen?

Joh. v. H. Bey Krusoliez ward der Schuldbrief auf's neue geschrieben; sie unterzeichneten ihn mit ihrem Blute.

Math. C. Ich muſs dabey seyn, wenn ihr ihn zerreisset; versprecht mir das.

Joh. v. H. Es wird stürmisch zugehen; dein Bubenherz würde zittern wie —

Math. C. Vater, mein Bubenherz ist mannbar; wer soll mich ehren wenn ihr mich schimpfet! Hätte ich darum zu allen Arbeiten und Lasten mich abgehärtet; darum Hunger und

Durst, Hitze und Kälte ertragen gelernt; darum bey der ungestümsten Witterung mehrere Tagreisen zu Fusse gemacht; die Nächte, durch und durch genässt und halb erfroren, unter freyem Gottes Himmel verlebt; darum unter den gewaltigsten Stürmen, Blitzen und Donnern, oft mit Lebensgefahr die steilesten Felsen erklettert? Nein, Vater, bey Gott und allen Heiligen! mein Bubenherz wird nicht zittern; wird höher schlagen vor Freude, wenn es stürmisch zugehen, wenn die Trompete zum neuen Angriffe erschallen, Feuer und Schwert von allen Seiten wüthen, das Schlachtgetümmel das Wehklagen der Fallenden übertäuben wird.

Joh. v. H. Sprechen hast du gelernt; aber handeln —

Math. C. Sollst du mich lehren.

Joh. v. H. Handeln fordert Kräfte.

Math. C. (zeigt ihm eine Inschrift auf dem gegenen Schwerte) Lest, Vater!

Joh. v. H. (liest) »Si dominus pugnat pro »nobis, quis contra nos!« Was heisst das?

Math. C. Wenn der Herr für uns streitet, wer will wider uns aufstehen!

Joh. v. H. Für Verwegene streitet der Herr nicht.

Math. C. Lest weiter.

Joh. v. H. (liest) »Deus fortitudo mea. »Andreas Latzkowitz.

Math. C. Der Überwinder der Tartarn ist euch bekannt; gefällt euch mein Geschenk?

Joh. v. H. Wie gerieth es in deine Hände?

Math. C. Ihr sollt es hören. — Seht hier, der Rost hat Athalams Blut noch nicht ganz weggefressen: — Ist euch meine Gabe lieb?

Joh. v. H. Bube, wie kamst du dazu?

Math. C. Glaubt mirs, Vater; ohne Zittern. Es ist das Schwert des grössten Helden, den das Vaterland unter Ludwig dem Grossen hatte; ists euch lieb?

Joh. v. H. Lieber als Abedins Lanze, die ich bey dem eisernen Thor erbeutete.

Math. C. Meiner Kraft habt ihr Latzkowitzes Heldenschwert, und — zürnet nicht, Vater, euer Bube that's — Abedins zerbrochene Lanze zu verdanken.

Joh. v. H. Die Lanze, der Preis meiner schwersten Arbeit?

Math. C. Ist zerbrochen. Seht, ich thue nicht mehr gut zu Hause; darum will ich euch in das Lager begleiten, und an eurer Seite schlagen lernen. Die Lanze ging in Trümmer, und das Schwert war mein; für jeuch, Vater, war es gewonnen.

Joh. v. H. Wie war die Sache?

Math. C. Báthory's Niklas sollte nach Italien ziehen, dort das Pfaffenwesen lernen, und Meister werden. Zum Valet gab der alte

Burgherr einen festlichen Schmaus; Ritterkämpfe waren die Vorbereitung dazu. Ein stattlicher Gaul war dem Sieger zur Belohnung bestimmt. „Nein, sagt' ich zu Báthory, um ein Ross tre-
„te ich diefs mahl nicht in die Schranken; der
„alte Hunyádi kämpft für Hungarn, ich will
„für den alten braven Hunyádi fechten; ihm
„werde der Preis, den ich verdiene. Rosse hat
„mein Vater in seinem Marstalle genug; setze
„Latzkowitzes Schwert, das in deiner Rüst-
„kammer hängt, zum Preise, und du sollst se-
„hen, was ich aus deinen Buben Stephan und
„Niklas machen werde."

Joh. v. H. Und Báthory that's?

Math. C. Er that es, aber mit der Bedingung, wenn ich mit der schwersten Lanze, die ihr in eurer Waffenkammer habt, bey dem Gefechte erscheinen wollte. Mit Abedins Lanze schwang ich mich auf meinen Rappen, und hin. Beym Tanze in der Rüstung, beym Pfeiler und Wände hinanklettern, beym Springen und Scharfrennen war mir nichts auszusetzen; kein Báthoryer, kein Gereber, kein Uiláker that's mir gleich. Aber ich war müde wie ein Bullenbeisser, der schon mit dem siebenten Stier zu Schimpf und Ernst gerauft hat. Es kam zum Lanzengefechte. Beym vierten Ansprengen war ich mit den Gerebern und Uilákern fertig; auch Niklas Báthory safs nicht lange; aber bey Stephan ward mir heifs. Mit vieler Mühe erhielt ich mich auf der Mähre, so gewaltig setzte mir der junge Reitbold zu; aber der Gedanke, dafs euch das Schwert Freude bringen wird, fuhr mir wie ein Blitz durch's Herz, und ich war so sattelfest wie der Knöchelmann, wenn er zu dem Krankenlager eines grossen Sünders reitet. Noch ein mahl angesprengt; unsere Lanzen waren in Stücken; Stephan Báthory flog von dem stampfenden Gaul; ich safs, und war Meister des Schwertes.

Joh. v. H. Brav, Bube.

Math. C. Nicht brav, so lange ich hier unthätig sitzen mufs; oder ausser den Ritterspielen für meinen Muth und meinen Säbel keine andern Feinde habe, als die ich mir im Walde aus den Bäumen schaffe; die mir zwar widerstehen, aber mich nicht überfallen, nicht fragen können: »Mathias hast du Herz?«

Joh. v. H. Nicht immer überfallen und fragen die Feinde bey Tage.

Math. C. Das war ein Lanzenstofs; aber getroffen habt ihr nicht. Durch drey Nächte will ich wachen; in der vierten Nacht lasset meinen Schragen auf eure Schlafkammer bringen. Wenn ihr dann hört, dafs ich leiser Athem ziehe, wenn ich da liege in stumpfer Gefühllosigkeit wie auf Saffranskissen; wenn ich euch nur von Gotteskronen, Himmelspallästen, und Engelsmusik zu träumen scheine; wenn ihr glaubt, jetzt würde ihn kein Dieb, kein nächtlicher Blutsauger aus dem Todtenreiche, kein wüthendes Tartarnheer erwecken; so lispelt so leise ihr's vermögt, so leise, dafs selbst die Stubenmaus bey ihrem Braten furchtlos sitzen bleibe; lispelt: »Mathias, die Feinde fragen, ob du Herz und Kraft hast:» und wenn ich nicht aufspringe von meinem Lager; wenn ich nicht völlig wach, ehe nach meinem Säbel als nach meinem Schilde greife; wenn ich nicht um mich herum haue wie Sanct Michel, als er mit den bösen Geistern um Moses Körper stritt; so will ich bethen lernen, will in eine Mönchskutte kriechen, will von den Sünden der reichen Hungarn fett werden, will mich kreuzen, segnen und besprengen, wenn der Höllenfürst mir in die Ohren raunt: »Corvin von Hunyádi ist dein Va-»ter.« Bestehe ich aber meine Probe, so ändert eure Denkweise von mir; und sprecht nicht mehr von zitterndem Bubenherzen und von Feinden, die nur bey Tage kommen. — »Du folgst »mir in das Schlachtgetümmel, wo der hohlau-»gige Sensemann ein grosses Erntefest feyern »wird;« so müsst ihr sprechen, wollt ihr mich fürder frölich sehen.

Joh. v. H. Übermorgen breche ich auf, und du — bleibst züchtiglich auf meiner Burgfeste.

Math. C. Dann bin ich verloren. Kurz und treuherzig, Vater; hier ist nichts mehr für mich. Meine Cameraden weichen meiner Überlegenheit; mit meinen Zuchtmeistern bin ich fertig; und meine Mutter hat der Knappen und Burgwächter genug. Ich muſs in die Luft, muſs hin wo es im Ernste was zu balgen gibt; wo es braust, schauert, stürmt; wo eine anhaltende Feuer- und Eisenprobe den Adel des Hungars bewährt. Auf diesem Schauplatze lehret mich handeln; den Beweis meiner Kraft habt ihr in Händen; prüfet mich, ob ich wachen könne.

Joh. v. H. Kannst du auch gehorchen?

Math. C. Eine Falle; schonet meiner.

Joh. v. H. Kannst du gehorchen?

Math. C. Ja!

Joh. v. H. Wenn ich dich an der Spitze von funfzig Reitern in die stärkern Flügel des Feindes einhauen heisse?

Math. C. Ich werde einhauen.

Joh. v. H. Wenn du unter Gefahren und Wunden den Führer des feindlichen Geschwaders zu deinem Gefangenen gemacht hast, und ich dir befehle ihn zu entlassen?

Math. C. Ich werde ihn laufen lassen.

Joh. v. H. Wenn du den Sieg beynahe schon in Händen hast, und ich das Horn zum Rückzuge blasen lasse?

Math. C. Ich werde mich zurückziehen.

Joh. v. H. Oder in dem Augenblicke der glücklichen Entscheidung dich von deinem Posten abrufe und Stephan Báthóry hinstelle.

Math. C. Ich werde weichen.

Joh. v. H. Und wirst dem eigensinnigen Befehlshaber im Herzen zürnen, wirst ihn ungerecht schelten, ihn verwünschen, ihn vor deinen Waffenbrüdern mit deinem Leumunde begeifern?

Math. C. Das werd' ich nicht; er mag es verantworten.

Joh. v. H. Du bleibst auf meiner Burgfeste.

Math. C. Ich bleibe! (will abgehen)

Joh. v. H. Zurück! (ihm Latzkowitz Schwert reichend) Bring es heute noch meinem Waffenbruder Báthóry.

Math. C. Vater!

Joh. v. H. Du gehst!

Math. C. (ihm zu Füssen fallend) Womit hab' ich euch beleidigt?

Joh. v. H. Geh!

Math C. Ich gehorche. (steht auf und geht mit sichtbaren Merkmahlen des Kampfes zwischen Pflicht und gekränkter Selbstliebe weg.)

Joh. v. H. (zu den Umstehenden) Wollt ihr ihn aufnehmen, Brüder? —

Ritter. (ziehen den Säbel) Er ist euer Sohn!

Joh. v. H. Er bleibe bey seiner Mutter, wenn dieß sein einziger Vorzug ist!

Ritter.

Ritter. Er ist der Sohn des Vaterlandes, unser Bruder!

Andere. Weihet ihn unserm Bunde, Vater; mit Freuden-Thränen im Auge werden wir in ihm unsern Bruder umarmen.

Andere. Ihr habt ihn hart geprüft; ruft ihn zurück: der Bube wird manchen alten Kriegsknecht schamroth machen!

Alle. Nehmt ihn auf! Er ist unser! Mit ihm und für ihn wollen wir kämpfen. Nehmt ihn auf, nehmt ihn auf!

Joh. v. H. Modrár, bringt ihn zurück! (Modrár ab) Mathias Corvin von Hunyád sey euch überlassen, tapfere Brüder; gleiche Gesetze, gleiche Pflichten mit dem Letzten und Jüngsten unter euch sollen ihn an Zucht und Ordnung binden; für jeden seiner Fehltritte, den ihr ungestraft lasset, seyd ihr mir und dem Vaterlande verantwortlich. Von heute an ist er der eurige; ist er nicht mehr der Sohn eures Befehlshabers. (Modrár und Mathias kommen vor Hunyádi) Schliesst einen Kreis! — (zu Mathias) Warum weintest du?

Math. C. Seit ich denke weinte ich nur ein mahl; jetzt betete ich das vierte Geboth.

Joh. v. H. Die Ursache deines Weinens?

Math. C. Mein Schicksal, das mich zu Clausenburg, nicht in Rom, und um zwey tausend Jahre zu spät in die Welt gesetzt hat.

D

Joh. v. H. Was hättest du da gethan?

Math. C. Was ich jetzt nicht thun kann: wie Horatius hätte ich mit den Curiatiern gekämpft, hätte sie auf die Erde blutend hingestreckt, und Alba, meinem Vaterlande unterworfen. Der Gross-Wardeiner Bischof hat mir die Geschichte vorgelesen *); er mag sie dir erzählen.

Joh. v. H. Mir das Schwert. — Zieht ihm die Rüstung aus. (nach Mathias Entkleidung) Jetzt bist du nichts; in den Händen dieser Männer liegt dein Loos! (wirft ihn in Modrárs Arme) Nehmt ihn hin, und lasset ihm geschehen was euch recht dünkt.

Unter allgemeinem Jubelgeschrey wurden dem Knaben von Modrár und Emrich Báthory die Sporen, das Panzerhemd, Kürass, Armschienen und Handschuh wieder angelegt. Hunyádi gürtete ihm seinen eigenen Säbel um; mit Latzkowitz Schwerte schlug er ihn drey mahl unter folgenden Worten an den Hals. »Im Nahmen Gottes, im Nahmen der heiligen »Jungfrau, und der Heiligen, Stephanus und »Ladislaus schlage ich dich zum Ritter von »Hungarn. Sey gut, ehrlich, tapfer und keck!« —. Die Ritter traten in ihre Reihen zurück; Hunyádi führte ihn in die letzte. »Hier, — sprach

---

*) Livius L. I. C. XXIV.

er, — »ist dein Platz; und diefs sind deine
»Richter, wenn du ihm durch Furcht oder Träg-
»heit Schande machest!«

Math.C. (den Säbel ziehend) So mir Gott hilft,
soll er der Erste werden!

Unter den Freuden des häuslichen Lebens,
unter trostreichen Gesprächen mit den Lehrern
seines Sohnes, verflossen dem Helden zwey
glückliche Tage in Hunyad. Mit Anbruche des
dritten verliefs er diesen Wohnsitz der Ruhe,
und reiste zu seinem Heere nach Belgrad, wo
ihn der herrlichste Sieg über die Feinde seines
Verdienstes erwartete. Während Johann von
Hunyád an den Grenzen des Reiches neue
Lorbern erbeutete, hatte der Palatinus Ladislaus von Gara einen neuen Senat von achtzehn Magnaten in Ofen eingesetzt. Alle Angelegenheiten des Staates, der Finanzen und des
Krieges waren mit Ausschliessung jeder andern
Macht der Verwaltung dieser achtzehn Männer
überlassen. Der geheime Zweck des Palatinus
war, das Ansehen und die Gewalt des Statthalters aufzuheben, oder wenigstens seine Unternehmungen der Willkühr dieses Senats zu unterwerfen. Ulrich von Eitzing besafs nach
Cilley's Verbannung das unumschränkte Vertrauen des Königs; ihm entdeckte Hunyádi
Gara's boshafte Ränke, und in Belgrad fand er

schon das Rescript des Königs, durch welches er in der Würde des Statthalters von neuem bestätiget, die Aufhebung oder Beybehaltung des Senats der achtzehn Männer seinem Gutdünken heimgestellt, und im letztern Falle, er zum Vorgesetzten desselben ernannt wurde.

Aber von kurzer Dauer war die Sicherheit, welche Hungarns Helden seine Tugend und die Rechtschaffenheit seines Freundes gewährte. Neid und Verleumdung schwärzte Eitzingers Nahmen, er verließ den Pallast des schwachen Monarchen, die Achtung aller Rechtschaffenen, die ihm in seine Einsamkeit folgte, war ihm reichlicher Ersatz für seinen ehmahligen Glanz. Ulrich von Cilley ward zurückberufen, und in Gnaden aufgenommen. Frohlockend über den Sturz des Gerechten, und über die Opfer, die er seiner Rache noch bringen wollte, erschien er in dem Glanze des Hofes; bald war er der alte Busenfreund seines schwachen Gebiethers. Hunyádi war der erste, den die Pfeile seiner Rachsucht vernichten sollten. Mit allen erdenklichen Scheingründen stellte er dem Könige vor: nichts wäre gewisser als daß Hunyádi nach der Krone von Hungarn strebe; daß er darum mit den Osmanen in ein Bündnis getreten wäre; ihnen darum den guten Uladislaus in die Hände geliefert, und die Heere des Vaterlandes zwey mahl verrathen hätte; daß er

darum sich so ernstlich bemühte, den König
nach Hungarn zu ziehen; dafs dort seinem Leben unvermeidliche Fallstricke gelegt wären;
dafs Gewaltthätigkeit und Meuchelmord bereit
ständen ihn aus dem Wege zu schaffen. Seinen
Anschlägen gemäfs, sollte der König den herrschsüchtigen Statthalter, unter dem Vorwande wichtiger Angelegenheiten nach Wien berufen, und
in geheim das längst verdiente Todesurtheil an
ihm vollziehen lassen: diefs wäre das einzige
Mittel den Strom der Übel aufzuhalten, der mit
verheerender Gewalt alles zu erschüttern und
mit sich fortzuwälzen drohte; diefs wäre er
sich, seinen Freunden, seinen Staaten, der ganzen Christenheit schuldig. Der gekrönte Knabe
zitterte bey den Vorstellungen des ruchlosen
Betrügers; er that, was von ihm verlangt wurde; unter den künstlichsten Lockungen und
Schmeicheleyen ward Hunyádi nach Wien gefordert. Von seinen wachsamen Freunden gewarnt, antwortete er dem Könige: er würde seine Befehle in Hungarn verehren und pünctlich
vollziehen, aber seine Pflichten gegen das Vaterland und die Sorge seiner eigenen Sicherheit
verböthen ihm, jetzt seinen Posten zu verlassen.
Die Festigkeit des Statthalters vereitelte Cilley's schändliche Absichten nicht: beförderte sie
vielmehr. »Sein vorgeblicher Pflichteifer,« sprach
er zu Ladislaus, »ist nur eine Hülle seiner

»aufrührischen Gesinnungen; Furcht oder Hoch-
»muth ist's, was ihn zurückhält; die erstere ver-
»räth ein schuldbewusstes Herz, der letztere of-
»fenbare Verachtung der Majestät. Geht ihm
»dieser Schritt ungestraft hin, so wird seine Ver-
»wegenheit bald alle Grenzen übersteigen.« Der
Verdacht des Königs war in bittere Feindschaft
übergegangen; Cilley hatte die Vollmacht über
Hunyádi's Leben: nur sollte er in geheim,
und noch vor dem Ausbruche des Krieges mit
den Barbaren aus der Zahl der Lebendigen ver-
tilgt werden. Alle Kunstgriffe die er anwendete,
um sich des Statthalters zu bemächtigen, wurden
von diesem glücklich zu Schanden gemacht. Durch
die höchste Anstrengung seiner Geisteskraft hatte es ihm endlich geglückt, den Helden bis in
das nächste Dorf vor Wien zu locken; schon
glaubte er seines Schlachtopfers gewifs zu seyn,
als er sich plötzlich von Hunyádi's Rittern
umringet sah, deren jeder bereit war, das Herz
des Verworfenen zu durchbohren. »Hier zitterst
»du, Ehrloser, in der Grube,« sprach der Edle,
»die du für mich gegraben hast: welcher Fürst
»wäre mächtig genug, dich diesen Augen-
»blick aus meiner Gewalt zu befreyen? Nur ei-
»nen Wink von mir, und Ulrich der Graf von
»Cilley liegt in seinem, durch alle Laster ge-
»schändeten Blute. Aber selbst als Bösewicht
»bist du zu armselig, als dafs einer meiner bra-

»ven Männer durch deine Ermordung sich Got-
»teslohn, Menschendank und Kirchenablafs ver-
»dienen könnte. Aus Liebe für meinen König
»schenke ich dir das Leben. Liebst du dich
»selbst, so bitte diese wackern Ritter, dafs sie
»niemand erzählen, welch klägliche Rolle du hier
»gespielet hast.»

Indem das Verderben des Gerechten die Hasser der Tugend beschäftigte, gewann Mohammed Zeit seine Kräfte zu sammeln; diefs kränkte den grossmüthigen Patrioten mehr, als die schändlichsten Anschläge, die gegen sein Leben gemacht wurden. Mit edler Aufopferung für das Wohl des Ganzen both er selbst seinen Verfolgern die Hand zur Versöhnung. Er verlobte seinen ältern Sohn Ladislaus mit der Tochter des Palatinus, der mit Ulrich von Cilley zu einem Zwecke verbunden, die Feinde des Statthalters in Hungarn zu vermehren und in Thätigkeit zu erhalten beflissen war. Aber zu weit hatte die Flamme des Hasses um sich gegriffen; kein Band war zu heilig, das sie nicht verzehrt hätte. Hunyádi's Untergang war beschlossen, sollte auch selbst die Ehre und das Glück seiner Feinde durch seinen Sturz erschüttert werden.

Das Unglück gab dem Helden Gelegenheit, die Kraft und die Grösse seines Geistes in einem Lichte zu zeigen, das alle Rechtschaffene um ihn her versammelte; nur mit Verachtung dachten sie noch an den König, der durch die sträflichste Gleichgültigkeit Cilley's und Gara's Unternehmungen begünstigte. Die mächtigsten Familien betrachteten Hunyádi's gerechte Sache als ihre eigene, und vereinigten sich in einen Bund, dessen Stärke den ohnmächtigen Regenten mit seinen ehrlosen Günstlingen würde zertreten haben, hätte Johanns Vaterlandsliebe nur einen Augenblick der Selbstsucht unterliegen können. Mit der edelsten Uneigennützigkeit forderte er sie auf, ihre Kräfte zur Vertheidigung des Reiches gegen die furchtbare Macht der Osmanen zu verwenden. Seine patriotische Stimme fand Gehör; der Bund, der sich nur zum Verderben einiger Lasterhaften verschworen hatte, trat zu dem Panier des Vaterlandes. Auch Fridrich der Dritte erklärte sich für die Wünsche des Helden; mit ungewöhnlicher Thätigkeit rüstete er in Deutschland ein Heer, das zur Unterstützung der Hungarn bestimmt war. Die herrlichsten Aussichten auf künftige Siege öffneten sich dem Statthalter; sie zu verschliessen war das Ziel, zu welchem Cilley's und Gara's vereinigte Wirksamkeit hinstrebte. Durch ein heimliches Bündnifs wider den Kaiser gelang es ihnen, das Band der Eintracht zwischen ihm und dem Könige zu trennen: nichts konnte den erstern mehr bewegen, sich mit Ladislaus zu versöhnen, oder nur einen einzigen Mann nach Hungarn zu senden.

Bis in den Vatican drang der Ruf von den Feindseligkeiten und Verfolgungen, die Johann von Hunyád hinderten, die Sache der Christenheit gegen die Osmanen mit Nachdrucke zu vertheidigen. Der Erzbischof von Gran, von Calistus dem Dritten bevollmächtigt, trat vor den König. Mit lebhaften Zügen schilderte er ihm das Bild der Gefahr, in welche das Reich und er selbst, durch die Ränke seiner Günstlinge wäre versetzt worden. Er zeichnete ihm den grossen Mann, den er zur innigsten Bestürzung aller Redlichgesinnten den Nachstellungen verworfener Menschen Preis gegeben hätte. »Johann von Hunyád, sprach er, ist nicht »mehr euer Statthalter in Hungarn; er ist der »Sachwalter der ganzen Christenheit. Ganz Eu- »ropa's Blicke und Hoffnungen sind auf ihn ge- »richtet; mit ihm siegen und fallen die Erwar- »tungen aller, denen der Triumph des Kreuzes »über die Feinde desselben am Herzen liegt. »In der Fülle seiner Güte und Barmherzigkeit »gab ihn Gott seinem Geschlechte in diesen »Zeiten des Jammers und der Drangsale zum »Beschützer; Gott und seiner heiligen Kirche »seyd ihr verantwortlich, wenn er unter den »Plackereyen eurer boshaften Rathgeber unter-

»liegt. Er, den sein König verkennt; gegen
»den sich die Verführer seines Königs verschwo-
»ren haben; dessen Verdienst von dem Geifer
»der Verleumdung ungestraft befleckt wird; des-
»sen Ruhm in dem Schlangengezische eurer Oh-
»renbläser verhallet; den unsere Väter als einen
»Heiligen verehrt hätten, den unsere Nachkom-
»men uns beneiden werden; er ist der einzige,
»dessen starker Arm die Macht der Osmanen
»noch zurückhält, vor dessen Rachschwerte Mo-
»hammeds Übermuth zittert; er der einzige,
»dem ihr es zu verdanken habt, dafs ihr auf eu-
»erm väterlichen Throne noch fest sitzet; dafs
»Hungarns Krone auf euerm Haupte nicht wankt.
»Lasset ihn sinken; lasset ihn durch den langen
»Kampf mit den niedrigen Künsten eurer Höf-
»linge ermüdet, zurücktreten, und unter seinem
»einsamen Dache Sicherheit suchen; so ist jeder
»Seufzer, der seiner patriotischen Brust über die
»Leiden des Vaterlandes entfährt, euer furcht-
»barer Ankläger bey Gott: die Rache des Him-
»mels bleibt euer unvermeidliches Loos; in sei-
»nem Grimme wird er das Reich seinen Söhnen
»entreissen, wird es zum Erbtheile ihrer Feinde
»machen; und ich habe in euch den letzten Kö-
»nig von Hungarn gesalbt. Darum kehret zu
»eurer Pflicht zurück; denket in der Zerknir-
»schung euers Herzens den Ungerechtigkeiten
»nach, die ihr an dem Auserwählten des Herrn

„habt geschehen lassen; biethet ihm die Hand;
„lasset ihn ruhen und Schutz finden unter dem
„Schatten eurer Flügel; ehret ihn als euern Va-
„ter, damit es euch wohl gehe, und ihr lange
„herrschen möget auf Erden. Darum bitte, da-
„rum beschwöre ich euch bey euerm Heile, und
„im Nahmen des heiligen und allgemeinen Vaters
„der Christenheit."

Durch den freymüthigen Vortrag des frommen Priesters gerührt, versprach Ladislaus,
Johann von Hunyád gegen seine Feinde zu
beschützen; doch sollte er alle königliche Ves-
tungen im Innern des Reiches räumen, und an
den Grenzen die höchste Gewalt nur über diejenigen behalten, welche den Anfällen der Mo-
hammedaner am meisten ausgesetzt waren. Um
den Statthalter von der wiedererlangten königlichen Huld noch mehr zu überzeugen, versetzte
er den jungen Mathias Corvinus unter die
Zahl seiner Edelknaben, und verlangte, daſs er
ihm ohne Verzug nach Wien übersendet werde.
Hunyádi unterwarf sich den Forderungen des
Königs, unter welchen der Befehl, seinen Sohn
nach Hofe zu senden, ihn auf das schmerzlichste
kränkte, weil er Ladislaus misstrauische Gesinnungen aufs deutlichste verrieth. Doch das
Wohl des Ganzen forderte jetzt Gehorsam; willig brachte Johann das verlangte Opfer dem
Vaterlande. „Morgen reisest du nach Wien,"

sprach er zu seinem Lieblinge Mathias, »habe »Gott vor Augen. Sprich wenig, aber was du »sagst sey wahr. Meide die Gesellschaft der »Kinder, sie mögen dir mit krausen oder mit »grauen Haaren, im Gängelbande oder in der »Rüstung begegnen.«

Math. C. Darf ich fragen, Vater?

Joh. v. H. Du darfst.

Math. C. Was soll ich in Wien?

Joh. v. H. Unter den Edelknaben dem Könige Wein kredenzen; oder wenn er auf die Jagd reiten will, ihm den Steigbügel halten; damit er glaube dafs dein Vater ein ehrlicher Mann sey.

Math. C. Zweifelt er daran?

Joh. v. H. »Der Statthalter ist euer Ver- »räther, König!« so heisst es in seinem Credo, das ihm Schmarotzer und Speichellecker beym Aufstehen und vor dem Schlafengehen vorbeten.

Math. C. Und ihr schlagt euch nicht mit ihm?

Joh. v. H. Mit einem Fürstenbuben, der nur um drey Jahre vor dir auf die Welt kam, wird sich der alte Hunyádi schlagen!

Math. C. Brav, dafs ihr mir einmahl was zu thun gebt! Im Zweykampfe wird ihn mein Säbel bald ein anders Credo beten lehren. Nicht wahr, so ist's gemeint, Vater?

Joh. v. H. Nicht so; zum Leibbürgen für meine Treue hat er dich verlangt.

Math. C. Das dacht ich; darum wollen wir beyde unsere Beichtiger über uns beten lassen, und dann Sonne und Wind mit einander theilen.

Joh. v. H. Er ist dein König.

Math. C. Und ihr noch ehe mein Vater, als er mein König ward. Er muſs sich mir zum Kampfe stellen, äussert er den geringsten Zweifel an eurer Redlichkeit.

Joh. v. H. Das hast du nicht zu fürchten; nur Dienstleistungen fordert er von dir, und mein Geboth ist, daſs du dich folgsam bezeigest.

Math. C. Was sind das für Dienste?

Joh. v. H. An deinem Hoftage wirst du dem Könige, sobald er das Bett verlässt, auf deinen Knien liegend einen Humpen Malvasier und Zuckernüsse kredenzen. Dann folgst du ihm in die Messe; wo du aber mehr auf ihn, als auf unsern lieben Herrgott achtzuhaben hast. Er sitzt und schlummert in seinem Stuhle, oder führt, des Himmels vergessen, sein Herz bey lustigen Dirnen und Possenreissern herum; du aber stehst aufmerksam hinter ihm: denn du musst's ihm sagen, wenn er aufstehen oder niederknien; wenn er sich kreuzen oder mit dem Kopfe nicken soll.

Math. C. Heiliger Ladislaus, steh mir bey!

Joh. v. H. Sobald der Messmacher Amen sagt, gibst du ihm das Zeichen zum Aufbruche;

und dann stössest du jedes alte Mütterchen, jeden ehrlichen Mann, jeden von Jahren und Arbeiten geschwächten Greis in die Rippe, der nicht schon von weitem Platz macht, oder deinem Könige zu nahe treten will.

Math. C. Gott vergesse meiner in der Stunde der Noth, wenn ich das thue!

Joh. v. H. Gleich nach eurer Ankunft in der Burg tischest du deinem Gebiether gebratene Vögel auf, und füllst ihm den Becher mit Rufzterwein. Darauf entfernst du dich, um deine Kleider zu wechseln, welches viermahl des Tages geschehen muſs. In dem Speissaale stehst du hinter dem Könige; lachest wenn er lacht; und beugst dich tiefer als vor der heiligen Hostie, wenn er zu dir spricht. Der Hofnarr ist bey Tafel die Hauptperson: wählt er dich zur Scheibe für die Bolze seines Witzes, so hältst du Stich; rümpfest du die Nase, so jagt dich der Herr als einen ungezogenen Bürgerbuben aus dem Saale.

Math. C. Und ich will lieber Sanct Georgs Lindwurme in den Rachen laufen, als noch einmahl unter diesen Fratzengestalten erscheinen.

Joh. v. H. Die Gerichte werden in der Ordnung der zwölf Monathe des Jahres aufgetischt; sobald der December mit der Menschwerdung des Weltheilandes verzehrt, und der dreyhundert fünf und sechzigste Becher geleert

ist, werden die Possenreisser, Bänkelsänger und
Lustigmacher hereingelassen. Mit diesen Leuten
musst du dich in gutem Vernehmen erhalten,
damit sie dich mit ihren Schwänken vertraut
machen, bevor sie öffentlich auftreten. Deine
Pflicht ist's demnach, den König ehrerbiethig zu
erinnern, wenn er hochauflachen, oder nur lächeln; mit den Händen klatschen, oder majestä-
tisch aussehen; sich die Wampe halten, oder
vor Freuden über die Kunst des Gauklers mit
den Fingern knallen, und in die Höhe springen
müsse. Wehe dir, wenn du nicht den ganzen
Hof zum Schweigen bringest, sobald die Loblie-
der auf den König und seinen Vertrauten, den
Grafen von Cilley beginnen. Da rathe ich dir,
während der Lieder deine Lippen stets zu bewegen, als sprächest du den Sängern jedes Wort
nach. Wiederholest du noch leise gewisse Lieb-
lingsworte des Fürsten- und Königspöbels, zum
Beyspiel: Allmacht, Weisheit, Anbetung, Seelengrösse, Heldenthat, so wirst du die Wirkung
deines Lippenspieles verstärken, und den König
der Hungarn in dem Glauben an die Redlichkeit
des grauen Hunyádi's befestigen.

Math. C. Vater, ihr seyd mir unbegreiflich.

Joh. v. H. Nach aufgehobener Tafel hält
der König Mittagsruhe; du kniest vor seinem
Lager, und wehrst ihm die Fliegen. Sobald er
die Augen wieder öffnet, reichest du ihm den

Weinhumpen, der seine schlaftrunkne Seele zu neuen Freuden wecken und stärken soll. Nun geht es in die Stadt zu schönen Dirnen und Weibern, die der Teufel in seinen Sold genommen hat, um Tugend und Gottesfurcht mit dem Stachel der Wollust zu befehden. Du folgst dem Könige und hältst Wache vor seiner Liebchen Thür. Indessen kosest du mit der Zofe, damit sie kirre werde und die Geheimnisse ihrer Gebietherin dir erzähle. Diese bewahrest du wie einen Gespenstersegen in deinem Gedächtnifs; denn nach dem Abendpsalme musst du sie dem Herrn vorbeten, damit er süsser träume. Und nun ist der Tag deines Dienstes glücklich gemordet; du gehst zu Bette, und seufzest über den Fluch deiner schimpflichen Bestimmung.

Math. C. Ihr mögt heute das Joch eurer Pflichten schwer getragen, mögt ein hartes Stück Arbeit verrichtet haben.

Joh. v. H. Den ganzen Tag musterte und übte ich die Mannschaft.

Math. C. Nun so bekomme euch diese Gemüthserholung wohl; noch nie hörte ich meinen lieben alten Vater so lustig scherzen.

Joh. v. H. Scherzen? — Es ist Ernst, der traurigste, schrecklichste Ernst für mein graues Haupt; aber es kann nicht anders seyn. Zum Geissel für mich bist du gefordert; du musst hin.

Math. C. Was werdet ihr unterdessen thun?

Joh.

Joh. v. H. Für Hungarn wachen; unter tausend Sorgen und Gefahren mein Brot essen; auf dem Schlachtfelde, dem Tode entgegen lächeln, und geduldig warten, bis der grosse Heerführer da oben seinem alten Kriegsknechte zur Ruhe winkt.

Math. C. Ich weiche keinen Schritt von euch; schreibt dem Könige, ich sey krank.

Joh. v. H. Schäme dich, Bube; Lüge ist des Satans Kebsweib, ihr soll dein Vater huldigen! Du musst fort. Noch eine Warnung gebe ich dir mit: sey vor dem Grafen von Cilley auf deiner Huth!

Math. C. Was ist das für ein Bursch?

Joh. v. H. Ein Ruchloser, den die Hölle zum Unholden umgearbeitet hat, nachdem ihn der liebe Gott aus seinen Händen warf; mit ihr in Schildgenossenschaft, steht er da zur Fehde jedem braven Manne, der Verdienst und Redlichkeit in seinem Schilde führt. Sein Blick droht Raub oder Mord, sein Athem vergiftet, seine Lippen sind das Sterblager jedes guten Nahmens, der ihn seiner Ehrlosigkeit erinnert; leichter, als dem geübten Schergen der Keulenschlag, ist ihm jeder Schurkenstreich. Verschmitzt wie ein geweihter Erbschleicher, und gefügig wie ein Buhle an dem Fenster seiner spröden Dirne, stahl er dem Könige das Herz, und zauberte sein Gewissen in einen ewigen Schlaf. Jetzt herrscht er in Ladislaus Nahmen über das Erbtheil unserer Väter. Der Ertrag des Landes fällt in seinen Sack; die Früchte unsers Fleisses mästen ihn zu unserm Untergange; durch sie gestärkt, arbeitet er Tag und Nacht an den Ketten, welche Hungarns edle Männer an die Frohnkarre schmieden sollen.

Math. C. Ein wahrer Sylla! — Ihr gebt mir doch keinen Zuchtmeister mit?

Joh. v. H. Dort wirst du andere Künste lernen, als die dich der Gross-Wardeiner gelehrt hat.

Math. C. So kann ich ungehindert handeln.

Joh. v. H. Was führst du im Sinne?

Math. C. Nichts geringers, als was beym Römervolke furchtsame Zuchtmeister bisweilen gehindert haben. Wisst ihr die Mähre des Mannes von Utica nicht?

Joh. v. H. Er war kein Hungar.

Math. C. Seines Muthes halber hättet ihr ihn wie euern Bruder lieben müssen. Er war nur um zwey Jahre älter als ich, als er von seinem Meister Sarpedon den Dolch verlangte, um ihn in Sylla's Brust zu stossen. Das war ein Wütherich, der eben so wenig als der Graf von Cilley in Gottes Model gelegen hatte. Sarpedons Zaghaftigkeit trug die Schuld, dafs der Bösewicht ungestraft über Roms wackere

Bürger noch länger wüthete: aber Cilley soll an mir seinen Cato finden.

Joh. v. H. Der Gross-Wardeiner Bischof hat meine Erwartungen getäuscht; Gott mag mit ihm über deine Seele rechten!

Math. C. Glaubt ihr, ich prahle?

Joh. v. H. Ich hoffte einen grossen Mann an dir zu erleben, aber meine Hoffnungen sind schwangere Berge, die mir statt eines festen, selbstständigen Menschen einen Affen gebären werden. Ich lasse deinem Manne von Utica allen Werth, den ihm dein Hitzkopf gibt, und sage dir nur: alles, was du durch Nachahmung bist, bist du nicht selbst. Nachahmungssucht ist der verzehrende Reif, unter welchem alle Kraft zur Grösse in dem Menschen erstirbt.

Math. C. Schamroth stände euer Bube vor euch, thät' er nach der Weise der Alten nur darum, weil sie so thaten; und nicht weil es gut, gross und tugendhaft war, was sie thaten. Mein Gross-Wardeiner sagt: unsere Zeiten hätten neue Laster, aber keine neuen Tugenden hervorgebracht; darum müssten wir die Gräuel unsers Zeitalters verabscheuen, und die Tugendbeyspiele der alten Zeit zur Richtschnur unsers Handelns machen. Straft den Gross-Wardeiner der Lüge!

Joh. v. H. Es gibt gewisse Handlungsarten, die bloß von der Zeit und den Meinungen der Menschen den Werth der Tugend erhalten. Mancher Tugendheld der alten Zeit würde unter uns als ein ehrloser Raubbold auf dem Rabensteine bluten, und das mit Recht.

Math. C. Menschliche Ungeheuer, Unterdrücker der Unschuld, Verräther des Vaterlandes aus der Welt schaffen, und in ihre finstere Heimath befördern, muss zu allen Zeiten, und nach der Meinung aller Menschen, Verdienst und Tugend seyn.

Joh. v. H. Ist's; — aber Zeit und Menschenmeinung schreiben die Weise vor, nach der es geschehen muss. Das Christenthum hat den Dolch des Meuchelmordes unter die Trümmer des blinden Heidenthumes begraben; wehe dem Christen, der dieses Werkzeug der alten Tugend aus dem Schutte wieder hervor zieht! Wir haben von der Gerechtigkeit geweihte Blutrichter und Ritterkämpfe. Fühlst du dich dem Grafen von Cilley an Muth und Kraft gewachsen, so tritt öffentlich auf, und ruf: »Ulrich »Graf von Cilley ist der Verführer des Königs, »die Geissel des Volkes, der Abschaum der »Menschheit. Mit langen Zügen schlürfte er bis »jetzt das Blut der königlichen Untersassen in »sich; das Seufzen und Wehklagen der Unter- »drückten war ihm süsser als Harfenklang und »Geigenschall. Er steht an seiner Frevelthaten »Ziel, weiter soll er nicht; der Richter zwischen

»ihm und der Menschheit ist gekommen: ich for-
»dere ihn vor Gottesgericht zum ritterlichen
»Zweykampfe!« Er wird sich stellen, wird den
Sprengwedel schwingen und seine Lanze einle-
gen müssen. Trägst du durch Gottes Rächerarm
den Sieg davon, so werden ihm öffentlich Schwert,
Sporen und Rüstung abgerissen, seine Waffen
zerbrochen. Priester werden Fluchpsalmen über
ihn beten, ihn mit Wasser begiessen, Seelenmessen über ihn halten, und ihn dann dem Schwerte des Blutrichters überliefern.

Math. C. Nicht der Wille, Vater; nur die
Kräfte fehlen mir zu diesem edeln Gotteskampfe.

Joh. v. H. Darum vergiss deines Mannes
von Utica, und überlasse den Grafen von Cilley der Rache des Himmels, die ihn gewiss zu
rechter Zeit treffen wird. Du hüthe dich nur,
dafs du nicht in seine Schlingen geräthst. Er
wird dir schmeicheln, wird sich gleich einer ge-
zähmten Schlange im Anfalle ihrer alten Wildheit um deinen Nacken schlingen, und sich an
deinen Busen schmiegen; traue ihm nicht, er
will dich vergiften. Mit eiserner Ruthe über
Hungarns Heldensöhne zu herrschen, ist sein
verhasster Plan; in einer Stunde des Fluches
entwarf ihn der böse Geist in seiner Seele; aber
ausführen kann er ihn nicht, so lange den Söhnen die Rechte ihrer Väter das theuerste Erbtheil, die Tugenden ihrer Vorfahren die heilig-

sten Gesetze sind, nach welchen sie ihren Wandel einzurichten, sich bestreben. Diefs weifs der Verruchte; darum trachtet er durch sich und seine Vertrauten die künftige Hoffnung des Vaterlandes, die Jugend zu verderben. Gott hat dich zu grossen Dingen auserkoren; fliehe den Verführer, damit du deine Bestimmung nicht verfehlest. Er wird sich mühen deine Kräfte unter der Pflege der Weichlichkeit zu schwächen und deine Seele im Tempel der Wollust und Üppigkeit mit dem Laster zu vermählen: leiste ihm Widerstand; zeige, dafs die Fruchtkeime des Guten auch in dem Herzen eines zwölfjährigen Knaben schon so tiefe Wurzeln fassen konnten, dafs der Same des Bösen an ihrer Seite ersticken müsse. Durch Liebkosungen, Versprechen, Geschenke, Lobeserhebungen und Vorzüge wird er dich an sich ziehen wollen, um dich zu lehren Zeit und Kräfte mit den glänzenden Armseligkeiten des Hofes zu vertändeln; meide den glattzüngigen Kuppler des Lasters und der Schande, und spotte in deinem Herzen seiner vereitelten Absichten. Lebe in der Burg des Königs, wie du auf Hunyáds glücklichen Anhöhen unter der Leitung deines würdigen Vitéz gelebt hast; jede Minute, die du den faden Dienstleistungen deines gekrönten Schwächlings entziehen kannst, verwende zu deiner Bildung; denn Gott hat grosse Dinge mit dir vor. Suche nicht, dich vor andern auszuzeichnen; das Verdienst hat jetzt bey Hofe keinen Werth, und durch Thorheiten glänzen wollen, heisst seinen eigenen Werth verläugnen, und sich mit den Narrenschellen schmücken. Begegne dem Grafen und seinem Anhange höflich und achtungsvoll; steh' ihm Rede so oft ers verlangt; aber wirf die Perle nicht vor die Schweine; fertige ihn mit Worten ab, die nichts sagen, die nicht der Ausdruck deines Herzens sind. Besser, er hält dich für blödsinnig und einfältig, als dafs verrathene Fähigkeiten in ihm die Lust erwecken, auch dich in ein Werkzeug seiner Verbrechen zu verwandeln. Vertraue dich Niemanden; Freundschaft und Ehrlichkeit sind bey Hofe unbekannte und verachtete Gäste. Jeder, der dir begegnet, trägt eine Larve, hinter der er deines offenen Gesichtes spottet. Keiner erscheint in seiner wahren Gestalt; wer die Kunst nicht versteht, zu lachen, wenn sein Herz weint, mit den Lippen zu segnen, während seine Seele flucht, den Heiland im Munde zu führen, während alle Heerscharen der Hölle in seinem Innern wüthen, dem wird der Regenbogen der Gunst seines Königs nie erscheinen.

Math. C. Diesen Augenblick habt ihr mir mein künftiges Geschick aus einem Sehpuncte gezeigt, aus dem es nichts Schreckendes mehr für mich hat. Ein Hof voll buntgefärbter, verlarvter Menschen muſs ein lebendiges Karniffelspiel seyn, in dem die Rollen wechseln, wie der Werth in den Karten.

Joh. v. H. So ist's, Bube; der jetzt in dem Range des alten, des rothen, des gelben Thiers auftritt und um sich herumsticht, wird bald darauf als Papst, Kaiser oder König abgestochen, und als eine schlechte Einwerfkarte weggeworfen.

Math. C. Ohne Zweifel wird König Ladislaus oft den faulen Fritz, und Ulrich von Cilley den Obermann, den Büttel oder den Teufel dabey spielen müssen; und diese verkehrte Welt mit anzusehen, ohne selbst mitzuspielen, mag gar nicht unlustig seyn. Darauf freue ich mich, Vater; unter diesem Sehpuncte wird des Königs Burg eine neue Schule für mich. Keinen Augenblick soll meine Aufmerksamkeit von diesen Karniffelmenschen weichen; genau will ich die mannigfaltige Weise beobachten, nach welcher sie gemischt, ausgespielt, abgetrumpft und weggeworfen werden. Dieser Talisman wird mich vielleicht zu dem verborgenen Schatze führen, den mir mein Bischof unter dem Zauberworte Menschenkunde oft so höchlich gepriesen hat.

Joh v. H. Gott und seine Heiligen geben, daſs du diesen Schatz findest; er wird dir mehr fruchten, als wenn ich dir Kronen und König-

reiche zum Erbe hinterlassen könnte. Nicht
der, welcher den Menschen gebiethet; sondern
der kluge Mann, der sie kennt, ist ihr Herr.
Nur hüthe dich, daſs du von ihren Thorheiten
hingerissen, sie nicht auf deine eigene Kosten
kennen lernest.

Math. C. Ich weiſs eine Rolle, die mich
gegen jede Gefahr der Verführung sicher stellt.
Durch zwanzig Jahre spielte einst ein gewisser
Brutus bey dem Hofe seines Königs den Wahn-
sinnigen, um weise zu bleiben; eben dasselbe
will ich thun; nicht weil er's that, sondern weil
es klug gethan war. Nur zwanzig Jahre, Vater,
würden meine Geduld erschöpfen.

Joh. v. H. Zu rechter Zeit sollst du an
mir deinen Befreyer finden. Wird es Ernst mit
den Türken, so begleitest du mich gewiss in
das Schlachtgetümmel.

Math. C. Euer Ritterwort und das Evangelium ist mir eins; mit frohem Herzen ziehe
ich zu dem königlichen Karniffelspiel.

———

Und mit frohem Herzen sah er den erbärm-
lichen Spielern zu. Er fand alles, wie es ihm
sein Vater vorher gesagt hatte. Bey dem ganzen Hofe war nur ein einziger Mensch, den
Mathias seiner Achtung würdig fand, ein Wesen, desgleichen er weder in der Schule des
Bischofs von Gross-Wardein, noch in seinem

Vaterlande kennen gelernt hatte; es war Kilian der Hofnarr. Der beissende Witz womit er oft den König und seine Günstlinge züchtigte, zog den Knaben unwiderstehlich zu ihm hin. Oft wenn sie beyde allein in dem Vorsaale ihres Gebiethers des Dienstes harrten; oder aus seinem Schlafgemache weggingen, fiel ihm Mathias um den Hals; küsste und drückte ihn als hätte sie Eine Mutter geboren, als wären sie von der zärtesten Jugend an, im Ernste und Scherze, immer nur eines Sinnes und Herzens gewesen. Nur das einzige kränkte bisweilen Hunyádi's Sohn, dafs Kilian, mit dem er es so redlich und treuherzig meinte, sich nie in ein ernsthaftes Gespräch mit ihm einlassen wollte. »Sage mir doch, lieber Kilian,« — sprach Ma- »thias in einer günstigen Stunde, — »warum »antwortest du mir nie, wenn ich dich um et- »was frage?«

Kilian. Ich bin für deine Fragen zu dumm; du bist für meine Antwort zu klug; bist noch zu jung, um wie Könige und Hofknechte an Verstopfungen im Unterleibe zu leiden.

Math. C. So entwischest du mir diefs mahl nicht. Wir müssen uns näher kennen lernen; ich wünsche dich zu meinem Freunde.

Kilian. Zum Freunde? Wir sind fertig; ich bin Jedermanns Narr. Oder gehört mehr dazu, um Jedermanns Freund, folglich auch der deinige zu seyn?

Math. C. Wer in dir einen Narren sucht, hat den Staar.

Kilian. Es gibt der Narren vielerley: einige haben Köpfe ohne Haare, andere, Köpfe ohne Gehirn; einigen werden Eselohren, andern Hörner aufgepflanzt; einige tragen Zepter, andere Kolben; jene machen durch ihre Befehle gesunde Menschen weinen, diese reitzen mit ihren Schwänken kranke Menschen zum Lachen. (Mathias will ihm die Kappe herunterziehen.) Was ist das? reitet dich ein böser Geist für die Hölle zu? Sanct Simon der Säulensteher mein Schutzpatron strafe dich, vergreifst du dich noch ein mahl an meiner Gugel.

Math. C. Lege sie weg, mich täuschet sie nicht.

Kilian. Ich gebiethe dir Ehrfurcht dafür; sie ist der Helm der Wahrheit: unter ihm darf ich aufdecken und brandmarken, was der Höfling anbeten, der Kanzler entschuldigen, der Pfaff schweigend auf seine Schultern laden und vor den Richterstuhl da oben tragen muſs.

Math. C. Wenigstens wirf die Schellen von dir, mit welchen du so oft der gesunden Vernunft zu Grabe läutest.

Kilian. Das thut Kilian nicht; zur fröhlichen Urständ wecke ich sie damit. Meine

Schellen sind mächtiger als der Donner. Sahst du nie, wie die vergoldeten Thoren, die hier in prächtigen Käfigen gefuttert werden, sich ducken und verbergen, wenn diese Schellen die Ankunft des fürchterlichen Herz- und Zwerchfell-Erschütterers verkündigen? Was würde auch aus dieser lieben Welt werden, wenn Menschen, die Gottesblitze und Pfaffen-Flüche nicht mehr schrecken, auch vor Narrenzungen und Stachelworten sich nicht mehr fürchteten! Gute Nacht! (will sich entfernen)

Math. C. Halt, wir sind noch nicht richtig.

Kilian. Werden's auch wohl nie werden. Wer mit Narren zu Acker geht, der eget mit Gauchen zu.

Math. C. Gilt das mir oder dir?

Kilian. Dir, wenn du von nichts besserm zu schwatzen weifst, als von meiner Gugel und meinen Schellen. Halt mich nicht auf, ich mufs des Cilleyers Stammbaum fertig machen; von Haman, seinem Stammvater bis zum Herodes hat mir mein guter Kopf glücklich geholfen; Gott helfe mir weiter, und ihm auf einen dreyfsig Ellen hohen Galgen, wie er ihn schon längst um mich und um die Welt verdient hat. Dann trete ich meine Gugel mit Füssen; vermache meine Schellen und Eselohren dem Münche, der ihn mit einer Seelenmesse aus dem Fegfeuer hohlt und in die Hölle führt; mit dem Narrenkragen und Hahnenkamm schmücke ich die hohe Leiche eines wohlgebornen Diebes, der unter dem Schutze eines Königs, der Gerechtigkeit zum Spott, dem Stricke des Henkers entrann; ich wallfahrte nach Hungarn, um deinem Vater Glück zu wünschen, und für seine Verdauung mich aufzuopfern.

Math. C. Ich verstehe dich nicht.

Kilian. Die Pfingstfeyer ist nicht mehr weit; dann wird es zeitiger Licht: bis dahin sage ich dir nur; so lange der Cilleyer noch unter den Lebendigen herumspuckt, wird nichts daraus.

Math. C. Aus was?

Kilian. Lagst du nie an dem Busen deines Vaters?

Math. C. Was willst du mit dieser Frage?

Kilian. Nicht wahr, sein Herz schlug königlich? Aber so lange sich nicht jeder fromme Christ bey des verstorbenen Cilleys Nahmen kreuzt, schlägt es umsonst.

Math. C. Daſs der Graf meines Vaters geschworner Feind ist, weiſs ich.

Kilian. Wirst wohl auch wissen, daſs dein Vater ein geschworner Freund der Krone von Hungarn ist.

Math. C. Gott strafe den Bösewicht in seinem Zorne, der daran zweifelt!

Kilian. Und daſs er glaubt, sie würde nirgends sicherer ruhen —

Math. C. Als auf dem Haupte seines Königs!

Kilian. Als auf seinem eigenen; aber ich sage dir; so lange Cilley bey dem Feuer seines Lebens noch Gift und Galle kocht, wird dein Vater nicht eingehen in das Reich, das er sucht.

Math. C. Du hassest den Cilleyer; was hast du wider ihn?

Kilian. Bey Narren ist nichts zu erfragen. Hast du nicht noch einen Bruder?

Math. C. Er steht bey Belgrad.

Kilian. Vielleicht wird er bald ein Bruder der Heiligen; du wirst ihn doch nicht allein gen Himmel fahren lassen? Der Cilleyer wird dir den Weg zeigen; Tag und Nacht beschäftigt ihn die heilige Sorge für euer und euers Vaters Seelenheil.

Math. C. Ich bitte dich, Kilian, sprich nicht so räthselhaft.

Kilian. Gesetzt, der alte Hunyádi müsste sich mit funfzehn tausend Christen gegen hundert tausend Ungläubige in eine Schlacht einlassen, und er bliebe todt auf dem Kampfplatze, wäre er nicht als Märterer gestorben?

Math. C. Bange Ahndungen erweckest du in meinem Herzen; und doch habe ich dir nie was zu Leide gethan.

Kilian. Eben darum erzähle ich dir meinen Traum: also noch ein gesetzt. Wenn die

Bischöfe den verklärten Hunyadi zum Heiligen gesegnet hätten, und jeder andächtige Christ eine Reliquie von ihm an dem Halse trüge; dann spräche der Cilleyer zum Könige: lasset uns die Wanderschaft der Söhne des Gerechten abkürzen, und das Geschlecht der Heiligen in den Himmel befördern; damit sie für uns beten in der Stunde der Noth, und uns beystehen, wenn wir auf den Schragen liegen, und uns der Übel erinnern, die wir in Jerusalem gethan haben. — Wie wird dir, Knabe? — Und der König sprach, sie sollen sterben; und der Blutrichter kam in den finstern Kerker, und schlug dir und deinem Bruder das Haupt ab. Und ich schlief und schlief nicht, als ich diefs alles hörte. Und der Herr von Cilley war berauscht, wie ein Burgwächter an Sanct Mertenstag, als er diese Rede sagte. Und der König lag in den Armen seiner Dirne und sprach, es geschehe, was gefällig ist in den Augen meines Gross-Herrn und Gross-Oheims Ulrich von Cilley. Und ich bin Jedermanns Narr und Jedermanns Freund.

Math. C. Was räthst du mir?

Kilian. Führst du nicht einen Raben in deinem Wappenschilde? — Ich will dir einen lebendigen schaffen; lehr' ihn sprechen.

Math. C. Er soll Rache, Mord, Fluch und Hölle rufen, wenn Cilleys Nahme vor ihm ausgesprochen wird.

Kilian. Das soll er nicht. — Kilian, Narr, Schutzengel; — oder, Schweigen bringt Freuden; — oder du lebst bey Hofe, fort, fort, zum Vater; das muss er sprechen lernen, soll mein Traum nicht Wahrheit werden. Genug; jetzt muſs ich mein Wild einstellen, sonst habt ihr morgen zum Imbiſs keine Hetze. — Noch eins: weckest du eine einzige meiner Reden in deiner Seele aus dem Todesschlummer, so hast du deinen Schutzengel von dir gestossen. Frägt dich jemand, warum es der Schalksnarr Kilian so gut und traulich mit dir meine, so gedenke deines Raben, und antworte dem fragenden Thoren: Kinder und Narren lieben sich herzlich.

Was dem verirrten Wanderer in einer stürmischen Nacht das ferne Licht einer friedlichen Waldhütte, das war dem Sohne des Helden die wichtige Entdeckung, die ihm der gutherzige Kilian gemacht hatte. Aufmerksamer maſs er seine Schritte, genauer wog er seine Worte, treuer blieb er der angenommenen Rolle des eingeschränkten, furchtsamen, blödsinnigen Knaben. Oft bemühten sich Ulrich von Cilley und seine Abgeordneten etwas Bestimmtes und Entscheidendes von Hunyádi's Absichten, Wünschen, Gesinnungen und Äusserungen, von seinen Verhältnissen und Verbindungen mit den

mäch-

mächtigern Familien des Reiches aus Mathias herauszulocken; aber alle Kunstgriffe misslangen: entweder stellte er sich, als wären ihm ihre Fragen ganz unverständlich; oder er strafte ihre Wissbegierde mit Antworten, die für sie weder Sinn noch Zusammenhang hatten. Er ward als ein eben so unbrauchbares als unschädliches Wesen verachtet. Durch geheime Wege entdeckte er seinem Vater, was er von Kilian gehört hatte; und nur zu zeitig bestätigte die Erfahrung die Wahrheit seiner Nachrichten.

Mit zahlreicher Mannschaft war Mohammed in Rascien eingefallen; den Beherrscher der Provinz hatte er in die Flucht gejagt; die Hauptstadt Novibazar, die einträglichen Silberbergwerke, und alle vortheilhafte Plätze des Landes empfanden die drückende Gewalt des Überwinders. Jetzt verbreitete sich der Ruf, dafs der Sultan mit zweymahl hundert tausend Mann gegen die Save vorrücke. Hunyádi forderte die Reichsstände auf, mit den versprochenen Hülfstruppen ihm und dem Vaterlande beyzustehen; aber nichts vermochte die einen aus dem Schlummer der Selbstsucht zu wecken; nichts in den andern den Hafs gegen den Helden auch nur auf eine Zeit zu unterdrücken. Sein Beyspiel sollte bewirken, was seine dringendsten Vorstellungen und Bitten, was die vor Augen schwebende Gefahr der Unterjochung nicht erzwingen konnte;

F

auf seine eigene Kosten warb und rüstete er ein Heer von zehn tausend Kriegern, und verlangte von allen übrigen Ständen nur noch zwanzig tausend Mann, die er an den Grenzen des Reiches von der Beute und Brandschatzung des Feindes zu besolden versprach. Hunyádi's Grossmuth fand Bewunderer; aber sein Verlangen blieb unerfüllt: nur seine wenigen Freunde eilten ihm mit fünf tausend Kämpfern zu Hülfe, Offen lag vor seinem Blicke der geheime Grund dieser sträflichen Gleichgültigkeit; er klagte dem Könige seine Noth, und bath ihn, derselben durch seine Gegenwart in Hungarn abzuhelfen. Von Cilley und Mathias begleitet, erschien Ladislaus in der Hauptstadt. In der Versammlung der Magnaten trat Hunyádi auf; die Grösse der Gefahr hatte seine Seele erhöhet, Vaterlandsliebe seine Brust mächtiger entflammt; mit hinreissender Beredsamkeit sprach er für die Wohlfahrt des Ganzen, die er in seinem Herzen trug. Er erschütterte; grosse Entschliessungen wurden gefasst: der päpstliche Legat verkündigte im Nahmen Gottes und Calistus des Dritten allgemeine Vergebung der Sünden; Johann von Capistrano, des Franciscanerordens Priester, ein Mann, dem der Ruf ausserordentlicher Heiligkeit und Wunderkraft schon längst alle fromme Herzen unterthänig gemacht hatte, nahm aus den Händen des Römischen Gesandten das geweihte Kreuz, und machte sich auf, diefs Zeichen des Heils gegen die Osmanen zu predigen. Gewaltige Zurüstungen wurden verordnet; täglich neue Aussichten auf ansehnliche Kriegsheere eröffnet; aber noch war kein Schritt zur Aufstellung derselben gethan, als in der Versammlung die schreckliche Bothschaft erscholl, Mohammed wäre mit seinen zahllosen Haufen von Belgrad nicht weit mehr entfernt. Mohammed und Belgrad war dem Könige und den Reichsständen das Signal zur Flucht; dem Helden des Vaterlandes der Ruf zur Unsterblichkeit. Ihm übertrug die allgemeine Stimme die Vollmacht, Hungarn zu retten; unter der Bedingung, dafs der König zum Beweise seines Zutrauens seinen Sohn Mathias ihm wieder übergebe, und er selbst zum Troste und zur Beruhigung des bestürzten Volkes in Ofen verbleibe, versprach er den glücklichsten Erfolg seiner gefahrvollen Unternehmungen. Ladislaus bewilligte alles; aber kaum war Hunyádi mit Mathias in seinem Lager bey Szegedin angelangt, so war der König der erste, der unter dem Vorwande einer Jagd Ofen verliefs, und nach Wien in die Arme seiner Weiber sich flüchtete.

Indessen hatte sich Mohammed vor Belgrad gelagert; ein Theil seines Heeres hielt die Stadt an der Save, der andere an der Donau eingeschlossen; bey dem Zusammenflusse beyder

Ströme lagen zwey hundert Schiffe vor Anker, die auch von dieser Seite den Zugang zur Stadt versperrt hielten. Die Besatzung bestand aus Männern, die dem Tode für Ehre, Religion und Vaterland muthig und entschlossen entgegen sahen. Unter Szilágyi's Befehlen standen sie da, wie ein einziger Mann der sich gerüstet hat, sein Schicksal zu bezwingen, oder eine halbe Welt in seinen Sturz zu verwickeln. Auch Scanderbeg hatte sich mit seinen tapfern Epiroten zur Unterstützung der Hungarn in Bewegung gesetzt. Johann Korog Ban von Maschov führte seine Mannschaft gegen Szegedin, um Hunyádi's Heer zu verstärken. Eine Aragonische Flotte segelte gegen den Hellespont, um die Macht der Ottomanen zu theilen. Aufmerksam wog der Sultan diese Zurüstungen gegen seine Kräfte ab; die Wagschale senkte sich für ihn; rastlos setzte er Belgrads Belagerung fort. Unter dem gewaltigen Donner seiner Kanonen standen Szilágyi's Helden auf den erschütterten Mauern und schworen, sich lieber unter den Trümmern der Stadt zu begraben, als durch eine schimpfliche Übergabe der Vormauer der Christenheit ihr Leben noch auf einige Stunden zu fristen, und ihre Nahmen mit ewiger Schande zu brandmarken.

Jetzt zog Johann von Capistrano mit sechzig tausend Kreuzfahrern in Szegedin ein.

Wenig Hülfe war von diesem unbewaffneten, ungeübten Schwarme Priester, Mönche, Einsiedler, Handwerker, Bauern und Bettler zu erwarten; aber sie trugen das Kreuz, und auf die Macht desselben war die Zuversicht des Heiligen gegründet. Hunyádi's erste Sorge war, die Besatzung zu verstärken, und die belagerte Stadt mit hinlänglichen Lebensmitteln zu versehen; diefs war unmöglich, so lange die türkische Flotte die Donau und die Save beherrschte. Das Lager ward abgebrochen; zwey hundert Hungarische Schiffe mit den Kreuzfahrern und Korogs muthigen Streitern bemannt, ruderten der feindlichen Flotte entgegen. Johann von Capistrano und Hunyádi begleiteten sie am Ufer mit einem Heere: ohne Unterlafs rufye ihnen der fromme Priester Vergebung der Sünden, Rückkehr in den Zustand der Unschuld, glorreiche Siege durch die Macht des Kreuzes zu; abwechselnd stärkte der Held ihren Muth und ihre Hoffnungen durch die Versicherung seines thätigen Beystandes. Mit Spott und Verachtung empfingen die Osmanen die Flotte der Hungarn; aber der heftige Angriff der letztern zwang die Übermüthigen zum ernsthaften Widerstande. Lange ward mit ungewissem Erfolge gefochten, bjs Ladislaus von Hunyád, durch einen Geheimbothen von seinem Vater aufgefordert, aus der Festung herrausstürzte, und mit vierzig Schiffen zur Entscheidung herzueilte. Die Osmanen geriethen in Unordnung; die Grösse ihrer Schiffe hinderte jede vortheilhafte Bewegung und Wendung; ein Theil ihrer Flotte ward in Grund gebohrt, der andere weggenommen oder gänzlich verwüstet. Unter feyerlichen Dankliedern und frohem Jubelgeschrey empfingen die Helden in Belgrad ihre siegenden Brüder und Retter. Muthiger machte dieser erste Unglücksstreich den Heerführer der Barbaren; mit stürmender Hand wollte er sich der Festung bemächtigen. Tag und Nacht ließ er seine Maschinen spielen; seine ungeheuern Steinböller zerschmetterten die Mauern; schon lag ein grosser Theil derselben im Schutte, als er das Zeichen zum Sturme gab. Zu schwach war die Besatzung, um dem hereinbrechenden Feinde zu widerstehen; sie floh von den Wällen; Mohammed war auf einige Augenblicke Meister der äussern Stadt. Aber jetzt brach Hunyádi mit seinen tapfersten Kriegern hervor, die er im Hinterhalte verborgen hatte. Ein blutiges Gefecht begann; ausgestreckt blieb der Arm der Hungarn, ein schreckliches Meteor des Gerichts und des Todes den Ungläubigen. Muthlose Verzweiflung jagte diese zu den Mauern zurück; aber alle Ausgänge waren von Hungarn besetzt; keiner entrann den Streichen ihrer wüthenden Säbel. Mohammed hörte der Fallenden Jammergeschrei, sah die blutenden Leichname der Seinigen in den Graben hinunter stürzen; frische Haufen jagte er durch die Lücken der Stadtmauern zur Rache: aber das Glück hatte mit ihm gebrochen; beherzt stiegen seine Männer über die Leichen ihrer erschlagenen Brüder weg; zu ihrem Propheten um Hülfe rufend, hauchten sie ihre Seele aus, und fielen zurück. Wo der Hungarn mordender Stahl nicht hinreichte, dort wüthete das Feuer aus den Händen der Kreuzfahrer. Schnell ergriff die Flamme die Kleider und Spiesschäfte der Osmanen; alle Versuche sie zu löschen waren vergebens; in wilder Verwirrung drängten sich die Stürmer zurück. Ihnen nach eilten die Helden des Kreuzes; das Blut der Ungläubigen träufte von dem Zeichen des Heils; ihm war die Ehre des Sieges vorbehalten. Auf dem Schauplatze des Todes warfen sich die Überwinder auf ihr Angesicht, und dankten dem Ewigen für den glücklichen Ausgang dieses gefahrvollen Tages.

Mohammed schäumte vor Wuth; neue Scharen führte er vor die Mauern der Stadt. Mit Vorsatz hatten sich Hunyádi und Johann von Capistrano in das Schloss zurückgezogen. Von ihrem Beherrscher angefeuert, überstiegen die Osmanen die Wälle, sie verbreiteten sich in den Strassen, die Fahnen des Sultans weheten schon auf den Mauern. Ein Muselmann eilte dem höchsten Thurme zu, dort wollte er das

Zeichen des Sieges aufstecken: auf der letzten Stufe ward er von einem Hungar erreicht; der Heldensohn ergriff den Übermüthigen; durch seinen Widerstand ermüdet, weihete er sich dem Tode und stürzte sich mit dem Türken von der Spitze des Thurmes herab. Lebhaft hatten indessen die Hungarn auf dem grossen Platze gekämpft, ihre Kräfte fingen an zu sinken. Hunyádi und Capistran fielen mit ihren Helden aus dem Schlosse heraus; das Gefecht ward erneuert. Die mächtigen Worte Vaterland und Unsterblichkeit waren das Signal zum blutigen Gemetzel; sie waren Flammen, die von Hunyádi's Lippen über die Herzen seiner Männer sprühten, und sie zu Wundern der Tapferkeit anfeuerten. Jede Bewegung des hungarischen Arms vermehrte die Schlachtopfer des Todes. Mönche und Einsiedler, denen es an Waffen fehlte, erdrosselten die Feinde des Kreuzes mit ihren geheiligten Gürteln. Andere zogen die Erschlagenen unter den Füssen der Würger hervor, und sammelten sie auf einen Haufen. Diesen Leichenhügel bestieg Johann von Capistrano; wie Hunyádi den bluttriefenden Säbel, so hielt der heilige Priester das Bild des Gekreuzigten zur Begeisterung der Kämpfer in die Höhe. Segen des geretteten Vaterlandes rufte jener den Streitenden zu; Segen des Himmels, Märtyrerkronen und ewig grünende Siegespalmen verhiefs dieser den Fallenden. Mohammed sah die Haufen der Entseelten; sah das grässliche Blutbad in dem seine stolzen Entwürfe zu Grunde gegangen waren; mit der kleinen Rotte, die der Wuth des mordenden Hungars entrann, floh er aus der Stadt. Im Hinterhalt lauerte seine Reuterey; von ihrem Glücke verblendet, dachte er, würden die Sieger ihm nachsetzen; dann sollte sie ihnen den Rückzug verschliessen. Hunyádi hatte das Verfolgen der Feinde bey Lebensstrafe verbothen; aber angefeuert durch den Sieg, achtete die Schar der Kreuzbrüder auf das Verboth des Heerführers nicht. Mit entsetzlichem Geschrey, unter dem Lerme der Trommeln, Trompeten und Glocken fielen sie in Mohammeds Lager ein; mit dem Kreuz in der Hand trieben sie die erschrockenen Barbaren, vor sich her. Die Reuterey, anstatt über die Verwegenen herzufallen, ergriff muthlos die Flucht. Hunyádi eilte mit den Hungarn den Helden des Kreuzes nach; er trat in ihre blutige Fusstapfen und vollbrachte ihr Werk: das Lager der Osmanen ward erbeutet; schwer verwundet und eines Auges beraubt, entkam der Sultan. Nach einem Verluste von vier und zwanzig tausend Mann gab er die Hoffnung verloren, Hungarn zu unterjochen.

Entkräftet kehrte Hunyádi von dem Schlachtfelde zurück; nicht lange genoss er die Freude seines Sieges, ein schleichendes Fieber heftete ihn an das Krankenlager. Äusserst bestürzt sahen seine Freunde die Gefahr; die Stunde seiner Auflösung war da. Johann von Capistrano erinnerte ihn des herannahenden Todes: »Heiliger Vater, erwiederte ruhig der Held, ihr »verkündiget mir die Ankunft eines Freundes, »dessen tröstendes Bild nie vor meiner Seele »verschwand. Oft wollten mich Feinde, die mein »grosser Heerführer zu meiner Prüfung wider »mich aufstehen liefs, in seine Arme führen; oft »suchte ich ihn selbst mit Sehnsucht dort, wo »ihn vor mir meine Väter, und tausende meiner »Brüder an meiner Seite gefunden hatten; aber »die Zeit meines Urlaubes war noch nicht da. »Jetzt, sagt ihr, wäre sie erschienen, und ich »danke euch für diese freudenreiche Bothschaft; »ich bin reisefertig; mein ganzes Leben war nur »die Vorbereitung zum würdigen Empfange des »Freundes, der mich vor den Thron meines grossmächtigen Königs führen wird. Treu hab' ich »ihm gedient; unter allen Stürmen und Gefahren des menschlichen Lebens habe ich den »Posten behauptet, auf den er mich gesetzt hat; »er wird seinen ausgedienten Kriegsknecht huld»reich aufnehmen und ihm Ruhe gewähren in »den Hütten seiner Heiligen. Seht, Vater, diefs

„ist der Wiederhall eurer Ermahnungen in mei-
„nem Gewissen." Darauf wendete er sich zu
seinen Söhnen Ladislaus und Mathias: „Las-
„set die Lehren, sprach er, die Thaten und Bey-
„spiele eures Vaters ewig in euerm Herzen, le-
„ben; durch mehrere Jahre waret ihr meine Be-
„gleiter auf dem Wege, den ich zu meinem Ziele
„wandelte. Mit Dornen war er bestreut; aber
„fest und sicher waren unsere Tritte: kein Un-
„glücklicher benetzte unsere Fusstapfen mit Thrä-
„nen, wo wir seinen Wohlstand und seine Rech-
„te zertreten hätten; kein Rechtschaffener ver-
„doppelte vor uns seine Schritte, oder fiel zit-
„ternd zur Erde aus Furcht, wir möchten ihn
„erreichen, ihn plündern, und seine Kräfte un-
„sern Wünschen und Begierden dienstbar machen.
„Das Schicksal und die Bosheit der Menschen
„thürmten uns Hindernisse auf: wir überwanden
„sie, denn unsere Augen waren auf Gott gerich-
„tet. Irrlichter der Selbstsucht und Leidenschaft
„lockten uns bisweilen auf Abwege; aber wir
„verachteten ihre Lockungen, weil unsere Seele
„auf die Stimme Gottes und des Vaterlandes
„aufmerksam horchte. Bleibt auf dem Wege,
„lieben Kinder, den ich euch als den sichersten
„wandeln lehrte. Gottesfurcht und Vaterlands-
„liebe ist das grösste und vorzüglichste Erbtheil,
„das ich euch hinterlasse. Ehret den König,
„aber schmeichelt seinen Fehlern nicht. Tretet

»mit Ernst und Würde vor ihn hin, wenn er,
»der Grenzen seiner Macht vergessen, das Eigen-
»thum eurer Mitbürger an sich reissen, und sei-
»ne Grösse auf die Trümmer der allgemeinen
»Wohlfahrt gründen will; in diesem Falle wird
»Treue gegen den König entehrende Feigheit,
»und der schändlichste Hochverrath der Tugend
»und des Vaterlandes. Ehret den König als den
»ersten Beschützer und Vollzieher des Gesetzes;
»unterstützet ihn mit der ganzen Fülle eurer
»Kraft, mit euerm Blut und Leben, wo er auf
»die Erhaltung dieser Grundfeste aller bürgerli-
»chen Glückseligkeit dringet: hier ist Unthätig-
»keit oder Widerstand sträfliche Empörung gegen
»Gott, der uns durch die Gesetze des Vaterlan-
»des seinen Willen verkündiget. Nur wenn ihr
»die rechtmässige Gewalt euers Königs in Ehren
»haltet, und zu jeder Aufopferung für das Glück
»eurer Mitbürger beständig bereit seyn werdet;
»nur wenn ihr euch im Kampfe zwischen Gesetz
»und Leidenschaft, zwischen einem schimpflichen
»Leben und einem ehrenvollen Tode der Pflicht
»des Christen und des Bürgers erinnert und ihr
»folget; werdet ihr zeigen, daß die Liebe und
»das Andenken euers Vaters auch nach seinem
»Tode noch in euern Herzen lebt. Unter dieser
»Bedingung empfanget meinen letzten Kuss und
»meinen väterlichen Segen.« — In den rührend-
sten Ausdrücken empfahl er seinen Mathias der

Sorge und Freundschaft des Bischofs von Gross-Wardein. Seinem ältern Sohne übergab er seine tapfern Legionen, und bis auf weitere Verordnung des Königs, die Statthalterschaft über Belgrad und die übrigen Grenzfestungen. Mehrere Grosse des Reiches erschienen an dem Sterbbette des Helden. Noch einmahl wollten sie den seltnen Mann sehen, der, trotz den Verfolgungen und der Undankbarkeit seiner Mitstände, doch grosmüthig genug war, für die Rettung des Vaterlandes und der Christenheit sich ganz hinzugeben. Nachdrücklich ermahnte er sie zur Einigkeit unter sich selbst, und zur Fortsetzung des Krieges gegen die Osmanen. Bis zu Thränen rührte sie die Stimme des sterbenden Patrioten; einigen schwebte der unersetzliche Verlust des Vaterlandes vor Augen; andere klagte das schuldbewusste Herz der Unthätigkeit in Unterstützung des Helden an. Liebreich both er allen die Hand; jene lasen Achtung und Dankbarkeit, diese Verzeihung in seinem Blicke. — Seine zeitlichen Geschäfte waren nun vollendet; die noch übrigen Augenblicke seines irdischen Lebens weihete er den Empfindungen der Gottseligkeit. Nichts konnte den frommen Greis bewegen, das Sacrament der Sterbenden in seinem Hause zu empfangen: die treuen Gefährten seiner Siege mussten ihn in die Kirche tragen; dort reichte ihm Johann von Capistrano das Abendmahl.

und bald darauf entschlief er in den Armen des Heiligen unter dem Psalmengesang der Priester und dem Schluchzen seiner trostlosen Krieger, die so oft ihr Leben für ihn in die Gefahr gewagt hatten.

Seiner selbst stets Herr, den Pflichten des Bürgers und des Christen immer getreu, hatte er zehn mahl über die Feinde der Christenheit gesieget. Zwey mahl ward er geschlagen, aber beyde Siege hatten auf längere Zeit den Arm des Überwinders gelähmt. Sein Hintritt ward allgemein betrauert. Calistus der Dritte feyerte in der Peterskirche dem Andenken seiner Verdienste ein Todtenfest, unter welchem er ihn mit dem Nahmen, Vertheidiger des Glaubens, beehrte. Selbst der tapfere Mohammed beweinte den Tod des Helden, den er für den grössten Heerführer Europa's erklärt hatte. Nur der Graf von Cilley frohlockte mit seinem Anhange; der mächtige Feind der Lasterhaften, der Vater des Vaterlandes, der ihn bis jetzt in der Ausführung seiner verderblichen Entwürfe gehindert hatte, war nicht mehr; der heisseste seiner Wünsche war erfüllt. Schon träumte er sich an dem Ziele seiner Herrschsucht; mit dem Sturze der Söhne Johanns von Hunyád wollte er das Luftgebäude seiner Vergrösserung vollenden.

Einige Wochen nach Hunyadi's Tode.
Belgrad. Szilágy's Haus.

Mathias Corvinus. **Szilágy,** Oheim der Corviner. **Johann von Vitéz,** Bischof von Gross-Wardein. **Sebast. von Rozgon. Ladisl. von Kanisa. Casp. Bodo. Georg Modrár.** Freunde der Corviner.

Ladislaus Corvinus.
Trotzig und verstört in die Versammlung tretend.

Szilágy. Willkommen von Futak!
Ladisl. Corv. Der Landtag ist geendigt. Heute sitzt der König auf. Sein Weg geht nach Belgrad.

Modrár. Wo er Hunyádi's Heldenthaten in seinen Söhnen belohnen wird.

Ladisl. Corv. Wer von euch lies't diese Hoffnung auf meiner Stirn! — Hunyádi's Thaten sind vergessen, wie die guten Werke eines verdammten Sünders!

Szilágy. Was ward beschlossen?
Ladisl. Corv. Roth ist die Farbe meines Rockes; macht sie mit mir zur Trauerfarbe, wenn euch Hunyádi lieb war!

Szilágy. Es mag in Futak stark gewettert haben, Neffe; noch blitzt's aus euerm Auge wie nach einem Morgengewitter, das des Abends wiederkehrt.

Ladisl. Corv. Es wird wiederkehren, Oheim; es soll fürchterlich wiederkehren, oder ihr habt mit dem Vater auch der Söhne Herz und Muth in das Grab gesenkt.

Szilágy. Hervor aus der Sturmwolke; gebt uns Kundschaft von allem was vorging!

Ladisl. Corv. Der Tag des Gerichts über Hungarn ist da; es sind Zeichen geschehen, wie sie vorhergehen müssen, wenn die Zeit mit grossen Übeln schwanger geht. Alles hat seine Gestalt verändert; die Tugend ist dem Zepter der Niederträchtigkeit unterworfen worden; die Klugheit dient unter dem Paniere der Thorheit. Heilige haben die Erde verlassen; Johann von Capistrano ist gen Himmel gefahren. Die Gräber der alten Hunnen haben sich aufgethan und Ungeheuer ausgespien, vor welchen die heiligsten Bannflüche würden zu Schanden werden. Sterne der ersten Grösse sind von dem vaterländischen Himmel herabgefallen; Irrlichter scheinen an ihrer Stelle wie Sonnen.

Szilágy. Mich erschreckt ihr nicht. Kurz heraus: was ist in Futak über Hungarn verhängt worden.

Ladisl. Corv. Krieg.

Rozgon. Wer soll ihn führen?

Ladisl. Corv. Niklas von Ujlak, unsers Hauses Feind.

Rozgon. Ich habe nichts wider ihn; er hat

das

das Herz am rechten Flecke, und sein Säbel ist mit türkischen Nacken bekannt. — Werdet ihr ihm mit euern Völkern Vorschub thun?

Ladisl. Corv. Der König hat ihm zwey tausend Kreuzbrüder aus Österreich mitgebracht.

Rozgon. Diefs Gesindel soll die Fufsstapfen der Helden besudeln? — Ujlak ist ein tapferer Mann und unserer Unterstützung werth. Werdet ihr aufsitzen Szilágy?

Szilágy. Fragt mich, wenn ihr den König vor's Wasserthor hinausreiten seht. — Gab's sonst nichts in Futak?

Ladisl. Corv. Noch etwas, wobey ihr zweifeln werdet, ob es noch Heilige im Himmel, Blitze in der Luft und Männer in Hungarn gibt! Zwinget mir die Mittheilung des Fluches nicht ab, unter dem sich der Leichnam unsers Vaters im Sarge wieder umkehren müsste.

Szilágy. Ihr steht mir Rede; dieser Arm wird euerm Vater wieder Ruhe geben.

Ladisl. Corv. Ulrich Graf von Cilley ist Hungarns Statthalter!

Szilágy. (in die Mitte tretend und seinen Handschuh auf den Boden werfend) Ewige Fehde dem feigen Schandbold, der ihn dafür erkennt! (auch die Übrigen wollen ihre Handschuhe wegwerfen.)

Ladisl. Corv. Harret! — Ladislaus Corvinus ist in der Versammlung der Stände von Ulrich Grafen von Cilley feyerlich an Sohnesstatt angenommen worden. Aus Eines Priesters Hand nahmen wir beyde das Sacrament als Siegel unserer Verbindung.

Math. Corv. Thatest du das wirklich?

Ladisl. Corv. Viele beneideten mein Glück.

Math. Corv. Ladislaus Corvinus steht als Verräther seines Vaters gebrandmarkt hier; er hat keinen Bruder mehr! Wer will Sonne und Wind mit ihm theilen?

Ladisl. Corv. Wenn du nach fünf Minuten noch auf deiner Rede bestehst, so soll der Gross-Wardeiner den Kampfpsalm über mich beten, mich losprechen von meinen Sünden, und auf die Steckbahn begleiten! — Drey Tage nach meiner Annehmung an Sohnesstatt schrieb Cilley an seinen Schwiegervater Georg, Despoten von Servien, diesen Brief. Sein Hauspfaff verkaufte mir ihn für sechs hundert Goldgülden. (reicht dem Bischoff Cilleys Schreiben) Lest ihn, Gross-Wardeiner; könntet ihr ihn doch so laut lesen, daſs der Donner eurer Stimme ganz Hungarn erschütterte!

Joh. Vitéz. (liest) »Gott zum Gruss, lieber »Schwiegervater! — Daſs Hunyádi todt ist, »werdt ihr wissen; aber das wisst ihr nicht, »daſs mein Königsbube sich darüber gar herzlich »freuet. Dem Hunnenvolke zum Trotze, und »so mich Gott erhält, auch zur Qual, bin ich »Statthalter von Hungarn geworden. Mästen

„will ich nun mich und meine Treuen mit dem
„besten Fette dieses Landes. Sonderbar müsste
„es zugehen, wenn nach einem Jahre noch je-
„mand wissen sollte, wer Hunyádi, und was
„seines Thuns und Treibens war. Die zwey
„Auswüchse dieses Hundegeschlechts werden ihm
„in das Reich der Vergessenheit folgen. Wird's
„nicht, wie ich euch sage; so mögt ihr denken,
„ich habe meine Nerven an Buhldirnen zu Haar-
„bändern und Schnürriemen verhandelt; und ich
„will meinen Rosenkranz in das Feuer schmeis-
„sen, Sanct Ruprechts geweihten Knöchel mei-
„nem Hunde vorwerfen, und mit Hussens Höl-
„lenbrut keinen Papst und keinen Ablass mehr
„glauben, wovor mich Gott und die heilige Jung-
„frau bewahren mögen. — Erschreckt nicht,
„wenn ihr hört, dafs ich den ältern Sohn des
„Walachen an Kindesstatt angenommen habe;
„ich musste den Fuchs fangen, wollt' ich meinen
„Pelz mit seinem Balge verbrämen. — In wenig
„Tagen brechen wir von hier gegen Belgrad auf;
„dort soll der Büttel ein gutes Stück Arbeit von
„mir bekommen. Die Sünde nimmt mein run-
„der Hauspfaff für ein paar Humpen Wein und
„eine Wonnenacht bey meinen Dirnen auf sich. —
„Macht mir der Teufel kein böses Spiel, so
„send' ich euch aus Belgrad zwey Kugeln, wie
„sie noch kein Despot von Servien zum Spielen
„hatte. Hunyádi's Söhne werden ihre Köpfe

»dafür einbüssen; aber ihr Blut komme über
»meinen Beichtiger, der wissen muss, was über
»den Sternen zur Rechten und zur Linken ist,
»und wie das Krumme wieder gerade gemacht
»werden kann. Wohl werd' ich eine Kirche
»bauen müssen; ich will's thun in Gottes Nahmen.
»Gäbe es keine grossen Sünder, sagt mein ge-
»weihter Wanst; so hätte der liebe Herrgott
»nicht so viel Kirchen. Lebt wohl.«

Futak am Sonntag'   Euer Eidam
als am St. Wolfgangstage   Ulrich Graf von Cilley.

Ladisl. Corv. (wirft seinen Handschuh auf den Boden) Wer Ulrich von Cilley für Hungarns Statthalter erkennt, ihm gehorcht, unter seinem Paniere den Säbel schwingt; wer in seinem Herzen ihn noch Ehrenmann, Ritter und Freund nennt; ihn nicht so hasst, wie eine siebzigjährige Nonne die (Unzucht; der hebe diesen Ritterhandschuh auf, und bestelle sich seinen Sarg.

Alle. (ihre Handschuhe zuwerfend) Der hebe sie alle auf; und Gott habe keinen Theil an seiner Seele!

Math. Corv. Amen.

Ladisl. Corv. Und nun, was soll aus Ulrich von Cilley werden?

Math. Corv. Eine Leiche durch unsern Rächerarm, ohne Frist und Kampf!

Kanisa. Lasset eure Sache durch Gott, Schwert und Kolben entscheiden!

Szilágy. Wir wollen das Urtheil des heiligen Vaters vernehmen. — Ihr müsst wissen, ehrwürdiger Bischof, wie gross die Sünde ist, wenn ein biderer Rittersmann sich einem Schurken von Cilley's Höllenzunft zum Kampfe stellt; sprecht, darf Laslo Corvin nach Rittersitte zwischen ihn und Hungarns Verräther Gottes Entscheidung fordern?

Vitéz. Er darf; Gott wird dem Unschuldigen beystehen, und den Bösewicht zu Schanden machen.

Ladisl. Corv. Eure Rede, Bischof, ist nicht recht. Ihr mögt wohl wissen wie es mit der Fehdschaft zwischen Himmel und Hölle steht; aber wie weit der rechtliche Ritter mit dem abgefäumten Lasterbold gehen dürfe, wisst ihr nicht. Der Cilleyer müsste vor dem Kampfe zu Gott und seinen Heiligen schwören, dafs er in allem den vorgeschriebenen Regeln Folge leisten wolle; kann aber der zu Gott schwören, aus dessen Seele Gottes Ebenbild schon lange verschwunden ist? Verdient der Eid des Mannes Glauben, der in dem Solde des Höllenfürsten, Gottes Schöpfung zum Schrecken, als ein lebendiges Zeichen des nahen Gerichtes unter uns wandelt? — Ich soll ihn zum Strausse fordern, meint ihr, ehrwürdiger Vater; aber welcher Hungarische Rittersmann wäre so tief zur Ehrlosigkeit herabgesunken, dafs er uns als Kreiswärtel auf den Kampfplatz begleiten, und dort zusehen wollte, damit alles recht, ohne Trug, List, und Gefährde zuginge? — Kommt, Bischof, wir wollen in die Kirche; dort sollt ihr mir für den in Costnitz verbrannten Hussinetzer Irrlehrer eine Seelenmesse lesen.

Vitéz. Er war ein Ketzer; für ihn haben Seelenmessen keine Kraft: der Priester, der sie hält, macht sich des Gottesraubes schuldig, und ladet den Kirchenbann auf sich. — Ich sage euch, was die Kirche lehrt.

Ladisl. Corv. (stöſst seinen Säbel in die Erde) Hier das Zeichen des heiligen Kreuzes; lasst uns niederfallen, Vater, und für den Hussinetzer heilige Gebete halten; ihr sollt uns vorbeten!

Vitéz. Das Gebet für verdammte Ketzer ist Verspottung des Himmels: so lehrt die Kirche.

Ladisl. Corv. Ihr sollt nicht beten; aber nehmt die Wagschale der Ewigkeit in die Hand, und wäget Ketzerey gegen Gottesraub ab; welches Verbrechen wiegt dort schwerer?

Vitéz. Das letztere, so lange das erstere mit Verführung und Ärgerniss nicht verbunden ist: so lehret die Kirche.

Ladisl. Corv. Wie nennt die heilige Kirche den Mann, der mit Mordanschlägen im Herzen das Sacrament empfängt?

Vitéz. Gottesräuber.

Ladisl. Corv. Das ist der Cilleyer. —

Ich will vergessen, was ich der Ritterehre schuldig bin; will mich schlagen mit dem ehrlosen Tugend - Weiber - und Kirchenschänder, wenn ihr euch getrauet, vor dem Kampfe die Beichte des Gottesräubers zu hören, ihn von seinen Sünden loszusprechen, während Gott und die Kirche ihn verfluchen; ihm das Abendmahl zu reichen, über ihn zu beten und euch dadurch, nach eurem eigenen Ausspruche, seiner Verdammung theilhaftig zu machen. Wollt ihr dieß?

Vites. Thut, was euch recht dünkt.

Ladisl. Corv. Er sterbe wo wir seiner habhaft werden, ohne Frist und Kampf; dieß ist Gottes Urtheil über ihn.

Kanisa, (sich auf die Brust schlagend). Hier steht sein geschworner Feind; wer daran zweifelt, dessen Wappenschild werde zerbrochen und an den Schwanz eines Esels gebunden! aber, gib jedem sein Recht; ist mein Wahlspruch. Also nur zwey Fragen an euch; die erste: seyd ihr seiner Verbrechen gewiss?

Ladisl. Corv. So gewiss, als ich weiss, daſs Gott die Tugend belohnt und das Laster straft. Er war es, der unserm Vater drey mahl nach dem Leben getrachtet hatte; er, der die Verdienste des Verklärten mit den gräſslichsten Verleumdungen in Futak anschwärzte; er, der mich und unsern Oheim Szilágy vor dem Könige der Empörung und des Hochverrathes beschuldigte, weil wir zum Besten des Vaterlandes Belgrads verwüstete Mauern auf unsere Kosten wiederherstellen liessen. Sind euch diese Verbrechen nicht genug, so zählet die unglücklichen Opfer seiner Raubsucht, seines Hochmuths, seines Hasses und seiner Geilheit, denen Cilley's Nahme mit tausend Zweifeln durch die Seele fährt, so oft sie beten: »Vater unser, der du bist im Himmel.«

Kanisa. Gib jedem sein Recht; ist mein Wahlspruch. — Wisst ihr euch nicht anders, als durch gewaltsamen Mord Genugthuung zu verschaffen?

Ladisl. Corv. Welcher Richterstuhl ist heilig genug, dessen er nicht spotten, dem er mit seiner Macht nicht trotzen würde?

Kanisa. Übergebt eure Sache dem päpstlichen Legaten.

Ladisl. Corv. Damit der Cilleyer Zeit gewänne, seine Sache Meuchelmördern und wälschen Giftmischern zu übergeben? Und gesetzt auch, wir enträngen diesen; sind wir reich genug, um so oft als der Cilleyer die gesalbten Hände der Legaten zu vergolden? — Ihr seyd ein frommer Mann, Kanisa; darum haltet ihr auch alles für fromm, was eine geschorne Platte und einen Priesterrock trägt, (auf den Bischof deutend) aber dieser Mann hat in Rom gelebt, ist selbst Priester; fragt ihn auf sein Gewissen, ob er mehr Heilige, oder mehr Teufel im Pfaffenrocke kennen gelernt habe. — Noch einmahl, Hungarische Männer; Hunyádi ist im Grabe beschimpft, die Köpfe seiner Söhne sind als Spielbälle dem Despoten Serviens verheissen, das Vaterland ist verrathen, das Glück, die Rechte, die Freyheiten der tapfersten Nation sind einem nichtswürdigen Ausländer Preis gegeben: — in dessen Seele nicht Rache und Mord der Wiederhall meiner Worte ist, der ist nicht werth Hungariens Sohn genannt zu werden; er hebe meinen Handschuh, und beweise mir heute noch das Gegentheil.

Alle, (ausser dem Bischof) Ulrich von Cilley sterbe ohne Frist und Kampf, so wahr er den Zorn Gottes gereitzt hat, der uns, als den Dienern seiner Rache gnädig seyn wolle!

Ladisl. Corv. Den Ritterhandschlag, Blutbrüder! — (alle, ausser dem Bischof, legen ihre Hand in Corvinus rechte)

Szilágy. Ulrich Cilley ist geächtet. Zürnet ihr so sündiget nicht; wer ihm noch persönlich grollet, der reinige sein Herz. — Unser Werk ist heilig; wir sind Gottes Werkzeuge zur Vertilgung des Ruchlosen.

Rozgon. Wo soll der Leichenvogel sein Gewissen wecken, und die Todesnoth ihm vorkrächzen?

Ladisl. Corv. Dort, wo unser Vater so

manche Stunde über die Wehen des Vaterlandes
verseufzt hatte. — Der König wird unsere Mutter in Hunyád heimsuchen, um sie in ihrem
Witwenstande zu trösten; das heisst, um sich
ihrer Schlösser zu bemächtigen, und sie dem
Cilleyer zum Tummelplatz seiner Frevelthaten
zu schenken.

Szilágy. War dieſs auch ein Artikel des
Futaker Landtages?

Ladisl. Corv. Gerade derjenige, der mein
verwundetes Herz gänzlich zerriss. Lieber möcht'
ich mir das ganze Heer der gefallenen Geister
in den Himmel zurück, als den Cilleyer den
Bewohner des Bergschlosses Hunyád denken.
Dort, wo Johann Corvins edle Seele, von
Vaterlandsliebe begeistert, die grossen Entwürfe
seiner künftigen Heldenthaten gebar; dort soll
ein verworfener Ausländer in den Armen seiner
Buhldirnen der Wollust fröhnen, und der Tugend des Verklärten Hohn sprechen!

Szilágy. Hier steht der Rächer; wer hilft
mir Gottesgericht an ihm vollziehen?

Modrár. Werdet ihr den Streich hinter
seinem Rücken führen?

Szilágy. Zum Rächer nicht zum Mörder hab'
ich mich erklärt! Der feigherzige Schurke mordet im Rücken!

Modrár. Ich bin euer Helfer!

Rozgon. Auch mein Säbel soll in der Scheide nicht stecken bleiben!

Bodo. Wie gut ich treffe, habt ihr in Mohammeds Lager gesehen!

Kanisa. Wer wird die Blutschuld tragen?

Szilágy. Sie komme über mich!

Ladisl. Corv. Über keinen von uns kann sie kommen; das Blut des Bösewichts befleckt die Hände des Gerechten nicht. Sein Tod kann nur die Hölle zur Rache reitzen; Gottes Engeln bringt er Freude. Was ist eure Meinung, Bischof?

Vitéz. Meine Seele ist nicht in euerm Rathe, wenn von Mord und Blutvergiessen die Rede ist. Thut was euch recht dünkt.

Ladisl. Corv. Ihr verdammet unsere That?

Vitéz. Wäre sie vollbracht, ich gäbe euch meinen Priestersegen und sänge heute noch mit meiner Clerisey Psalmen und Danklieder dem Ewigen; aber euch dazu rathen ist mir nicht erlaubt. (*)

Ladisl. Corv. Das ist uns genug. — Lasst uns nun für unsere Sicherheit in Belgrad sorgen. Mit welchen Gesinnungen der Cilleyer den König zu uns führt, verräth der zahlreiche Trupp der ihn unter Waffen begleitet. Reinhold von Rozgon zieht mit acht hundert Reitern vor

---

(*) Bonfin. Rer. Hung. Decad. III. Lib. VIII. pag. 566. edit Lips. 1771.

dem Könige her; Rozgon ist unser; von seinen Männern haben wir nichts zu befürchten. Hinter dem Könige folgen unter Lambergers und Lichtensteiners Anführung tausend Österreicher, tausend Böhmen von Komorovski's Mannschaft und zwey tausend Kreuzfahrer aus Deutschland. Die Führer mögen den König in die Festung begleiten; aber ehe soll eine Schnekke mit ihren Fühlhörnern durch Tatras Felsen dringen, als ein einziger Deutscher von dem Truppe die Burgfeste betreten. — Auf, Modrár, lasst diese Stunde noch funfzehn hundert Reiter, die treuesten und tapfersten meiner Heerscharen aufsitzen; führet sie in das Schloss und wachet dort mit ihnen im Verborgenen für das Vaterland.

Modrár. Die Losung!

Ladisl. Corv. Zwey Kugeln. Sie bleibt dieselbe, so lange der König in Belgrad ist. Tag und Nacht sollen eure Reisigen unter Waffen bleiben, damit sie jede Stunde bereit sind auszubrechen und zu vernichten, was Cilley's schwarze Seele der Ordnung Gottes zum Trotze hier gebären will. Geht; eure Zeit ist kurz. — Bodo, ihr besetzet die Zugbrücke und das Wasserthor mit vier hundert Mann. So wie der König mit seinen Edeln über die Brücke ist, lasst ihr sie aufziehen. Ihr wisst euern Posten. — (Zu den Übrigen) Ihr folget mir dem Könige entgegen.

An demselben Abende landete der König vor Semlin. Ladislaus Corvinus unterließ nichts, was den misstrauischen Regenten von seiner Ergebenheit und Unterwerfung überzeugen konnte. Auf seinen Knieen liegend übergab er ihm vor Belgrads Thoren die Schlüssel der Festung: „Die treue Tapferkeit meines Vaters, — sprach er, — „erhielt sie Eurer Majestät; zehn „mahl focht und siegte er für diese Schlüssel; „möchtet ihr sie doch als ein Unterpfand ansehen, das euch nicht nur die Treue des alten „Hunyádi, sondern auch den Gehorsam und „die Unterthänigkeit seiner verwaisten Söhne verbürget. Auf dem Schauplatze des Krieges, unter fürchterlichen Stürmen und Gefahren bildete uns der verklärte Held zu muthigen Kämpfern für das Vaterland und unsern König. „Arbeit und Beschwerlichkeit theilten wir mit „ihm; wir sahen seinen Wandel und seine Bey„spiele, seine Fusstapfen glänzen; wir können, „wir werden sie nicht verfehlen. Durch Thaten „wollen wir die Liebe Eurer Majestät verdienen; „bey der entseelten Hülle unsers Erzeugers fassten und beschworen wir diesen Vorsatz. Aber „unser bester Wille muss ersterben, unsere edelsten Kräfte werden nur unser Unglück erhöhen, „wenn es der Bosheit unserer Feinde gelinget, „uns die Sonne eurer Huld und euers Schutzes zu verfinstern. Die Neider und Verfolger

„unsers edeln, braven, bidern Vaters sind Eurer
„Majestät bekannt; ihre Nahmen kommen nicht
„über meine Lippen in Gegenwart meines Königs:
„nur die Betheurung sind wir Euch, unserm Va-
„ter und uns selbst schuldig: so bereit wir jeden
„Augenblick sind, für das Vaterland und den
„König unser Leben zu lassen; eben so fertig
„sind wir, lieber alles was uns theuer und heilig
„ist aufzuopfern, als uns vor den Feinden unsers
„Vaters zu beugen, oder ihren ungerechten An-
„massungen nachzugeben." —
„Eure Freymüthigkeit, Graf von Bisztritz,
„erwiederte der König, gefällt uns; wir finden
„in euch euern gottseligen Vater, unsern alten
„Freund wieder. Steht auf und wandelt ruhig
„unter der Huld und dem Schutze unserer Ma-
„jestät. Nehmt die Schlüssel zurück; denn wir
„kennen keine Hand, in der sie sicherer lägen
„als in der eurigen." — Der Graf von Cilley
winkte dem Könige und er schwieg. Corvin
führte ihn in die Stadt, die Österreicher, Böhmen und Kreuzbrüder wollten dem Könige folgen; aber auf Bodo's Befehl wurden die Brük-
ken aufgezogen, die Thore verschlossen. „Man
„öffne dem Gefolge unserer Majestät, — sprach
der entrüstete König, — „die Thore unserer
„Festung!" — „Euer Majestät wolle nicht un-
„gnädig nehmen, — antwortete Corvin mit
festem Tone, — „nicht wir; die Gesetze des

»Vaterlandes verschliessen Ausländern unsere
»Grenzfestungen. Hungarns freye Männer ken-
»nen ihre Pflicht und ihren Werth zu gut, als
»dafs sie die Sorge für die Sicherheit ihres Für-
»sten Ausländern überlassen, oder mit ihnen thei-
»len sollten. Jeder, der in dieser Burgfeste lebt,
»ist ein geschworner Wächter für Eure Majestät.
»Ihr befindet euch unter Mohammeds Uber-
»windern; ich habe dem Könige der Hungarn
»nichts mehr zu sagen, als dafs es mir tief zu
»Herzen gehen würde, hätte mein pflichtmässiger
»Eifer für die Gesetze und unsere Gerechtsamen
»Euch Verdacht wider uns, eure treuen Unter-
»sassen, eingeflüsst.«

Der König zeigte sich beruhigt, aber im
Herzen war er's nicht. Alles, was ihm der Graf
von Cilley seit langer Zeit von den treulosen
Anschlägen der Corviner beygebracht hatte,
erwachte jetzt mit dem Scheine der Gewissheit
in seiner schwachen Seele. Furcht und Schüch-
ternheit verrieth jeder seiner Schritte; wo er
sich hinwandte, glaubte er meuchelmörderische
Dolche zu erblicken. An Ulrichs Gift- und
mordathmender Brust suchte er Beruhigung.
Willkommen war dem Bösewicht der zerrüttete
Gemüthszustand des gekrönten Jünglings. Mit
den grellsten Farben schilderte er ihm die un-
schuldigsten und rühmlichsten Unternehmungen
der Corviner; selbst ihre entschiedensten Ver-

dienste wusste er in der Furiengestalt der Meuterey darzustellen;' er dichtete ihnen Absichten, Entwürfe und Äusserungen an, die Hunyádi's Söhne und Freunde zu denken unfähig waren. »Nur die äusserste Klugheit, — sprach er, — »kann euch retten, und die Folgen eines Fehlers »aufhalten, den ihr ungeachtet meiner heilsamen »Erinnerungen begangen habt. Was hattet ihr »in Festungen und auf Wahlstätten zu suchen, »da ihr auf euern Lustschlössern und in euern »Ziergärten häufig Beschäftigung fandet.« —

Ladislaus. Ich suchte meine Königswürde —

Ulr. v. Cill. Zu verspielen.

Ladislaus. Geltend zu machen. Ein König muss doch wenigstens scheinen, als bekümmerte er sich ernsthaft um das Wohl seiner Unterpassen.

Ulr. v. Cill. Das hättet ihr mir bey Zeiten sagen sollen, und ich würde euch mit dem Hungarischen Volke genauer bekannt gemacht haben. Statt euch in das Gefängniss nach Belgrad, und vielleicht auch in den Tod zu begleiten; hätt' ich euch nach Ofen geführt, und den Rath gegeben, Sanct Dominicus Brüdern ein Kloster zu bauen, und sie daselbst für den Himmel stattlich auszufüttern. Von Ofen wären wir nach Raab gereist; dort hätten wir mit einer frommen Stiftung die **Mertensberger** Mönche fetter, und durch ein paar Privilegien den Raaber

Bi-

Bischof hoffärtiger gemacht. Dann wären wir nach Presburg gezogen, um in dem Geleite einiger lustigen Pfaffen eine Wallfahrt zu der heiligen Jungfrau nach Marienthal zu verrichten. Diefs wären zweckmässige Mittel gewesen, euer königlich' Ansehen in Hungarn geltend zu machen. Ein König, der betet, Münche futtert und Pfaffen bereichert, gilt durchgängig mehr als einer, der sich der Geschäfte annimmt, alles selbst sehen, selbst hören, selbst ausführen will. Da sitzet ihr nun eingekerkert, in der Gewalt zwey tollkühner Jünglinge, die Tag und Nacht nur von Zepter und Kronen träumen, seitdem sie wissen, dafs ihr König, gleich einem Schilfrohr, nach jedem Wehen des Windes seiner Knabenvorurtheile sich bewegt.

Ladislaus. Mittel zur Rettung, nicht Vorwürfe verlang' ich von euch, Oheim.

Ulr. v. Cill. Glaubt ihr an den Himmel?

Ladislaus. Ja; aber eben so fest glaube ich, dafs es besser sey auf Gottes schöner Welt als König zu herrschen, als durch Corvinische Dolche zu meinen Vätern gesandt zu werden.

Ulr. v. Cill. Glaubt ihr auch dafs Johann von Capistrano ein Heiliger im Himmel sey?

Ladislaus. Soll ich zu seinem Grabe eine Wallfahrt geloben? Man sagt, bey seinem Leichname geschahe ein Wunder nach dem andern.

Ulr. v. Cill. Wehe uns, wenn das wahr ist!

H

Bald wird ihn Hungarn nicht nur als Beichtiger, sondern auch als Propheten verehren. Unsere Gefangenschaft in Belgrad zeigt wirklich, wie nahe seine Weissagungen der Erfüllung sind.

Ladislaus. Ihr scheinet von seinen Weissagungen Kunde zu haben.

Ulr. v. Cill. Wohl hab' ich sie; wäret ihr folgsam gewesen und von Belgrad fein weggeblieben, so hätt' ich den heiligen Propheten zum Lügner gemacht, und Mathias — doch ihr werdet wieder zaudern, wo ihr rasch beschliessen; zittern, wo ihr herzhaft handeln solltet.

Ladislaus. Und Mathias?

Ulr. v. Cill. Und Mathias Corvinus wäre nicht König geworden, wie es der heilige Franciscanermönch vorhergesagt hat.

Ladislaus. Hat er das? Oheim, Gott wird euch strafen, wenn ihr mein Vertrauen in eure Biderkeit zu meiner Kränkung missbrauchet.

Ulr. v. Cill. Vernehmt die Mähre, wie sie mir von einem ehmahligen Anhänger dieses Hundegeschlechts ist mitgetheilt worden. Kurz vor seinem Tode hatte Hunyádi die zwey Buben zu dem Heiligen geführt, und ihn gebethen, sie für das zeitliche und ewige Leben zu segnen. Mit dem ältern machte er nicht viel Wesens; er strich ein paar Kreuze über ihn, und weg hatte der Bube seinen Segen. Vor dem jüngern — gebt Achtung jetzt — vor Mathias Corvinus blieb er eine Weile unbeweglich stehen, legte seine Hände auf des Buben Haupt und sah mit unverrücktem Auge gen Himmel. Er gerieth in Verzuckung; als er wieder zu Sinnen gekommen war, sprach er: »Schon in Mutterleibe hat dich »Gott und die heilige Jungfrau gesegnet; du be- »darfst meines Segens nicht. Steh' auf, Gesalb- »ter des Herrn und setze dich zu meiner Rech- »ten. Deine Garbe wird sich aufrichten und »stehen, und die Garben deiner Brüder werden »sich umher neigen um deine Garbe. Darum »wandle vor dem Herrn, denn er ist dein Hort, »und liebt dich wie seinen Augapfel.« Der Vater behielt die Worte des Heiligen und fragte ihn nach ihrer Bedeutung. — »Ladislaus, — antwortete der Prophet, — »wird eines gewaltsamen »Todes sterben; Krone und Zepter sind deinem »Sohne Mathias bestimmt.« — Ich will euch nicht kränken, königlicher Neffe; ich weifs aber auch keine Hülfe für euch, so lange ihr auf euerm Sinne beharret, und die guten Rathschläge des erfahrnern Oheims nicht hören wollt.

Ladislaus. Könnt ihr hintertreiben, was der Himmel beschlossen hat?

Ulr. v. Cill. Ihr wisst meinen Hausglauben; wisst wie verschieden er von meinem und euerm Kirchglauben ist; nach jenem handle ich, nach diesem sprech ich; und so gings mir immer wie ich wünschte, der Himmel mochte beschlossen haben was er wollte. Folget mir, und ihr kommt glücklich aus dem Käfich.

Ladislaus. Ihr glaubt also an die Weissagung des Heiligen nicht?

Ulr. v. Cill. Wie an die Heiligkeit meines feisten Hauspfaffen.

Ladislaus. Warum habt ihr sie mir erzählt?

Ulr. v. Cill. Damit sie durch euch erfüllet werde. Sanct Capistran wird im Himmel für euch beten, wenn ihr seine Worte wahr machet. Die ehrsamen Himmelsritter hägen den Verdacht der Lüge wider ihn, und wollen kein Halleluja mit ihm singen, bis er sich davon gereinigt hat.

Ladislaus. Was soll ich thun?

Ulr. v. Cill. Lasset Ladislaus Corvinus eines gewaltsamen Todes sterben, und helfet dem Buben Mathias zur Krone.

Ladislaus. Ich verstehe eure Räthsel nicht.

Ulr. v. Cill. Auch im Himmelreiche gibt es Kronen; befördert die Corviner dahin; und Capistrano's Weissagung ist vollbracht. Seht, so deutete mein pfiffiger Mönchswanst die Prophezeyung seines heiligen Ordensbruders.

Ladislaus. Wie wollt ihr das anfangen?

Ulr. v. Cill. Morgen ist Sanct Mertenstag, dem Hungarischen Volke ein grosser feyerlicher Tag: ihr ladet die Corviner mit Ausschliessung ihrer Freunde zu Gaste. Den Schalksnarren werde ich die Rolle lehren, die er beym Imbiss zu spielen hat. Sobald Sanct Mertenstrunk die Köpfe wird erleuchtet und erwärmt haben, soll Kilian mit beissenden Schwänken Lambergern und Ladislaus Corvin zusammenhetzen. Ich werde die Schnurren des Narren und Lambergers Witzeleyen für Ernst und Schimpf erklären; die Empfindlichkeit der zwey Ritter wird bis zur Erbitterung steigen und in gröbliche Beleidigungen ausbrechen. Lamberger muss Corvin in's Gesicht schlagen; und das gibt einen Raufhandel. Ich müsste meinen Hausglauben verläugnet, oder mit Klosterbrüdern mich zum Dummkopf gebetet und gesoffen haben, wenn die Corviner mit dem Leben davon kämen!

Ladislaus. Werden ihre Freunde ruhig bleiben?

Uln. v. Cill. Dem Rozgoner Reinhold ertheile ich Befehl, in den Bezirk ihrer Wohnungen Männer mit Dolchen bewaffnet zu stelen. Ich bürge euch für ihre Ruhe.

Ladislaus. Ich überlasse alles eurer Klugheit. Wohl mir, wenn ich sicher seyn werde, dafs mir die zwey Buben in dieser Welt nicht mehr begegnen können.

Sanct Martinstag. Des Morgens.

Haus der Corviner.

Ladisl. Corv. Szilágy.
Rozgon. Kanisa. Modrár!
dann
Mathias Corvinus.
endlich
Ulrich Graf von Cilley.

Lad. Corv. Der König will heute ein grosses Todtenmahl feyern; ich und Mathias sind seine Gäste: ist von euch keiner dazu geladen?

Szilágy. Gölte es dem Cilleyer, ich wollte das Amt des Mundschenken dabey verrichten; sonst hab' ich nichts zu thun beym Todtenmahle.

Rozgon. Bleibt zu Hause, Corviner; in dessen Herzen der Teufel haust, der hat auch Giftmischer zu seinen Knechten.

Kanisa. Wäre ich geladen worden, ich würde gehen, und mich nicht fürchten vor der Pestilenz, die im Finstern schleicht; noch vor der Seuche, die im Mittage verderbet.

Modrár. Eure Denkweise, Kanisa, ist gut vor dem Feinde; aber gegen den Teufel, der bey den Höfen der Grossen wohnt, hilft sie zu nichts.

(Math. Corv. tritt herein.)

Lad. Corv. Wird er kommen?

Math. Corv. Wenigstens hab ich dem Lamberger die Sache sehr wichtig gemacht.

Ich sagte ihm, ihr könntet in euern Berathschlagungen nicht einig werden; darum hättet ihr euch auf den Ausspruch des Cilleyers, als euers zweyten Vaters berufen. Er war eben mit dem Könige zur Messe. Lamberger begab sich unverweilt zu ihm in die Kirche, und brachte mir die angenehme Nachricht zurück; gleich nach dem Gottesdienste würde Hungarns Statthalter in euerm Rathe erscheinen.

Lad. Corv. Nun, Blutbrüder, haltet euch bereit; wir sind alle zum Todtenmahle geladen. (überreicht seinem Bruder ein Schreiben) Mathias, lies uns den Einladungsbrief vor!

Math. Corv. Ein Schreiben von Reinhold Rozgon an Ladislaus Corvin. (lies't) »Gott- »tes Gruss und Ritterhandschlag zuvor! Ich bin »Hungar', bin Soldat. Befehle des Ausländers »sind mir ein Gräuel; und in Belgrad erkenne »ich keine andern als die eurigen. Leset in der »Beylage, was mir der Graf von Cilley befoh- »len hat. Sein Wille soll vollzogen werden, »wenn er auch der eurige ist.

– Mittwoch, als am Sanct Tryphonstage,
In der 10ten Stunde der Nacht.
Reinhold von Rozgon.

»Graf von Cilley, Statthalter von Hungarn, an Reinhold von Rozgon.

»Wir Ulrich Graf von Cilley, Ban von »Sclavonien und Statthalter von Hungarn, thun

»euch hiermit kund und befehlen euch, daſs ihr
»morgen, als an Sanct Mertenstag um zwölf Uhr
»Mittags, eure Mannschaft in getrennten Haufen
»ausziehen lasset. Funfzig Mann werdet ihr ge-
»gen das Quartier des Bans Szilágy von Ho-
»rogszég; und eben so viel gegen das Quartier
»Laslo's von Kanisa beordern; die weitern
»Befehle sollen ihre Hauptleute in der vierten
»Stunde bey uns in dem Quartiere des Königs
»abholen. Die übrige Mannschaft wird sich in
»die Strassen der Burgfeste vertheilen, und auf
»ihren Posten keinen Auflauf des Volkes gestat-
»ten. Für die Geheimhaltung dieses Befehls haf-
»tet ihr uns mit euerm Leben; und ihr werdet
»Sorge tragen, daſs er ohne Lärm und Aufsehen
»vollzogen werde: dafür versichern wir euch die
»Gnade euers Königs und unsere Freundschaft.«

Lad. Corv. Bedürft ihr einer Erläuterung?

Szilágy. Der Vorhang ist aufgezogen.

Rozgon. Mit dem Säbel in der Faust will ich ihn fragen, warum er mich an Sanct Mertenstag keiner Wache würdigen wollte?

Kanisa. Sein Loos ist entschieden; gib jedem sein Recht; ist mein Wahlspruch.

Lad. Corv. Unsere Berathschlagung ist zu Ende; Gottes Urtheil beginnt. — Wie viel Mann habt ihr mitgebracht, Modrár?

Modrár. Vierzig; alle haben Verzicht gethan auf Gottes Gnade und eine fröhliche Auferstehung, wenn des Cilleyers verworfene Seele zwischen ihren Säbeln und den Klauen des Satans noch einen Schlupfwinkel findet. Zwanzig stehen in dem Nebengemache; die übrigen erwarten im Verborgenen die Ankunft des Feindes, um die Hausthür hinter ihm zu verschliessen und zu bewachen.

Lad. Corv. Oheim, ihr geht zu den Dienern euers Blutrichteramtes, und harret des Augenblickes der Entscheidung, den ich mit dem Ausrufe: **Gott richte dich,** bezeichnen werde. (Száligy geht ab) So weit, Brüder, ist's gekommen, dafs die Söhne, Freunde und Gefährten des allgemeinen Erretters jetzt sich selbst nicht anders, als durch gewaltsamen Mord retten können! — Doch, ich will das Äusserste versuchen; vielleicht überwindet Todesfurcht und Liebe zum Leben seinen Hochmuth; vielleicht schaffen wir ihn aus dem Lande, ohne uns mit seinem ehrlosen Blute besudeln zu dürfen.

Kanisa. Jetzt ist's zu spät; er muss sterben. Ihr wisst meinen Wahlspruch.

- Ulrich von Cilley tritt in die Versammlung.

Ulr. v. Cill. Verzeihet, Grafen und Ritter, wenn ich eure Geduld ermüdet habe; der Gross-Wardeiner konnte heute mit dem lieben Herrgott und Sanct Merten nicht fertig werden.

Ladisl. Corv. Willkommen, Vater; Gott sey mit euch, und sein Friede mit uns allen, wenn wir reines Herzens sind.

Ulr. v. Cill. Das hoffe ich.

Math. Corv. Und ich wünsch' es. Wer in seinem Herzen Amen zu meinem Wunsche sagt, der thue nach meiner Weise. (er wirft seinen Säbel auf den Boden und entblösst seine Brust: alle, ausser dem Cilleyer folgen seinem Beyspiele) Wahrheit ist mein Schwert, und ein reines Gewissen mein Harnisch.

Ulr. v. Cill. Ist's doch nicht anders, als wär' ich zum Schiedsrichter einer Eisenprobe, oder eines Kreuzurtheils gerufen worden.

Lad. Corv. Etwas Ähnliches dürften wir heute wohl nöthig haben. Ihr kommt aus der Kirche, Vater?

Ulr. v. Cill. Zur Entscheidung, zu der ihr meine Gegenwart verlanget habt.

Lad. Corv. Wie war euch, Graf, unter dem heutigen festlichen Evangelium? Es enthält schöne Wahrheiten.

Ulr. v. Cill. Leider, gingen sie für mich verloren. Die Stimme des Diacons war zu schwach; und meiner Aufmerksamkeit hatten sich die wichtigsten Staatsgeschäfte bemächtiget.

Lad. Corv. Ich sag' euch, Graf, das heutige Evangelium ist schön. Ich will euch den Verlust ersetzen; es heisst darin: Das Auge ist das Licht des Leibes; ist nun dein Auge einfältig, so ist dein ganzer Leib Licht; wenn aber dein Auge schalkhaft ist, so ist auch dein Leib finster. — Wie steht's mit euerm Auge, Vater, mit dem ihr euern Sohn und diese braven Männer ansehet?

Ulr. v. Cill. Ich verstehe euch nicht.

Lad. Corv. Eure Hand auf euer Herz; auf Ritterehre antwortet mir; häget ihr keine feindseligen Gesinnungen wider uns?

Ulr. v. Cill. Es scheint, als wäre euch hier Sohnespflicht minder heilig als in Futak; doch will ich euch befriedigen. Der Weltrichter weise mich an jenem schrecklichen Tage zu seiner Linken, wenn mein Herz noch etwas anders als die zärtlichste Vaterliebe gegen euch; und das aufrichtigste Wohlwollen gegen diese Männer fühlt!

Lad. Corv. Diese Betheuerung war uns nothwendig, um euch ohne Zurückhaltung unsere Sache vorzutragen, und mit Grund auf eure Gerechtigkeitsliebe zu bauen. — Wir sind eines grossen Bösewichts habhaft geworden, über welchen ihr das Urtheil sprechen sollt.

Ulr. v. Cill. Sein Nahme?

Lad. Corv. In diesem würdet ihr selbst euern ärgsten Feind erkennen, und vielleicht verleitet werden, ihn aus angeborner Grossmuth zu gelinde zu richten, oder ihm gar zu verzeihen. Ihr sollt den Nahmen hören, wenn ihr den Ausspruch werdet gethan haben.

Ulr. v. Cill. Seine Verbrechen?

Lad. Corv. Wer könnte sie zählen? Höret nur diejenigen, welche uns und unsere Freunde tur Rache wider ihn auffordern. Drey mahl hatte er unserm Vater meuchelmörderischer Weise nach dem Leben gestrebt.

Ulr. v. Cill. Schon genug, um ihn des Todes schuldig zu erklären.

Lad. Corv. Nicht genug. Er trägt einen grossen Theil der Schuld, dafs Hunyadi bey Cosana den Sieg verlor, und mancher Hungarische Held sein Leben einbüsste.

Ulr. v. Cill. Besitzt er Ländereyen?

Lad. Corv. Tausend Ablässe von Rom könnte er kaufen, und alle Gefangenen aus dem Fegfeuer auslösen, er bliebe dennoch unter uns der Reicheste; so meisterhaft verstand er sich auf rauben und wuchern.

Ulr. v. Cill. Seine Güter sollen eingezogen und —

Lad. Corv. Von einem Theile derselben auf Krywans Gipfel *) seinem Andenken eine eherne Schandsäule für die Ewigkeit errichtet werden; nicht wahr das wolltet ihr sagen?

Ulr. v. Cill. Eure Erbitterung deutet auf einen grossen Bösewicht.

Lad. Corv. Durch seinen bösen Leumund sind wir in Gefahr gesetzt, Glück, Ehre, die Huld unsers Königs und unser Vaterland zu verlieren.

---

*) Ein Berg in der Liptauer Gespanschaft, der höchste des Carpathischen Gebirges.

Ulr. v. Cill. So lange der Graf von Cilley euer Vater und euers Königs Oheim noch lebt, habt ihr nichts zu fürchten.

Lud. Corv. Ihr selbst seyd nicht sicher vor ihm; seine Macht wirkt im Finstern: darum vergassen wir aller Übelthaten, die er an Hunyádi und an uns seit einer Reihe von Jahren verübt hatte, und schlossen einen Friedensbund mit ihm. Feyerlich beschwor er denselben: mit uns trat er zu dem Altar des Herrn, rufte den Erlöser zum Zeugen seiner Aufrichtigkeit an, und nahm das Allerheiligste aus Priesters Hand seiner Seele zum Gerichte, wenn er es nicht redlich meinte. Wie Judas der Verräther ging er von des Herrn Tische weg, und schmiedete neue Mordanschläge wider mich und meinen Bruder. Beweise, von ihm selbst unterzeichnet, sind in unsern Händen. Hunyádi's Söhne waren ihm nicht Opfer genug; noch zwey würdige Männer, die ihm im Wege waren, wollte das wüthende Ungeheuer verschlingen. Aber hier hatte der Weltregierer seinen Frevelthaten den Grenzstein gesetzt; Gottes Zorn führte ihn in unsere Hände. Unsere Meinungen über sein Schicksal sind getheilt. Tod sprachen diese gerechten Männer über ihn; aber meiner Meinung nach, soll er sich selbst zur Qual leben, bis es Gott gefällt, diesen Schandfleck seiner Schöpfung durch einen rächenden Blitz zu vertilgen. Ich fordere nichts von ihm, als daſs er alle Würden und Ehrenämter niederlege, die er zur ewigen Schande der Hungarn durch Lügen, Verleumdung und Meineide erschlichen hat; daſs er dieſs Land verlasse, und es erst dann wieder betrete, wenn er hört, daſs alle Nationen der Welt Hungarn als den Schauplatz aller Laster, und seine Bewohner als den Abschaum der Hölle verfluchen. — Welcher Meinung pflichtet ihr bey?

Ulr. v. Cill. Das Urtheil dieser Männer ist gerecht; das eurige menschlich, und macht euerm Herzen Ehre: übrigens war bey der ganzen Sache meine Gegenwart höchst überflüssig. (will sich schnell entfernen, wird aber von Modrár zurückgehalten.)

Lad. Corv. Bleibt! — Ulrich von Cilley, mein Säbel liegt zu euern Füssen und meine Brust ist bloss; wird's nicht licht vor euern Augen?

Ulr. v. Cill. Gerade licht genug, um in euch den Pflichtvergessenen nicht zu übersehen.

Lad. Corv. (Ihm den Brief an Serviens Despoten vorzeigend) Und auch auf diesem Blatte eure Hand, und die scheussliche Gestalt eurer treulosen Seele zu erkennen.

Ulr. v. Cill. Welchem Teufel gelang es, mit diesem Bubenstücke den Samen der Zwietracht unter uns zu streuen!

Lad. Corv. Er heisst Ulrich von Cilley; eben derselbe, (ihm die Order an Rozgon vorhaltend) der diesen Befehl unterschrieb. Euer Auge ist schalkhaft, darum soll es auch bald um euern ganzen Leib finster werden. Ihr habt euch euer Urtheil selbst gesprochen; nur unter der Bedingung, daſs ihr euch all eurer geraubten Würden und Amter begebet, und diese Stunde noch in Begleitung meiner Mannschaft Hungarn verlasset, könnt ihr Gnade von uns hoffen. — — Du antwortest nicht? Das Bewusstseyn deiner Schandthaten erstickt deine Worte; dein Kampf ist Todeskampf: wohlan, Gott richte dich Bösewicht; wir sind unschuldig an deiner Verdammung!

Plötzlich brach Szilágy mit seinen Männern heraus; mit gezückten Säbeln umringten sie den entlarvten Verbrecher. Die Gefahr machte ihn verwegen; hastig zog er sein Schwert, um auf den unbewaffneten Corvinus einzuhauen. »Stirb Verräther, — schrie er schäu- »mend, — deine Seele begleite mich zur Hölle!« — Durch eine glückliche Schwünkung der Hand entging Hunyádi's Sohn dem tödtlichen Streiche. Ulrichs Angriff war den Hungarn Aufforderung zur blutigen That. Szilágy stiess ihm einen Dolch in die Brust; aber ein Panzer, der Verräther des bösen Gewissens trotzte unter dem Kleide der Gewalt des rächenden Stahls. Mit grimmiger Wuth fielen nun alle über den Verurtheilten her. Modrár spaltete ihm das

Haupt. Unter gräulichen Flüchen und Verwünschungen hauchte er seine lasterhafte Seele aus.

In der Begleitung ihrer Freunde eilten die Corviner zu dem Könige, um ihre gewaltsame That anzuzeigen, und durch ausführliche Entdeckung aller Anschläge und Nachstellungen des Grafen sich zu rechtfertigen. Der König wusste, wie unversöhnlich Ulrich von Cilley von dem besten und mächtigsten Theile der Nation gehasst war; er selbst befand sich jetzt in der Corviner Gewalt; Furcht verdrängte alle Gedanken der Rache aus seiner Seele. Künstlich verbarg er seinen Unwillen unter die Hülle der Grossmuth und Gerechtigkeitsliebe; gegen alle Erwartungen billigte und verzieh er die Ermordung seines Oheims und Busenfreundes.

Sicher glaubten sich nun Ladislaus und Mathias durch die Zauberformeln der Gnade, die sie von den Lippen des Königs vernommen und bewundert hatten; aber besser war Elisa Szilágy von Hunyád mit dem Geiste bekannt, der die Mächtigen der Erde gewöhnlich beseelt. Zur äussersten Bestürzung erfuhr sie, was in Belgrad geschehen war; Tag und Nacht ängstigte die Sorge für das Schicksal ihrer Söhne ihr Herz. Sie hatte den König in Hunyád erwartet; jetzt gab sie die Hoffnung dieses Besuches verloren

und

und eilte nach Temeswár, um ihn daselbst zu empfangen und zu erfahren, ob er wirklich mit aufrichtigem Herzen das Wort Verzeihung über Hungarns Wohlthäter sprach.

Nur drey Tage verweilte der König in einer Stadt, wo ihm nun alles, was er erblickte, missfiel, weil er den Mann verloren hatte, der die Kunst besass, seinen schwachsinnigen Herrn alles nur unter den angenehmsten Gestalten sehen zu lassen. Voll trauriger Erinnerungen verliess er Belgrad; mit Vorsatz nahm er seinen Weg über Temeswár, der Corviner wichtigste Besitzung in Hungarn. Hier, glaubte er, würde Ladislaus Corvinus von Stolz und Freyheitssinn verblendet, seiner Pflichten vergessen, und ihm Gelegenheit geben, unter dem Vorwande treuloser Gesinnungen den Tod seines Günstlings zu rächen. Ladislaus von Gara Palatinus des Reiches und Paul Bánfi von Lindau des Königs Gefährten hatten es übernommen, die geheimsten Absichten des jungen Mannes auszuspähen, und über jeden seiner Schritte zu wachen. Neid und Eifersucht hatten ihre Blicke geschärft; aber die strengste Behutsamkeit herrschte in Corvins Betragen: nichts fanden sie, was ihre feindseligen Wünsche begünstigt hätte.

Mit dem ganzen Gefolge führte er den König in die Stadt. In tiefste Trauer gekleidet, von trauernden Mädchen und Freunden umgeben, empfing ihn Elisa von Hunyád auf ihren Knieen liegend unter den Thoren ihrer Burgfeste. Mit Thränen im Auge flehte sie um Gnade und Verzeihung für ihre Söhne. Huldreich umarmte sie der König; aus allen Kräften bemühte er sich gerührt zu scheinen. Anstatt auf ihre Bitte zu antworten, sprach er ihren verklärten Gemahl heilig; hiess sie das Trauergewand ablegen, und sich mit ihrem ganzen Hofstatte in die festliche Farbe der Freude und des Vergnügens kleiden. Nicht Verzeihen, nicht Witwen und Waisen trösten; sondern Geniessen, von seinen königlichen Sorgen sich erholen, und auf Gelegenheit zur Rache Jagd machen, war der Endzweck seiner Reise nach Temeswár. Auch darin erfüllte Elisa seine Erwartungen; prächtige Gastmahle wurden angeordnet, Lustfahrten und Jagden wechselten mit Tänzen und Ritterspielen, unter lärmenden Lustbarkeiten verschwanden die Tage, mit schwelgerischen Trinkgelagen wurden die Nächte der Freude gefeyert; nur die Mutter der Corviner blieb von dem Tummelplatze des Vergnügens entfernt. Erst in den Augenblicken der Erschlaffung und langen Weile hatte sie der König vermisst; er fragte ihren Bruder um die Ursache ihrer Zurückgezogenheit. — »Elisa's »weibisches Herz, sprach Szilágy, — zittert vor »dem Könige, der die Mörder seines Günstlings »lächelnd umarmt, und ihre kummervolle Mutter

»in dem Augenblick als sie um Gnade für sie
»bittet, mit festlichen Kleidern zu beruhigen
»glaubt. In sich verschlossen, ruft sie weinend
»zu Gott um Hülfe, die sie von Menschen nicht
»mehr hoffet. Euer Majestät verzeihen der tief-
»gebeugten Witwe und der zärtlichen Mutter,
»was von einem Manne sträfliche Beleidigung eu-
»rer königlichen Biderkeit seyn würde.«

Szilágy's Worte bestimmten den König
zu einem feyerlichen Versöhnungs-Spiel: leicht
war ihm seine Rolle dabey; in Cilley's Schule
hatte er mit allem spielen gelernt, was dem ehrlichen Manne im Bürgerrocke heilig ist. Sanct
Clementis Tag ward dazu festgesetzt. Mit
grossem Pompe zog der König in den Tempel
des Ewigen; die Corviner, Elisa mit Gara's
Tochter, der Verlobten des ältern Corvinus,
Gara mit den übrigen Magnaten waren in seinem Gefolge. Gabriel von Verona, Capistrano's Ordensbruder und Freund des Hunyádischen Hauses feyerte die christlichen Mysterien.
Vor dem Altare des Allerhöchsten umarmte der König Elisa's Söhne; legte dann seine Hand auf das
Evangelium, und schwor zu Gott und allen Heiligen, dafs er den Corvinern verzeihe; dafs
sein Herz rein sey von allen feindseligen Gesinnungen; dafs er die Ermordung Ulrichs von
Cilley zu keiner Zeit und unter keinem Vorwande rächen wolle. Zugleich erklärte er Elisa

I 2

von Hunyád für seine Mutter, und ihre zwey Söhne für seine Brüder. Beyde wurden mit königlichen Kleidern angethan, und Arm in Arm mit dem Könige zu dem Tische des Herrn geführt, wo sie das Allerheiligste aus Gabriels Händen empfingen.

Beruhigt war nun die Mutter; einen meineidigen König konnte sich ihre alt-hungarische Seele nicht denken; sorglos frohlockten die Corviner über den schmeichelhaften Brudernahmen; aus den Herzen ihrer Freunde hatte des Königs Wort, durch das Evangelium und Christi Leib bestätigt, alle Gespenster der Furcht und des Misstrauens verbannt; niemand, als Gabriel von Verona zweifelte an der Wahrhaftigkeit und Treue des Beherrschers von Hungarn.

Nichts hatte dieser ausserordentliche Mann mit dem Mönche gemein, als das Kleid. Mit einer starken, unruhigen Seele geboren, gewährte ihm der Beruf, Psalmen zu singen, die Ewigkeit zu betrachten, und von den Sünden der Laien sich zu mästen keine Befriedigung. Bald hatte er das Klosterleben als die lehrreichste Schule des Ehrgeizes, der Eitelkeit, der Verschlagenheit und der Ränke kennen gelernt. Unter den geheiligten Mauern, wo durch geheime Einwirkung Selbstsucht und Gemeingeist in beständiger Reibung erhalten wurden; wo eine Menge Kräfte, in dem eingeschränktesten Raume zusammengedrängt, bald vereinigt mit einander wirkten, bald getrennt sich gegenseitig zerstörten; wo auch die kleinsten Vortheile nur durch mühsame Anstrengung erlangt werden konnten; wo jedes Interesse des Einzelnen nur unter der Hülle der Häucheley und Verschmitztheit sicher war; wo jeder seine eigenen Geheimnisse hatte, und jeder die Geheimnisse aller andern zu durchschauen glaubte: dort hatte sich Gabriel von Verona zum Denker, Beobachter und Menschenkenner gebildet; dort harrte er der günstigen Umstände, die ihm einen edlern Wirkungskreis für seine Kraft und seinen Thatendrang eröffnen könnten. Durch eine strenge Lebensart hatte er sich den Ruf ausserordentlicher Frömmigkeit erworben; Johann von Capistrano würdigte ihn seiner heiligen Freundschaft. Mit ihm verliefs Gabriel Italien, um in Deutschland, Pohlen und Hungarn das Kreuz wider Mohammeds Verehrer zu predigen. Nach dem Hintritte des Heiligen wählte ihn Elisa zu ihrem Hauspriester und Rathgeber: wie viel der Corviner Geschlecht diesem Manne zu verdanken hatte, zeigte die Höhe der Ehre und des Glückes, zu der ihn Mathias Erkenntlichkeit in der Folge erhob.

Falschheit und Betrug las Gabriel in der Seele des Königs; kein Blendwerk der Häucheley, kein Gewebe der Hoflist konnte seinem Scharfsinne die Wahrheit verhüllen. Lange behielt er seine Bemerkungen im Herzen verborgen; als aber jetzt der König verlangte, daſs ihn Elisa's Söhne nach Ofen begleiten, und den Glanz seines Hofes vermehren sollten, da war es ihm Pflicht zu sprechen, und seine unerfahrnen Freunde aus dem gefährlichen Traume ihres eingebildeten Glückes zu wecken.

Elisa's Gemach in der Burg zu Temeswár.
Elisa. Ladisl. Corv. Mathias Corv.
Szilágy. Gabriel von Verona.

Lad. Corv. Eure Einwendungen, Mutter, greifen mein Herz: aber der König hat befohlen; euer Sohn muſs gehorchen. Widerstand wäre jetzt gefährlicher als Ergebung, die mir doch Maria's Gesellschaft um vieles erleichtern wird.

Elisa. Immer möchte ihm einer von euch folgen; aber daſs ihr mich beyde verlassen wollt, das mehrt meinen Kummer, das füllt meine Seele mit Bitterkeit.

Math. Corv. Dem Vaterlande habt ihr mich geboren; dem Vaterlande will ich mich aufopfern. Noch musste sich jeder im Herbste seines Alters der Unfruchtbarkeit schämen, der sich im Frühling seines Lebens auf der Burgfeste seiner Mutter verschlossen hatte. Meine Brust will Luft haben.

Elisa. Wo du hinziehen willst, ist sie mit giftigen Dünsten geschwängert; kein lieblicher Luftsänger zwitschert dir dort Freude ins Herz; nur Eulen und Raben krächzen deiner Freyheit und Ruhe den Sterbgesang.

Mathias. Ihr erinnert mich an die Arbeit eines alten, tapfern Abenteurers, mit Nahmen Hercules; irre ich nicht, so ist sie auch in unserm Speissale in Hunyád neben den Egyptischen Plagen auf der Tapete vorgestellt. Vater Gabriel, euch wird die Mähre von den Arcadischen Vögeln bekannt seyn; ich werd's dem wackern Rittersmanne so gut als möglich nachmachen.

Gabriel. Wo habt ihr die eherne Pauke, durch deren Geräusch Hercules die Vögel aus ihrem Sumpfe geschreckt hatte?

Mathias. (auf seine Brust schlagend) Hier, Vater, hier; aber ihre Töne sollen die Hofvögel in ihren Nestern einschläfern, nicht aufschrecken: fangen, nicht erschiessen will ich sie.

Elisa. Das Loos der Gefangenschaft wird dich treffen; dann magst du in ihrem Käfiche deinem Glücke ein Schwanlied dichten.

Math. Corv. Vergebens quälet ihr euch, Mutter; ihr habt nichts zu fürchten: als Edelknabe lernte ich den königlichen Vogelheerd kennen; es geht bunt darauf zu; mit Vogelstellern, wie Rozgon, Kanisa, Vitéz, Modrár und Bodo bin ich meines Fanges gewiss.

Szilágy. Lasst den Jungen in Ruhe, Schwester; es thut Noth dafs ihn unser Laslo an der Seite habe.

Mathias. Das dacht ich auch. Wer, als sein Bruder, wird ihn eher zu Verstande bringen, wenn er im Minnerausch dem Fräulein Maria die Augen aus dem Kopfe küssen, oder an seiner Brust sie erdrücken will?

Szilágy. Nicht nur darum; du bist ein abgedrehter, schlauer Junge; du kannst dich winden und zusammenziehen wie eine Blindschleiche; du trägst das Herz nicht so zur Schau, wie Laslo; ich möcht ihn kennen, der dir in's Seelenkämmerlein geguckt hätte. Du wirst manches ausspähen und behorchen, was deinem Bruder kein Gottes-Urtheil aus der Schrift entdecken könnte; hinterbring ihm fleissig, was du hörst und siehst. — Noch eins, Schwester; da hat mir der Rozgoner Reinhold wunderliche Dinge in den Kopf gesetzt. Mit Fräulein von Ronow und dem Könige stehts nicht richtig. Für den theuersten Minnesold gab er der Böhmischen Dirne sein königlich Wort, er wolle sie zur Königin machen; jetzt ist des Franken-Königs Tochter seine Braut. Darüber ärgert sich das Fräulein; aber sie versteckt ihren Grimm in ihrem Herzen, weil der Rachteufel in sie gefahren ist. Bricht er aus, so wirds vielleicht was ernsthaftes geben. Da fuhren mir schon seit einigen Tagen ganz eigene Gedanken durch den Sinn; wagen gewinnt, wagen verliert: warum sollen wir unsere Reisigen immer nur für Türkengurgeln besolden? Kommts durch die Zauberkünste der Böhmischen Dirne zu was rechtem, so steht Szilágy mit seinen Männern im rothen Felde, und dann ists gut, wenn beyde Königsbrüder bey Hofe sind.

Elisa. Ach, Bruder, eure hochfliegenden Träume machen mich zittern; vielleicht sind wir jetzt schon zu hoch gesiegen!

Gabriel. Ihr fürchtet zu viel, Gräfin, und euer Bruder zu wenig. Nur eine einzige Frage, bevor ich den Vorhang von den Dingen, die da kommen werden, wegziehe; wie stark ist euer Glaube an die Weisheit und Gerechtigkeit des Weltregierers?

Elisa. Kein schlimmer Zufall wird ihn erschüttern; lasset alles erdenkliche Unglück mich treffen, ich werd' es fühlen, werde seufzen; aber in dem Gedanken, der Herr hat's gethan, wird meine Seele Trost und Erhohlung finden.

Gabriel. Wie viel Reisige, gestrenger Ritter, könnt ihr jetzt aufsitzen lassen?

Szilágy. Funfzehn Tausend erwarten meinen Wink, ob sie gegen Osten oder Westen ziehen sollen.

Gabriel. Ihr möget immer noch einige Tausend anwerben.

Szilágy. Sagt ich's nicht, das Fräulein von Ronow wird den Hungarn was zu schaffen geben? Wenn so eine Judiths Geschichte sich zutrüge; wer wohl König von Hungarn werden würde?

Gabriel. Das weiss ich nicht; aber das scheint mir gewiss, daſs der König an Sanct Clementistag Gottes Wort und Christi Leib geschändet habe.

Elisa. Wie meinet ihr das?

Gabriel. Seine Lippen schworen Versöhnung; sein Herz kochte Galle. Rache arbeitete unter seiner Brust; darum konnte er meinen Priesterblick nicht ertragen; darum zitterte er am ganzen Leibe, als ich ihm das Evangelium vorhielt und meine Hand auf die seinige legte; darum ward er blass wie ein auf frischer That erwischter Dieb, als ich ihm die heiligen Worte: Herr ich bin nicht würdig, zurufte, darum sah er auf die Seite wie Iscarioth auf dem Altarbilde, als ich ihm das Himmelsbrod zu seiner Verdammung reichte.

Elisa. Grosser Gott, mir ahnden schreckliche Dinge!

Gabriel. Euer Glaube, Gräfin, steht fest; hoffet auf Gott, und thut was in euern Kräften ist.

Szilágy. Seyd Ihr eurer Sage gewiss?

Gabriel. Erscheinungen habe ich schon seit langer Zeit nicht mehr; aber Gott gab mir ein gutes Auge, und der Wucherer kennt die Münze nicht fo gut, als ich den Heuchler.

Elisa. Ach, ehrwürdiger Vater, sinnet auf einen Vorwand, unter welchem ich meine Söhne hier behalten kann.

Lad. Corv. Das soll er nicht. Ist des Königs Scheitel von Demant? Oder kennt die Mutter der Corviner keinen Hungarn mehr, der sie ihm spalten würde, wollte er seinen Purpur mit Corvinischem Blute tränken?

Gabriel. Gebt euch zur Ruhe, gnädige Frau; was der Himmel beschlossen hat muss geschehen, eure Söhne möchten auf den Fittichen der Morgenröthe bis an die äussersten Grenzen des Meeres fliegen; oder ihre Wohnungen in der Finsterniss der Unterwelt aufschlagen. — Sie müssen auf ihren Wegen ihr Auge von dem Leitsterne der Klugheit nicht abwenden; und ihr unterlasset hier nichts, eure Kriegsmacht zu ihrer Sicherheit zu verstärken: das übrige wird derjenige thun, ohne dessen Willen kein Sperling vom Dache fällt.

Szilágy. Wie heilig sich der Bube geberdet, wie er die Augen verdrehet, geseufzt, sich gekreuzt und die Brust zerklopft hatte! Wer hätte glauben sollen, dass er mit dem lieben Herrgott nur eine Mysterie spielen wollte?

Gabriel. Diese Geberdenweise war ihm nothwendig, um seine Falschheit zu verbergen; er mag sie in Italien schlechten Predigern abgelernt haben, die ihre Armuth an Gedanken und innerer Überzeugung mit Geschrey, Händeringen, Faustkampf und Kanzelschlagen ersetzen wollen.

Szilágy. Es thut nichts zur Sache, mag ers doch immer falsch mit uns meinen; ich will mit unserm Herrgott in Bund treten, und über den Absagebrief eine Messe halten lassen. Es soll ihm kalt und düster um und um werden; es soll ihm vor den Ohren singen, wenn er meine Trompeten und Heerpauken hört; wenn ich ihm an der Spitze meiner Reisigen wie ein grinsendes Nachtgespenst erscheine. Mancher Hungarischer Säbel soll Scharten, und manches Milchgesicht eine Schmarre wegkriegen. Es bleibt dabey, Neffen; ihr begleitet den königlichen Buben. Ruhig könnt ihr bey Hofe aus und eingehen; der alte Oheim wird sich im Lande herumtummeln, und euch Schutzengel mit Säbel und Lanzen werben. Oft hörte ich sagen, Sanct Niklas wäre ein grosser Heiliger, und gäbe guten Schutz; denkt an mich an seinem Festtage. — Vater Gabriel, an Sanct Niklas Tage sollt ihr mir Messe halten mit Sang und Klang, und da wollen wir's mit dem lieben Gott richtig machen. Ich will sehen, ob ein alter Kriegsknecht der manchen fährlichen Strauss für seinen Glauben ausgehalten hat, nicht mehr bey ihm gilt, als ein Königsbube, der ihn zum Zeugen seiner Lügen ruft.

Gabriel. Euer Vertrauen auf ihn wird nicht zu Schanden werden; er räth euch aber durch mich, auch menschliche Hülfe nicht aus der Acht zu lassen. Ihr müsst eure Verbindungen erweitern; schliesst heute noch mit Ország von Gúth den Bund der Freundschaft. Unter des Königs Gefährten ist er der rechtschaffenste Mann. Er thut sehr zurückhaltend, weil er sein Land kennt. Er kann in euern Angelegenheiten dem Palatinus das Gleichgewicht halten, den er seiner Falschheit halber hasst, wie ein Heiliger den Kirchenräuber.

Elisa. Auch Gara sollt' es nicht redlich zu uns meinen?

Gabriel. So redlich, wie es der Versucher in der Wüste zum Heilande meinte. Gara ist euers Hauses gefährlichster Feind; und ich bitte euch, Grafen, nehmt euch in Ofen vor diesem Manne in Acht. Wäre er zu Anfang der Welt da gewesen, der Satan hätte nicht in die Schlange fahren, hätte nur ihn senden dürfen, um die Eva zur Mutter der Sünde zu machen.

Elisa. Ich weiss, dass er meines seligen Gemahls abgesagter Feind war; aber seit Laslo's

Verbindung mit seiner Tochter hätte ich ihm bessere Gedanken zugetraut.

Gabriel. In dem Augenblick, als er zu Maria's Verlöbniss mit dem Grafen sein ritterlich Jawort gab, fluchte er der Armen im Herzen, und schwor ihr ewigen Hass. Das leidende Mädchen hat mich zum Vertrauten ihres Kummers gemacht — kurz, gnädige Frau, der Mann wird euch noch manche bittere Thräne auspressen. Gott der Herr hat ihn nicht umsonst mit einem schielenden Auge und schiefen Munde gezeichnet. Hätte ich doch in meinem Leben so oft Gutes gethan, wie oft Gara, während seines Hierseyns, euch und euern Söhnen Aufrichtigkeit, Liebe und Freundschaft log; fürwahr, die Erde trüge jetzt keinen heiligern Mann als mich.

Mathias. Eure Rede, Priester, hellte mir vieles in des Königs und Garas Betragen auf, was mir zuweilen nur dunkel geahndet, oder zweydeutig geschienen hatte: wollt ihr mir noch eine Probe eurer Freundschaft geben, so entdekket mir das Geheimniss eurer vortrefflichen Sehkunst.

Gabriel. Wunderbar hat Gott seine Gaben ausgetheilt; mich scheint er wider vermummte Schurken und Heuchler ausgesandt zu haben, um seine Gerechten, deren Herz kein Arges kennt, vor diesen Drachen mit Engelsminen zu warnen. Ich habe jetzt meinen Beruf erfüllt und meine

Seele gerettet. Ihr wisst, gestrenger Ritter, was
euers Thuns seyn muss; handelt mit der Gräfin
vereinigt, aber eure Absichten, eure Besorgnisse
und eure Hoffnungen vertrauet euerm eigenen Bruder nicht. Kein Geräusch, keine Drohungen: ich
verstehe nichts von der Jagd; aber ihr schiesst
doch nicht ehe, als bis euch das Wild nahe genug steht; und letztens sah ich, dass ihr den
Hund zurückführen liesset, der euch durch sein
Gebell das Thier verscheucht hatte. — Ihr, lieben
Grafen, vernehmt noch mein letztes Gutachten. —
Ihr geht zu Hofe; schwört hier noch den Glauben und das Vertrauen in die Aufrichtigkeit,
Grossmuth, Rechtschaffenheit, Freundschaft und
Gottesfurcht der Menschen ab. Alle diese Tugenden finden in den Burgfesten der Grossen ihr
Grab. Wer sie von Todten erwecken will, hat
die Anwartschaft auf den Rabenstein; oder wenn
ihm das Glück noch gewogen ist, auf die Narrenschellen. Haltet eure Augen stets gespannt; damit ihr euch die süssen Worte und das Zauberlächeln des vergoldeten Glattzünglers aus seinem
Muskelspiele erklären könnet. Haltet jeden Höfling, bis er euch eines bessern überzeugt, für
das, was seine Zunftgenossen gewöhnlich sind;
für einen niedrigen Knecht seines Eigennutzes
und Stolzes, dem ein voller Seckel sein Gott,
die Pracht des Hofes sein Himmel, die Laune des
Herrn sein Gesetz, Speichellecken und Fuchs-

schwänzen sein Gottesdienst, Wahrheitsprechen und Wahrheithören seine Hölle ist. Macht jeden zu euerm Vertrauten; theilet ihm Geheimnisse mit, von welchen eure Seele nichts weiss; Offenherzigkeit spreche von euern Lippen, Misstrauen herrsche in euerm Innern. Wünschet öffentlich was ihr im Herzen nicht verlanget; verabscheuet in der Gesellschaft der Hoffüchse, wonach ihr im verborgenen trachtet. Seyd offen und wahrhaft gegen den edeln tugendhaften Mann; aber dem Heuchler und Achselträger verschlossen und undurchdringlich. Was ich euch sage, ist nicht die Lehre der Arglist und des Betruges; ist Nachahmung des Beyspiels unsers Herrn, der sich seinen Heiligen von Angesicht zu Angesicht zeigt; uns armen Sündern aber nur in der Gestalt des Brotes erscheint, weil wir seines Anblickes nicht würdig sind. Lauert auf des Königs und Gara's Absichten und Anschläge; vergesst nie, dass Ulrich von Cilley ein geliebter Verwandter eurer Feinde war; das Geringste, was ihr ausspähen könnt, berichtet durch bewährte Eilbothen an uns. — Gehet unter dem Schutze des Allerhöchsten; ich trage euch in meinem Herzen, so oft ich in seinem Heiligthume als Priester diene.

Nach dem zärtlichsten Abschiede von Mutter, Oheim und Freunden zogen sie ruhig in dem Gefolge des Königs ihrem Verhängniss entgegen. Gabriels Lehren waren die Richtschnur ihres Wandels; drey Monathe verflossen unter beständigem Wechsel froher Aussichten und erfüllter Erwartungen. Der König schien der Rache vergessen zu haben; häufige Merkmahle seiner Huld machten ihre Tage heiter und glücklich. Er handelte als das blinde Werkzeug ihrer Feinde, die jetzt mit vereinigten Kräften zur Erhebung der Corviner wirkten, um sich ihres Unterganges desto mehr zu versichern.

Orszàg von Gúth, mit dem Geiste des Hofes vertraut, kannte das schändliche Ziel, zu welchem ihre Schritte gerichtet waren. Oft war er Zeuge der überspannten Lobeserhebungen, wodurch Gara den leichtbeweglichen König zur Verschwendung seiner Gunst an den Corvinern verleitet, und vorsätzlich den Neid der Grossen wider sie geweckt hatte. Sorgfältig warnte der Edle seine Freunde; das Fantom ihrer eingebildeten Sicherheit verschwand vor ihren Augen; ernstlich dachten sie auf einen schicklichen Vorwand, den Schauplatz der Treulosigkeit zu verlassen. Das Gerücht von einem Einfalle der Osmanen in Mysien begünstigte ihre Wünsche. Auf des Königs Befehl geschahen die nöthigen Zurüstungen. Johann von Giskra ward mit

K

seinen Böhmen nach Ofen berufen, und ihm die höchste Gewalt für den künftigen Feldzug übergeben. Als einer der ersten Stände des Reiches war Ladislaus Corvinus befugt, seine angeerbten Kriegsscharen mit neuer Mannschaft zu verstärken; und in kurzer Zeit standen aus seinen Besitzungen in Ober-Hungarn fünf hundert Reiter vor Ofen. Seinem Vorgeben nach, wollte er mit ihnen Johann von Giskra begleiten; aber ihre eigentliche Bestimmung war, ihren Pannerherrn gegen die Nachstellungen seiner Feinde und die Gewalt des Königs zu beschützen. Unter festliche Gastmahle und Kampfspiele suchte er diese Absicht zu verbergen; doch gerade diese Hülle diente seinen Verfolgern zum Netze, in das sie ihn selbst zu seinem Verderben verwickelten.

Gara that ihm den Vorschlag, zu Ehren des Königs ein feyerliches Turnier anzuordnen. So misstrauisch er sonst gegen Alles war, was der ränkvolle Geist des Palatinus erzeugte; so wenig vermuthete er diessmahl den Kunstgriff der Bosheit, durch welchen Gara die Heldensöhne dem gewissen Verderben überliefern wollte. Unter Trompeten- und Paukenschalle ward der Turniertag durch Ladislaus Herolde bekannt gemacht. Nichts hatte er mangeln lassen, was den Glanz dieser Feyerlichkeit erhöhen, was seinen Reichthum, seinen Geschmack, sein kriegerisches

Talent und seine Verehrung gegen den König in ein vortheilhaftes Licht setzen konnte. Von zwölf Ehrenherolden begleitet, überbrachte er dem Gebiether der Hungarn ein kostbares Turnierschwert, und bath, er möchte den Ritter bestimmen, den er würdig fände, in seinem Nahmen in die Schranken zu treten. Der König ernannte zu dieser Ehre ihn selbst; und der prächtige Helm, den er zum Geschenke erhielt, war ihm ein neues Unterpfand der Achtung und Gunst des Regenten.

Bis dahin war das Glück den Wünschen der Corviner gefolgt. Nun trat Gara mit seiner Rotte auf; der gefährliche Kampf zwischen Arglist und Unschuld begann.

»Wessen Fest wird morgen in der heiligen Kirche gefeyert?« — so fragte Gara am Vorabende des Turniertages seinen Hauspriester Peter von Ascoli, dessen er sich zum vornehmsten Werkzeuge seiner boshaften Anschläge bedienen wollte. — »Morgen, — erwiederte der »Mönch, — ist Sanct Benedictus Tag, eines »grossen und mächtigen Heiligen vor Gott.«

Gara. Was vermag seine Fürsprache?

Peter. Beynahe Alles; doch vorzüglich hilft er denjenigen, die ihn in der Gefahr eines gewaltsamen Todes durch Gift oder Meuchelmord anrufen.

Gara. Hilft er wirklich?

K 2

Peter. Könnt euch darauf verlassen. Als er noch im Leben war, wollten ihm einst seine zügellose Mönche, die er strenge hielt, vergifteten Wein zu trinken geben; als ihn aber der heilige Mann segnete, da zerbrach das Glas in seinen Händen, als wär's mit einem Steine zerschmettert worden. Ein andermahl wagte es ein gottloser Priester, dem frommen Abte vergiftetes Brot vorzulegen; auch hier rettete Gott seinen geliebten Diener: er sandte einen Raben, der das tödtliche Brot hinweg nahm und an einem Orte niederlegte, wo es von keinem Menschen konnte gefunden werden. Jeder Heilige schützt seine Verehrer in der Gefahr, in der er selbst bey Lebzeiten geschwebt hatte...!

Gara. Wunderbar, daſs es sich mit dem Turniere gerade so schicken muſste. Wie stehts aber mit Sanct Benedicts Schutze, wenn ein großer Herr in Gefahr ist, durch Dolche aufrührischer Unterthanen ums Leben zu kommen?

Peter. Der Heilige wird ihn nicht verlassen, wenn es dem Seelenheile des großen Herrn ersprießlich ist.

Gara. Wenn ihn also Ulrich Graf von Cilley angerufen hätte, so wären die Corviner eben so zu Schanden geworden, wie einst die zügellosen Mönche des heiligen Mannes?

Peter. Ganz gewiſs.

Gara. Nie hätt' ich geglaubt, daſs Sanct

Benedict mehr bey Gott vermöge, als Sanct Merten, der doch ein grofser Bischof war.

Peter. Im Himmelteiche ist's nicht so wie hier; die auf Erden die Ersten waren, sind dort gewöhnlich die Letzten: und mancher arme Mönch steht nahe an Gottes Throne, da hingegen grofsen Königen, Fürsten und Prälaten nur unter dem gemeinen Haufen nec virginum nec martyrum.*) ein Plätzchen vergönnet wird.

Gara. Ihr habt mir einen schweren Stein vom Herzen weggewältzt. — Was glaubt ihr wohl, ehrwürdiger Vater, wie es mit dem alten Hunyádi dort stehen mag?

Peter. Oft denk' ich seiner im Gebete; er mag wohl noch dem lieben Gott einen guten Theil der Brandschatzung schuldig seyn für seine Buben, deren Glauben und Gottesfurcht der alte Kriegsmann gar schlecht verschanzt hat. Sie sind auch nicht im Geringsten bedacht, sich Freunde zu machen im Himmel von ihrem Mammon.

Gara. Ihr scheint noch nicht zu wissen, dafs sie vermummte Hussiten sind.

Peter. Grofser Gott, so was roch ich lange! Ach der gute König! Ihr Gift wird ihn anstek-

---

*) Unter dieser Rubrik der Heiligen, die weder Jungfrauen noch Märterinnen waren, verehrt die römische Kirche alle seligen Ehefrauen, Witwen und Büsserinnen.

ken; was soll aus dem Apostolischen Reiche werden?

Gara. Ein Scheusal der Gottlosigkeit.

Peter. Als euer Anwald vor Gott erinnere ich euch an eure Pflicht, den geblendeten König vor der Gefahr zu warnen.

Gara. Warnung ist nicht genug; getrennt müssen sie von ihm werden.

Peter. Thut das, gestrenger Pfalzgraf, der Herr wird euch gedenken, was ihr damit Gutes wirkt an seiner heiligen Kirche und seinen Auserwählten.

Gara. Ich würde es thun, hätte ich Lust, mit meinem Tode dem Könige zur Feyer eines erbaulichen Versöhnungsfestes Gelegenheit zu geben. Heute würd' ich ihn von dieser Höllenbrut befreyen; morgen würden mich ihre Klauen zerreifsen; und übermorgen würde der apostolische König auf Gottes Wort und Christi Leib schwören, dafs er meinen Mördern verzeihen wolle. Erinnert euch nur des Cilleyers.

Peter. Der fromme Cilleyer! So ein Bidermann kommt sobald nicht wieder; aber Gott ist gerecht; die Corviner werden seiner Rache nicht entgehen. Es steht geschrieben: Auge für Auge, Zahn für Zahn: diesen Ausspruch der Schrift hätt' ich dem Könige vorgesagt, vorgedonnert; hätt' ihm das Abendmahl nicht gereicht, bis er geschworen hätte, zu rächen die himmelschreiende Blutschuld an den Mördern.

Gara. Das könntet ihr noch thun.

Peter. Ach ich armer Sünder! Durch mich wird der Himmel kein Wunder wirken.

Gara. Ihr geht zum Könige.

Peter. Wer wird mir den Weg zu ihm bahnen?

Gara. Euer Glaube.

Peter. Vielleicht hat der Corviner Gift in seiner Seele schon zu weit um sich gefressen.

Gara. Ihr sollt ihn heilen durch Sanct Benedicts Fürbitte.

Peter. Was vermag der Arzt in der Mönchskutte gegen den Giftmischer in Gold und Purpur?

Gara. Alles, wenn er auf Gott vertraut, und die Sache seiner Kirche im Herzen trägt: ein Laie muſs euch das sagen! Ihr geht noch diese Nacht in die Burg.

Peter. Glauben die Burgwächter keine Gespenster mehr?

Gara. Als Geist verkleidet, werdet ihr ungehindert bis in das Schlafgemach des Königs kommen; es ist alles vorbereitet.

Peter. Und dort?

Gara. Werdet ihr dem Fürsten Licht geben, der in Finsterniſs und Schatten des Todes schlummert.

Peter. Dunkel ahndet mir euer Vorhaben; ich werde meine Hände nicht —

Gara. Eure Lippen, nicht eure Hände sollt ihr der gerechten Sache weihen. Was ich euch sage, ist das einzige Mittel, den König und das apostolische Reich zu retten: wollt ihr euch zum Werkzeuge Gottes heiligen?

Peter. Seyd ihr des Erfolges gewiſs?

Gara. So gewiſs als ich weiſs, daſs der König morgen am Sanct Benedictstage im Turniere durch der Corviner Hände ums Leben kommt, wenn ich mich in meiner Meinung von eurer Heiligkeit betrogen habe.

Peter. Ein Königsmord! durch Ketzerhände! Heilige Jungfrau steh uns bey! Erklärt mir euern Willen; roth wie Scharlach sollen meine Sünden in der Todesstunde vor mir stehen, wenn ich euch nicht Folge leiste.

Gara. Auf dem Sarge meiner Mutter Anna von Cilley fand ich vor drey Tagen eine Schrift; der Inhalt erschreckte mich; ich wollte wissen, ob die Sache von einem Engel des Lichts, oder der Finsterniſs komme: darum legt' ich die Schrift auf den Altar der Hauscapelle unter das Corporale, und lieſs euch ohne euer Wissen gestern und heute Messe darüber halten. Geht sogleich hin; liegt sie noch da, so ist's ein gut Zeichen; und ich beschwöre euch bei meiner und eurer Seligkeit, daſs ihr diese Nacht vollziehet, was ihr darauf lesen werdet. An dem Orte eurer

Sendung ist euch aller Widerstand aus dem Wege geräumt.

Peter. Ich gehe; was ich im voraus von eurer Sache begreife, ist gut.

Gara. Gott mit euch!

Jetzt erschienen die vertrauten Theilnehmer seiner Ränke, Benedict von Thurotz und Johann Giskra von Brandeis. Frohlockend erzählten sie, wie künstlich und glücklich sie den Knoten zum Verderben der Unschuldigen geschürzt hätten. — »Es hat viele Mühe geko»stet, sprach der erstere, — den Waffenkönig »der Corviner Ulrich von Groffeneck auf »unsere Seite zu ziehen; der feine Hecht wollte »nicht anbeissen; wir mußten die Schnur vergol»den, und einen feisten Geldseckel an die Angel »stecken; da blieb er hängen. Nun ist Alles in »Ordnung: so wie Lamberger rufen wird, der »König; solls auf dem Turnierplatze aussehen »wie bey dem Auszuge der Thiere aus Noa's »Arche. Mit gezückten Schwertern und einge»legten Lanzen werden Graf Laslo's Ritter»knechte, und Knappen herumsprengen und »schreyen: zum Könige! zum Könige! — »Wie weit seyd ihr mit euerm Hauspfaffen?

Gara. Bis in des Königs Schlafgemach. Cilleys Geist wird dem Jünglinge eine heiße Nacht machen.

Giskra. Wenigstens hat mir Banfi versprochen, das gekrönte Haupt so zu bearbeiten, daſs auch nicht ein Fünkchen Geistesgegenwart darin übrig bleiben wird.

Gara. Wo treiben sich die Corviner herum?

Giskra. Fleissig wetzen sie den Stahl, durch welchen sie umkommen sollen.

Gara. Gebiethet euern Mienen, Giskra; ich beobachtete euch heute bey der Audienz: wäre mein Kopf auf Laslo's Rumpfe gewachsen, ich hätte auf euerm Gesichte den ganzen Plan meiner Feinde gelesen, und das Turnier abgedankt. Ihr müsst ihn nicht so trotzig ansehen, nicht so abgebrochen und trocken antworten; müsst der Schlange schmeicheln der ihr den Kopf zertreten wollt.

Giskra. Das kann ich nicht; ich hasse ihn.

Gara. Weicht ihm aus, sonst werdet ihr wider euern Willen unser Verräther.

Thurotz. Giskra hat ihre Blicke wenig zu fürchten: der ältere sieht nicht weit; der jüngere gar nicht.

Gara. Ich hätte wahrlich nicht geglaubt, daſs die Buben mit ihrer Mummerey einen Mann von euerm Alter betrügen könnten. Zum Glükke, verblendet den Ältern sein Glanz; er sähe weiter als uns gut wäre, scheuchten wir durch zweydeutiges Betragen die Zauberbilder der Herrlichkeit von seinen Augen weg. Die Albernheit

des Jüngern ist.Verstellung; eine Kunst, die ihm
geläufiger ist, als dem Hofschranzen das Lügen
und Bücklinge schneiden. Lange lag ich vor
seiner Herzenshöhle auf der Lauer; aber ich
konnt' ihn nicht herauskriegen. Ich spannte
meine feinsten Netze aus; jach schlüpft' er durch,
wie eine Goldforelle durch die Hand des Knaben, der ihre Sternlein zählen will. Oft glaubte ich mit ihm, wie mit einem Balle zu spielen;
auf der Schleider des Lobes warf ich ihn in die
Luft, um seine Schwerkraft zu messen; aber
mein Ball war eine Seifenblase.

Giskra. Ihr sehet alles zu grofs. Wir wissen doch sein niedriges Herkommen; unter Wa-
lachischen Strohdächern sind die ehelichen Um-
armungen nicht sehr warm, und ihre Früchte
selten geistreich.

Gara. Gewiss werdet ihr euch eurer Län-
derkunde schämen, wenn uns der listige Bube
entwischt, und zum Manne wird. Der grösste
Narr hat seine vernünftigen Augenblicke. Wer
eine und dieselbe Gestalt beständig behält, trägt gewiss nicht seine eigene.
Diess ist der Fall beym jüngern Corvin, so
viel hab' ich ihm abgemerkt; gerade genug für
uns, dass wir mehr noch auf seinen, als auf seines Bruders Sturz bedacht seyn müssen.

Thurotz. Ihr sagt mir da ganz was Neues;
ich glaubte stets die Sache wäre bloss auf den

ältern gemünzt; und die Blödsinnigkeit des jüngern verdiente unser Augenmerk nicht. Ich wollt euch schon sagen, wir sollten ihn laufen lassen in seiner Mutter Schooss.

Gara. Und dann vor ihm unsere Knie bengen, wenn er angezogen kommt mit seinen und seiner Freunde Reisigen, zu rächen an uns und Alberts schwachem Sohne seines Bruders Verderben; und ihn um Gnade bitten, weil wir uns haben betrügen lassen von seinem Blendwerk, und ihn nicht aufgeopfert haben unserm gerechten Hasse.

Giskra. Ich will mit euern Händeln nichts mehr zu thun haben.

Gara. Was ist euch durch den Sinn gefahren?

Giskra. Eure Furcht vor einem Buben.

Gara. Noch ein mahl das Schandwort, und ich fordere euch zu einer Reise auf Leben und Tod! — Wollt ihr ihn durchkommen lassen?

Giskra. Sässen wir bey einem Humpen Ruszter, so wollt ich ihm mit jedem Tropfen zehn mahl Tod, und für jedes mahl hundertfache Todesangst zutrinken: aber arg find ich's, dass Männer wie ihr, im Ernste über das Loos eines verächtlichen Buben sprecht.

Gara. Bey meinem Rittereide, verächtlich ist er nicht; darum soll er nicht laufen in seiner Mutter Schooss, wie Thurotz sagen wollte.

Giskra. So laufe er in des Büttels Hände; und macht nicht viel Sprechens von einem Dinge, das uns nur Spiel ist.

Gara. Scheint euch morgen und übermorgen die Sache nicht wichtiger, so sagt laut, ihr wärt zugegen gewesen, als Gara aus dem Getümmel der Schlacht flüchtig wurde, und in den Armen seiner Dirne Zuflucht suchte. Ihr sollt zu thun kriegen mit Szilágy's tollkühnen Kämpen, wenn sie kommen mit Feuer und Schwert in Händen, und fragen, wo ist Laslo; wo Mathias?

Giskra. Zur Hölle werde ich sie um Antwort schicken.

Gara. Als ein alter Siegberühmter Kriegsmann solltet ihr doch wissen, dafs es gar nicht frommt, den Feind zu verachten. Diefs zum Nachtspruch, guter, treuer Spiessgesell; und damit bis morgen Valet den Corvinern.

In der zwölften Stunde der Nacht.
Burg. Schlafgemach des Königs.

König Ladislaus auf einem Ruhbette.
Paul Banfi von Lindau königlicher Ober-Thürhüter neben ihm sitzend. Auf dem Tische eine brennende Lampe.

Ladislaus. Wir haben keinen Grund mehr zu zweifeln, dafs sie uns getreu ergeben sind.

Banfi. Vor kurzer Zeit schien mir und mehrern rechtlichen Männern noch das Gegentheil; aber jetzt hat sich ihr Betragen so ziemlich zu ihrem Vortheile verändert. Ich bedaure nur, daſs Hunyádi für sie zu zeitig heimgegangen ist: von manchem verwegenen Streiche würde er sie zurückgehalten haben. Ihr selbst hättet noch um einen treuen Freund mehr.

Ladislaus. Um einen tapfern Feldherrn mehr wollt ihr sagen; Freunde waren wir im Herzen wohl nie. — — Warum schweigt ihr, lieber Banfi?

Banfi. Ich möchte nicht gern euer Majestät königliches Herz betrüben.

Ladislaus. Sprecht; thaten wir ihm Unrecht?

Banfi. Er war ein rechtschaffener Mann; der Freude hold zu rechter Zeit, und auch der Gottseligkeit ergeben, wenn es Niemand sah. Theilnehmend und mitleidig war er gegen Hohe und Niedrige, offenherzig und treu gegen Jedermann. O ja, mit meinem Leben bürge ich euch für die aufrichtige Liebe und Freundschaft des Grafen von Cilley.

Ladislaus. Von ihm sprecht ihr? — Ach wir kannten sein Herz!

Banfi. Er lebte noch, wäre Hunyádi um drey Monathe später abgefahren.

Ladislaus. Nur den unglücklichen Brief hätte er nicht schreiben sollen.

Banfi. Euer Majestät — doch nein.
Ladislaus. Was wolltet ihr sagen?

Banfi. Nein König, ich darf nicht; auf ewig würde Ruhe und Zufriedenheit aus meinem Herzen scheiden, macht' ich mich fremden Unglükkes schuldig.

Ladislaus. Wir wollen hören, was ihr wisst!

Banfi. Verschonet mich; als ein Geheimniss hat es mir Modrárs Bruder auf seinem Todbette geoffenbart, und schwer auf die Seele gelegt; er empfing darauf das heilige Abendmahl, und starb.

Ladislaus. Unsere Ungnade, Banfi, wenn ihr uns die Mittheilung desselben versagt.

Banfi. Ulrichs Seele hatte keinen Theil an diesem schändlichen Briefe.

Ladislaus. Wer schrieb ihn?

Banfi. Es sey! — Emerich Modrár schrieb ihn ab auf Ladislaus Corvinus Geheiss.

Ladislaus. Die Verbindlichkeit unsers Eides ist aufgehoben!

Banfi. Davor wolle Gott euer Majestät bewahren!

Ladislaus. Wir schworen gnädig zu seyn, weil wir glaubten, der Graf hätte durch Beleidigungen den Zorn der Corviner gereitzt; jetzt schwören wir —

Banfi. Um Gottes Willen haltet inne, König! Ladislaus Corvinus war innigst gekränkt.

Ladislaus. Was gab ihm Ursache dazu?

Banfi. Ulrichs Erhebung zur Statthalterwürde; er glaubte, sie hätte ihm gebührt.

Ladislaus. Er büsse seinen hochmüthigen Glauben!

Banfi. Verzeihung, König; sein Bruder, sein Oheim, seine Freunde hetzten ihn wider den unschuldigen Grafen auf.

Ladislaus. Er trage die Schuld seines Leichtsinnes.

Banfi. Die Verdienste seines Vaters, die glänzenden Beweise der Tapferkeit, die er selbst bey Belgrads Vertheidigung abgelegt hatte —

Ladislaus. Löschen die Gräuel seines Verbrechens nicht aus.

Banfi. Entschuldigen aber doch seinen Ehrgeitz, der ihn zur Mordthat dahinriss.

Ladislaus. Wird ihn dieser nicht weiter treiben? Welche Ränke und Frevelthaten sind dem Buben nicht Spiel, der fähig war, so einen hinterlistigen Streich zu ersinnen, um den Oheim seines Königs aus dem Wege zu schaffen, und seine That unter dem Deckmantel der Nothwehr zu rechtfertigen? Vielleicht sind die Dolche schon gespitzt, die auf seinen mörderischen Wink

Wink uns in die Ewigkeit, und ihn auf unsern Thron befördern sollen.

Banfi. Da sey Gott davor! Benehmet ihm nur allen Argwohn, als hättet ihr ihm nicht aufrichtig vergeben. Dieser könnte ihn freylich zur Ausführung der bösen Absichten verführen, die einige kluge Männer in seinem Betragen wollen bemerkt haben.

Ladislaus. Was sprecht ihr da von Absichten?

Banfi. Ich weifs nichts, als dafs sein Reisigentrupp vielen verdächtig scheint; dafs er täglich eine ansehnliche Verstärkung aus Ober-Hungarn erwartet; und dafs Szilágy auf sein Verlangen, bereits einige Tausend in Siebenbürgen angeworben hat. Ihr habt nichts zu fürchten; Gara's Auge wacht: so lange er schweigt, ist alles nur blinder Lärm. Der arme Jüngling hat Feinde.

Ladislaus. Wir wollen ihn in Sicherheit bringen. Ulrichs unschuldiges Blut mufs gerächet werden.

Banfi. Euer Majestät hat ihm Versöhnung geschworen.

Ladislaus. Mit dem Munde; weil wir dazu gezwungen waren: unser Herz blutete, dafs wir unsers geliebten Freundes Ermordung nicht rächen durften.

Banfi. Ihr habt Gottes Leib mit dem Mörder genossen; die heiligen Engel haben euern

L

Eid vor den Thron des Ewigen gebracht; er gebe euch Kraft, und lasse eure Majestät nicht versuchen, denselben zu brechen.

Ladislaus. Fürsten können nie eidbrüchig werden, weil sie nie frey sind. Ihre Pflichten sind zu viel und zu mannigfaltig; ihre Eide immer nur die Geburt des gegenwärtigen Augenblickes, die von den Pflichten des folgenden wieder erstickt wird.

Banfi. So heist's in dem schwarzen Buche der Weltklugheit; aber in der Schrift steht: Gottes Gerichte wissen von keinem Unterschiede zwischen dem Fürsten und dem Bettler. Eure Majestät verzeihe meine Freymüthigkeit.

Ladislaus. Kann vor Gottes Gerichten ein Eid gelten, der durch Gewalt und Betrug ist erzwungen, und mit dem festen Vorsatze ist geleistet worden, ihn durch die Schlüsselgewalt der heiligen Kirche wieder auflösen zu lassen? Eure Entdeckung brachte Ulrichs Unschuld an Tag; sein Blut und die Gerechtigkeit fordern unsere Rache über den Mörder.

Banfi. Das Herz des Königs ist in der Hand des Herrn; er —

Ladislaus. (fährt erschrocken auf) Ha! was für ein Licht —

Banfi. Wo?

Ladislaus. Seht, dort über der Thür in die Burgcapelle. — Nun ist's weg.

Banfi. Spiel der Einbildungskraft: ich sah nichts. Oder sollte wohl der alte **Hunyádi** über seine Söhne mit euch sprechen wollen? (Die Lampe verlischt. Der Trompetenschall verkündigt auf der Burgwarte die Mitternachtsstunde.)

Ladislaus. Um Gottes Willen, zündet die Lampe wieder an!

Banfi. Euer Majestät Augen sind sehr müde; die Lampe brennt so hell, dafs ich die Zähne einer Motte dabey zählen könnte. (Es wird dreymal an der Thür gepocht.)

Ladislaus. (an Banfi's Brust geschmiegt) Ruhe dir, **Hunyádi's** Geist, es soll ihnen verziehen seyn! — — Seht da tritt's herein! — nun steht's! — Ein langer weisser Schatten! — Nun seufzt's!

Banfi. Wo, wo? Ich sehe nichts, als die verschlossene Thür und den Schweifs auf eurer Stirn.

Geist. (mit hohler und gedehnter Stimme) Jüngling, erwache!

Ladislaus. (in heftiger Gemüthsbewegung) Wer ruft mir?

Banfi. Niemand. — (bey sich) Brav, Vater **Peter!**

Geist. König, es ist Zeit!

Ladislaus. Wer bist du?

Banfi. Ach uns Armen! Habt ihr oft solche Anfälle?

Geist. Erlösung, Neffe, aus meinen Qualen!

Ladislaus. Gott! Gott! der Geist meines Oheims!

Geist. Bin es.

Ladislaus. Was ist dein Begehren?

Geist. Befreyung oder Linderung meiner Leiden.

Ladislaus. Du leidest noch?

Geist. Weil meine Mörder noch leben.

Ladislaus. Ihr Blut soll deine Qualen löschen.

Geist. Übereile dich nicht. Lass sie das letzte Verbrechen begehen. So ist's Gottes Wille.

Ladislaus. Siehst du die Zukunft?

Geist. Nach zwölf Jahren wollen sie dich beym Turniere gefangen nehmen und vom Throne stossen. So lange muſs ich noch leiden.

Ladislaus. Das Turnier ist morgen.

Geist. Ach! was bey euch Stunden, das sind bey uns Jahre. — Geh' nicht zum Turniere; laſs sie deine Gegenwart hoffen. — Lärm wird entstehen. — Man wird einen Fremden für dich ansehen. — Man wird über den vermeinten König herfallen. — Harre des Augenblickes. — Wird erfüllet, was ich auf Gottes Zulassung dir sage, so gedenke was geschrieben steht: Auge für Auge, Zahn für Zahn. — Meine Stunden sind verflossen; ich muſs zurück — in meine — Qua — len! — (der Geist wird unsichtbar.)

Ladislaus. (Ganz ermattet) Schrecklicher Weltrichter, wie strenge sind deine Gerichte! —

Stunden nannte er Jahre; Augenblicke Stunden! — Helft uns auf, Banfi, hier können wir nicht länger bleiben.

Banfi. Euer Majestät hat grosse Hitze; eine gewaltige Unverdaulichkeit! Ruhe ist euch nothwendig.

Ladislaus. Schwätzt nicht von Ruhe; gebt unserer Brust Luft! Armer unglücklicher Oheim!

Banfi. Ich will den Leibarzt rufen.

Ladislaus. Den Blutrichter für euch und alle, die uns noch von Verzeihung für die Corviner sprechen. — Führt uns in den Saal. — Rache, Rache dir, Geist meines Oheims!

Turniertag.

Haus der Corviner.

Ladisl. Corv. Mathias Corv.

beyde lassen sich die Rüstung anschnallen.

Ország von Gúth, Reichs- und Hofrichter.

Ország. Heisst eure Waffenknechte abtreten.

Ladisl. (zu den Knechten) Wir bedürfen eurer nicht mehr; führt uns die Streitrosse vor. (Knechte ab) Was bringt ihr Gutes zur Muthstärkung?

Ország. Sturm und Gefahr.

Math. Das beste.

Ország. Sprecht so, wenn's vorüber ist. In der Burg spukt's; ich entdeckte die Spuren des Gespenstes; es waren Gara's Fussstapfen. Mit Tages Anbruche ward er zum Könige gerufen. Ich kann nicht dahinter kommen was es ist; aber mir ist bange für euch. Seyd ihr gut bepanzert?

Ladisl. Ich fürchte nichts; meine Reisigen nennen mich Bruder; ihre Liebe ist mir ein Harnisch, unter welchem mein Herz vor jedem feindseligen Dolche sicher ist.

Ország. Auch mit euern Reisigen mags nicht durchaus gut stehen. Auf Sanct Gerards Berg sah ich gestern euern Waffenkönig Groffeneck mit Giskra und Thurotz beysammen stehen. Weder Tagsneuigkeiten noch Hofzeitungen waren der Gegenstand ihres Gespräches. Ihre ernsthaften Mienen, lebhaften Geberden, und Groffeneckers sichtbare Verlegenheit zeigten mir an, dafs sie ihn zu etwas bereden wollten. Oft schüttelte er den Kopf, runzelte die Stirn, bifs die Lippen zusammen, und schlug sich schnell hinter einander auf die Brust. Einige mahl wollte er weggehen; immer zogen sie ihn zurück. Sie müssen ihm am Ende stark zugesetzt haben; er liefs den Kopf sinken, zuckte die Schultern und gab ihnen den Ritterhandschlag.

Ladisl. Last uns gehen, wir stehn in Gottes Hand.

Mathias. Recht, Bruder; ich folge dir.

Ország. Graf, eure Zuversicht ist euer Untergang. Ihr habt eine kühne That nur halb gethan, und euch dadurch der Thorheit des Brutus schuldig gemacht.

Ladisl. Erklärt euch!

Ország. Wie Brutus, habt ihr den arglistigen Antonius leben lassen: auch Gara war reif zum Tode. Jetzt ist euer Fehler nicht anders mehr gut zu machen, als daſs ihr den Hof sogleich verlasset, wenn ihr aus dem Turniere glücklich zurückkommet.

Ladisl. Aufsitzen, einreiten, kämpfen; ist das Ziel, das die Ehre Hunyadi's Söhnen jetzt aufgesteckt hat.

Math. Die Trompeten der Herolde erschallen!

Ladislaus. Laſst uns beherzt unser Ziel verfolgen!

Ország. Die Vorsicht wache über euch!

Nach dem Turniere.
In der vierten Stunde nach Mitternacht.
Saal wo einige Magnaten Ritter und Frauen noch tanzen, andere Abschied nehmen.

Ladisl. Corv. Math. Corv. Ország von Gúth. Paul Banfi. Emerich Báthory,
königlicher Trachseſs.

Ország. (zu Ladislaus) Entfernt euch unbemerkt mit Mathias, und erwartet mich auf euerm Schlafgemache. (Ladislaus und Mathias ab)

Báthory. Ich fürchte, es ist um sie geschehen.

Ország. Der König wird es doch nicht wagen, Magnaten auf blossen Verdacht und ohne meinen Richterspruch zu verurtheilen.

Báthory. Seyd ihr zu dem Rathe berufen worden?

Ország. Noch ist mir nichts bewusst.

Báthory. Ihr werdet auch schwerlich etwas erfahren. Hungarn hat seit Ludwig keinen König mehr; Schurken im Ehrenrocke wagen alles. Seht, daſs ihr sie zur Flucht beredet, ich erwarte sie in meinem Hause. (Ország ab)

Banfi. Es hätte mir nicht träumen können, daſs auf ein verunglücktes Turnier noch so eine fröhliche Nacht folgen sollte.

Báthory. Gegenwart des Geistes ist den Corvinern eigen; freylich — nun ja, sie haben uns viel Lust gemacht.—

Banfi. Haben sich wohl schon zur Ruhe begeben?

Báthory. Ich vermisse sie nicht.

Banfi. Ország that einigemahl mit ihnen so zutraulich; ob er's wohl freundschaftlich mit ihnen meinen mag?

Báthory. Mir scheint es nicht; der Mann hat zu viel wälschen Zuschnitt, als daſs man ihm trauen könnte. Schade, wenn die Umstände einen Hungarn zwingen, eine zeitlang in fremden Landen zu leben: er verliert immer etwas von der uns eigenthümlichen Geradheit.

Banfi. Ich danke meinem Schutzengel, daſs er mich nie über Hungarns Grenzen hat ziehen lassen.

Báthory. Darum seyd ihr auch ein rechter Biedermann, wie ganz Wälschland keinen aufzuweisen hat. Gute Nacht; meine Augen sehen alles schwarz; ich bin sehr müde.

Banfi. Was's doch morgen neues geben wird?

Báthory. Einen Zweykampf; eine Schlägerey; eine Mädchenentführung; oder auch eine Kriegserklärung aus Süden.

Banfi. Wie so?

Báthory. Alte Mutterschafe aus dem königlichen Schafstalle haben sich mit Füchſen begattet, um Klugheit zu empfangen; vielleicht kündigen sie morgen den Löwen Fehde an. — Der Schlaf verfolgt mich gewaltig; diesen Augenblick träumte ich, ihr wäret heute der Corviner Thürhüter. Läg' ich doch schon auf meinem Schragen! ich will nicht erwachen, bis der Löwen Gebrüll mich weckt. (ab)

Banfi. Der hat an dem Ruszter seinen Mann gefunden; soviel glaub ich doch erfragt zu haben, daſs er nicht ihr Freund ist. Also, nur zwey Rozgoner, Kanisa, Nagy, Bodo, Modrár und Horvath. Ich will ihnen ein Quartier verschaffen, wo sie das Licht nicht viel blenden soll.

Der Corviner Schlafgemach.

Ladisl. Corv. Mathias Corv. Ország.
dann Oswald von Rozgon.

Mathias. Versüsst uns den Wermuthbecher nicht; wir sind auf alles gefasst.

Ország. Zu Báthory mit mir! Aus seinem Keller führt ein unterirdischer Gang bis in das Castell von Turbal; dort —

Mathias. Fliehen?

Ország. Das einzige, wodurch ihr dem Untergange entrinnen könnt.

Ladisl. Wisst ihr noch nicht wer gerufen hat: der König?

Ország. Ich weiſs alles, folget mir; an jedem Augenblicke hängt euer Heil. Ihr sollt die Gefahr kennen lernen, sobald ihr in Sicherheit seyd.

Ladisl. Behaltet diesen Text zu einer Predigt für Weiber.

Mathias. Lauern Meuchelmörder auf uns? So im Finstern möcht' ich mich nicht gern abschlachten lassen.

Ország. Des Blutrichters Beil ist für euch geschärft. Als Rebellen, die den König gefangen nehmen und ermorden wollten, seyd ihr angeklagt. Lamberger rufte, der König. Groffeneck, von Giskra und Gara erkauft, brachte eure Reisigen in Unordnung. Gleich nach dem Turniere nahm er die Flucht, um den Verdacht der Meuterey zu bestärken. Ihr habt euch gewundert, warum Gara und Giskra noch vor Mitternacht die Gesellschaft verlassen haben; Báthory hat ihre Schleichwege ausgespäht. Vor Tagesanbruch müssen sie bey dem König erscheinen; und ihr habt kaum mehr eine Stunde Frist.

Mathias. Wir wollen sie anwenden, um unsere Ehre zu erhalten.

Ország. Auf was Art?

Mathias. (sich setzend) Gara wird uns hoffentlich abholen lassen; hier will ich sitzen bleiben, und dem Herolde zeigen, dafs ich ihn erwartet habe.

Ladislaus. (sich auf ein Ruhbett niederlassend) Ich mufs sehr blafs aussehen.

Ország. Wie einer, der mit dem Tode ringt.

Ladisl. Die Arbeit des Kampfes und die in Freuden durchwachte Nacht haben mich abgemattet; lasst mich nur ein paar Minuten die Augen schliessen und ruhen, damit unsere Feinde nicht denken, Furcht oder ein böses Gewissen hätte mich entfärbt.

Ország. Ihr seyd mir unbegreiflich, Grafen; wollt ihr muthwillig eure Ehre, euer Glück, euer Leben, die Sicherheit eurer Freunde und die Ruhe eurer Mutter auf's Spiel setzen?

Ladisl. Besser, als daſs wir durch die Flucht die Verleumdung wider uns waffnen, und uns selbst der Verschwörung anklagen, die man uns angedichtet hat. Höhe, Macht und Ansehen unsers Standes schützen uns gegen gewaltsame Unterdrückung; alles was uns treffen kann, ist ritterliche Haft.

Ország. Und schimpfliche Hinrichtung.

Ladisl. Das heisst: Tod, Auflösung, Heimfahrt, Wiedergeburt; worin liegt das Schimpfliche?

Ország. In der Form.

Ladisl. Wird diese Hungarns Patrioten überzeugen, daſs ich sie verdient habe? — Es ist entschieden, Ország; ich bleibe. Mathias mag euch folgen.

Mathias. Diese entehrende Zumuthung ging dir wohl nicht vom Herzen, Bruder. Auch Mathias bleibt; denn er hat die Folgen berechnet, die unser Schicksal nach sich ziehen wird.

Rozgon. (Schnell hereintretend) Diesen Augenblick sind auf Gara's Befehl zwey hundert bewaffnete Ritter in die Burg gezogen.

Ladisl. Nie hatte Hungarn einen wachsamern Palatinus.

Ország. Um Gottes Willen kommt!

Mathias. Dieser junge Mann wird euch folgen; führt ihn zu Báthory. Da die Thore noch verschlossen sind, so gewinnt er durch den unterirdischen Gang um ein paar Stunden mehr

Zeit zu einem Ritte, den uns Rozgon nicht
versagen wird.

Rozgon. Wo soll ich hin?

Math. Ihr seyd ein scharfer Reiter —

Rozgon. Macht es kurz; wohin?

Math. Nach Temeswar.

Rozgon. In der Nacht um zwey Uhr bin
ich dort.

Math. Wünscht unserer Mutter und unserm
Oheim einen guten Morgen, und sagt ihnen, die
Corviner hätten unter des Blutrichters Schwert
vollendet. Mehr bedarf Szilágy nicht; kommt
er zu spät, den Streich der uns treffen soll aufzuhalten; so wird er ihn rächen.

Rozgon. Klüger wär' es, ihr rittet mit.

Ország. Diess ist die vereinigte Stimme eurer Freunde und eurer Pflicht.

Ladisl. Guter Ország, verderbt Zeit und
Worte nicht! Nur eine einzige Bitte: tröstet
meine Maria. Unter Sanct Clara's Weihl soll
sie sich dem Himmel weihen; hier ist nichts
mehr für sie!

Math. Rozgon, ihr thut den Ritt?

Rozgon. Viel Thaten; wenig Worte. Lebt
wohl! — Führt mich, Ország.

Ország. Mit euch, Heldensöhne, stirbt Hungarns letzte Hoffnung! Gott sey euch gnädig!
(ab mit Rozgon)

Math. Sie wird wieder auferstehen.

Ladisl. Corv. (auf dem Ruhbette liegend) Mathias Corv. (sitzend) Dann ein königlicher Herold.

Math. (bey sich) Mit neuem Glanze wird Hungarns Hoffnung wieder auferstehen.

Ladisl. (bey sich) Haft; Hinrichtung: — wo führt das hin? — Zum Tode. — Freyheit; Leben: — was ist das Ende? — Auch der Tod? Also beyderseits derselbe Verlust; dort wird er der wüthenden Gewalt, hier dem schleichenden Zufalle entrichtet. — Wo ist's besser? — — Dort, wo der Zahler noch Kräfte behält, und der Gewinn dem Spieler selbst verderblich wird. — — Sterben — eine Kleinigkeit; mein Vater lächelte dabey. —

Math. (bey sich) Schimpfliche Hinrichtung nannt' es Ország; Aufforderung zur Feldschaft wider den werdenden Tyrannen, Ruf zum muthigen Kampfe für Freyheit, Gesetze und Gerechtigkeit; so hätt' er's nennen sollen. — Hätte Lucretia nicht geblutet; statt Scipionen und Camille zu bewundern, würde die Nachwelt nur römische Gara's, Cilleyer und Banfier verabscheuet haben. So ein herrliches Samenkorn war der Tod eines Weibes; der Tod zweyer Jünglinge muſs noch schönere Früchte bringen. —

Ladisl. (bey sich) Aber sterben müssen — muſs ich? Báthory's unterirdischer Gang stand mir ja offen. Der mufs sterben, dessen Lebenskraft Alter und Krankheit verzehrt haben. —

Math. (bey sich) Hat sie schon gebracht. Harmodius und Aristogitons Tod erhob Athen zum Wohnsitze der Freyheit und zur Wahlstatt hochmüthiger Tyrannen. — Oder soll unser Tod ungerächet bleiben? Eine Ursache ohne Wirkung? Nein, so fehlerhaft hat der Weltregierer da oben seinen Plan nicht eingerichtet. —

Ladisl. (bey sich) Sterben wollen — Das ist das rechte. — Mit der Überzeugung sterben wollen, dafs man Gottes geheimen Rathschlägen sich unterwirft; dafs man sich ihm, als ein edels Werkzeug zur Erfüllung seiner grossen Absichten in der Weltregierung ergiebt; das stärket das Herz, das heitert den Geist auf, das vernichtet die blendenden Luftgestalten, durch welche die Liebe zum Leben, vereinigt mit der Hoffnung des Weltgenusses, meinen Entschlufs entkräften will. — Aber Maria — Der unterirdische Gang ist von Gara's Schergen noch nicht besetzt. — Entsage der Ehre, Hunyádi's Sohn; flieh'; und nimm dir ein Weib! — (Der Herold wird gehört)

Math. Schläfst du Bruder?

Ladisl. Vier und zwanzig Jahre schlief und träumt' ich: diesen Augenblick wache und fühl' ich so wonniglich, wie ein Säugling an seiner Mutter Brust.

Herold. Auf des Königs meines Herrn Befehl, sollen mir die Grafen von Bisztritz ohne alles Geleit in die Burg folgen!

Ladisl. Wir sind bereit.

Math. Dein Herr ließ uns lange warten. Du führst uns einen angenehmen Weg; — diese Halskette zu deiner Belohnung.

Ladisl. Und diesen Ring von mir.

Herold. Wenn ihr mich nicht bestechen wollt, so dank' ich.

Ladisl. Wir, guter Freund, wir sind damit bestochen worden.

Königliches Gemach.

König Ladislaus.

Johann Perény (königlicher Schatzmeister.)

Emerich Báthory, Truchseß

dann

Gara, Giskra, Banfi, Thurotz.

endlich

Mathäus de la Baschino,

Bischof von Siebenbürgen.

Ladisl. Diese schändliche Undankbarkeit hätten wir von ihnen nicht erwartet. Fürwahr, es ist Königen zu verzeihen, wenn sie mehr nach Neigung als nach Verdienst belohnen: selten betrügt sich die erstere; fast immer ist das letztere mit Hochmuth verbunden, dessen tolle Begiergierden und Forderungen kein König auf Erden befriedigen kann.

Báthory. Ohne Zweifel habt ihr gewisse Proben ihres Verbrechens.

Ladisl. Proben, wie ihr sie für eure Ahnenreihe nicht gewisser haben könnt. Leichtgläubigkeit ist fern von uns.

Báthory. Man darf vor Königen nicht so frey und rechtlich sprechen wie vor Gott; sonst —

Ladisl. Sprecht, als ständet ihr vor dem König aller Könige; ihr werdet der Wahrheit Zeugniſs geben müssen.

Báthory. Stände ich vor ihm als meinem Richter im grossen Thale Josaphat, so würde ich den Palatinus der Lüge strafen, wenn er sagte: Hunyádi's Söhne hätten sich aufrührischer Anschläge wider ihren guten König schuldig gemacht. Herr! Herr! — würde ich rufen, es war nicht so, wie Gara sagt; strafe mich in deinem Grimme, wenn ich der Treulosigkeit das Wort führe! Wenn dann Banfi oder Thurotz hervorträte und fragte: wer sonst, als Ladislaus Corvinus rufte unter dem Turniere: der König? so würde ich mich zu dem Throne des Richters hinwerfen und schreyen: nicht Ladislaus, sondern ein niederträchtiger Feind des edeln Jünglings that den verdächtigen Ruf. Betheuerte auch der tapfere Giskra bey seinem Rittereide: Groffeneck hätte auf der Corvi-

M

ner Befehl mit den Reisigen den König umringen wollen: so würde ich zuversichtlich behaupten; Hunyadi's Söhne wären unschuldig; und Groffeneck von ihren Feinden bestochen, hätte die Reisigen in Unordnung gebracht. — So würd' ichs halten vor Gott, und würde nicht fürchten, vor dem grossen Herzenerforscher und Nierenprüfer zu Schanden zu werden. Aber vor einem Könige, vor einem überzeugten Könige frommt es nicht, so wahr und getreu zu sprechen, wie vor Gott; darum will ich schweigen, und in meinem Herzen Ehre- und Pflichtgefühl fragen, wie ich handeln soll.

Perény. Der Schein ist wenigstens wider sie.

Báthory. Der Schein spricht für sie. Die Freunde der Corviner geben an Erfahrung, Klugheit und Scharfsinn ihren Feinden nichts nach. Durch sie erfuhren die wackern Jünglinge alle Anschläge, die der schwärzeste Neid wider sie ausgeheckt hatte. Ihrer Rechtschaffenheit sich bewusst, und auf ihren König vertrauend, verachteten sie die Ränke ihrer Verfolger. Ich war Zeuge; und wer an meinem Zeugnisse zweifelt, dem bin ich bereit auf der Stechbahn Beweise zu geben; ich war Zeuge, als ihnen zur Flucht gerathen ward, als ihnen die Wege dazu geöffnet, und alle Mittel an die Hand geschafft wurden. »Aber nein, — sagten die »wackern Rittersmänner, — dessen Herz rein ist

„von jeder Schuld, hat nichts zu fürchten. Der
„Schandbube, den ein böses Gewissen herumjagt,
„der fliehe; wir bleiben, wir sind sicher unter
„Gottes und des Königs Schutz: jener durch-
„dringt das Herz; dieser ist fern von Leichtgläu-
„bigkeit." So sprachen sie, als sie gebeten
wurden zu fliehen; und liessen sich ruhig in
ritterliche Haft setzen. Der Himmel gebe, daſs
bey dem Weltgerichte, wenn die Pfalzgrafen und
Oberthürhüther der Finsterniſs uns anklagen, so
ein guter Schein für uns sey!

Ladisl. So geschwinde vergassen sie des
Unrechts, das sie mit mörderischer Hand an unserm Oheim verübt hatten.

Báthory. So mögen sie ihre Fesseln schlep-
pen, weil sie auf das Wort und den Eid eines
Königs vertraut hatten.

Gara, Giskra, Banfi und Thurotz
treten herein.

Gara. Mit betrübtem Herzen vollzogen wir
Euer Majestät Befehl; die Grafen von Bisztritz
sitzen in ritterlicher Haft.

Ladisl. Wie war ihr Betragen?

Giskra. Stolz und verwegen, wie das Betragen der aufrührischen Engel, als sie vom Himmel gestürzt wurden.

Ladisl. Wie steht's mit ihrem Anhange?

Gara. Sie sind alle in der Gewahrsame des Burgvogtes, bis auf O s w a l d von R o z g o n, der sich diese Nacht aus dem Staube gemacht hat.

Báthory. Ist G r o f f e n e c k auch unter ihnen?

Gara. Gleich nach dem Turniere entfloh er.

Báthory. Diesen Mann hättet ihr euch nicht sollen entrinnen lassen. Wer wird die Grafen überführen, wenn sie läugnen, dafs die Unordnung der Reisigen das Werk ihrer Befehle war.

Gara. Gestern hätte ich noch mein Leben hingegeben für die Treue der C o r v i n e r und des G r o f f e n e c k e r s; so wenig Kunde hatte ich von ihren abscheulichen Entwürfen.

Ladisl. R o z g o n und G r o f f e n e c k werden der verdienten Strafe nicht entrinnen; lasset uns jetzt über die Häupter der Meuterey ein strenges Gericht hägen, und was Rechtens ist über sie verhängen. Von ihren gräulichen Verbrechen sind wir überzeugt; nur ein Feind seines Königs, oder ein Fremdling, der nicht wüsste, was sich in Belgrad und Ofen zugetragen hat, könnte daran zweifeln; die einzige Frage also ist: welcher Strafe haben sie sich schuldig gemacht?

Alle. (ausser Gara und Báthory) Des Todes!

Ladisl. Beyde?

Alle. (ausser den vorigen und Perény) Beyde!

Perény. Nur L a d i s l a u s, wenn er gerichtlich verhört, und seiner Missethaten überführt worden ist.

Ladisl. Gara und Báthory, ihr schweigt?

Báthory. Euer Reichs- und Hofrichter Ország von Gúth ist in Ofen; soll diess Gericht gesetzmässig seyn, so lasset ihn rufen: so lange er nicht erscheint, hab' ich keine Stimme.

Ladisl. Es beliebt unserer Majestät, seine Stelle zu vertreten. Eure Meinung, Gara!

Gara. Die goldene Bulla befiehlt, auch in dem Verbrecher die Rechte und Freyheiten der Hungarischen Nation zu verehren und aufrecht zu erhalten.

Ladisl. Selbst das Gesetz spricht den Corvinern das Todesurtheil.

Gara. Wer ist ihr Ankläger?

Ladisl. Wir!

Gara. Euer Majestät kann nicht zugleich ihr Richter seyn.

Ladisl. Darum haben wir euch berufen.

Gara. Ich fordere ein gerichtliches Verhör für die Grafen von Bisztritz.

Ladislaus. Aus angeborner Huld und Gnade verzeihen wir den Grafen von Bisztritz alle verderbliche und treulose Anschläge wider die Person unserer Majestät. Aber der Schrift und den Gesetzen gemäfs überlassen wir sie der Strafe, welcher sie sich durch Ulrichs Ermordung schuldig gemacht haben; wer fordert noch ein gerichtliches Verhör für die Mörder?

Gara. Der ewige, gerechte Gott lenke Euer Majestät frommes Herz, damit es nicht falle in die erschreckliche Sünde des Meineides!

Ladisl. Herold! ruft unsern Beichtiger in den Rath! — sein frommer Lebenswandel und seine Gelehrsamkeit ist euch allen bekannt; zu Bologna ward er Meister der Rechten, zu Rom hatte er durch mehrere Jahre die wichtigsten Streitsachen verhandelt: wenn er nicht weiſs, was recht ist im Himmel und auf Erden, so kann es uns unwissenden Laien nicht zur Schuld gerechnet werden. Er sprach uns von dem Eide los: er mag es jetzt vor euch, und einst vor Gott verantworten.

Báthory. Eure Majestät möchte doch nicht zu viel vertrauen auf Priesters Wort.

Ladisl. Frage den Priester; steht in der Schrift.

Giskra. Wozu diese Umstände? Wer meinen Vater, Oheim oder Bruder mordet, der fällt, ohne viel Redens unter meinem Schwerte; und wer mit Meuterey wider mich umgeht, der ist des Todes; Schrift, Pfaffen und Gesetze mögen sagen, was sie wollen.

Báthory. Der Hungarwein macht besser Blut als der Böhmische.

De la Baschino tritt in die Versammlung.

Ladisl. Hochwürdiger Prälat, ihr sollt richten zwischen uns und unsern lieben getreuen Reichsbaronen über unsern Eid und über die

Sünde, die wir begehen durch die Blutrache an Ulrichs Mördern.

Baschino. Gott hat euern Eid nicht angesehen; und was ihr Sünde nennt, ist gutes Werk.

Báthory. Der Eid war auf Gottes Wort und Christi Leib geschworen worden.

Baschino. Aber der ihn schwor, war ein König.

Báthory. Was thut das zur Sache?

Baschino. Könige sind vor Gott nie mündig; so lange sie herrschen, stehen sie unter der heiligen Vormundschaft der Gesetze und der Kirche; darum werden sie auch ganz besonders ihre Söhne genannt. Ihro Majestät haben mich, ihren verordneten Anwald vor dem Herrn, nicht gefragt, was sie in facto des verlangten Eides thun sollten.

Ladisl. Und haben ihn auch nur mit der Bedingung im Herzen geleistet, wenn ihn der Beichtiger unserer Majestät genehmigt.

Baschino. Und was ihr beschworen habt, ist wider die Gesetze des Herrn; denn es steht geschrieben: du sollst nicht tödten; wer aber das Schwert ergreift, soll durch das Schwert umkommen. — Und wiederum: die Macht träget das Schwert nicht umsonst; sie ist Gottes Dienerin, eine Rächerin zur Strafe über den, der Böses thut. — Wenn nun die Macht schwört, daß sie nicht seyn wolle Gottes Dienerin zur Strafe dem Bösen, so hat sie Unrecht gehandelt vor den Augen des Herrn; und ihr Schwur ist Fluch, ihr selbst zum Gerichte.

Báthory. Und so mir ein Engel vom Himmel diese Lehre verkündigte, so würd' ich ihr nicht glauben; denn es steht auch geschrieben: Du aber — Gottesmensch, jage nach der Gerechtigkeit und meide das Gezänk der falsch berühmten Kunst; — vermuthlich der Schule von Bologna, die Sanct Paul mit prophetischem Geiste mag vorhergesehen haben.

Baschino. (der auf Báthory nicht zu hören scheint) Auch waren die Mörder nicht berechtigt, zu fordern einen Eid von Ihro Königlichen Majestät; erstens, weil der König, als Sohn der Kirche eine heilige Person, und der Eid eine heilige Sache ist; und der Sünder alle Ansprüche auf das, was heilig ist verloren hat. Zweytens, weil Euer königliche Majestät nicht verpflichtet ist, zu halten Treue, Glauben und Eid den Ketzern und allen, die gleiche Verdammung mit diesen tragen, worunter Sanct Paul auch die Mörder zählt. Und endlich, weil selbst der schuldlose Unterthan nicht fordern darf seinen Herrn und König, der ihm statt Gottes ist, zu rechten mit ihm und zu schwören im Heiligthume auf Gottes Wort und Christi Leib.

Báthory. Wenn aber diess alles nicht so wäre?

Baschino. So haben wir Ihro Majestät losgesprochen von dem ungerechten Eide, kraft der uns vom heiligen Stuhle ertheilten Privilegien, zu binden und zu lösen alle Eide und Gelübde der Gläubigen.

Báthory. Die Lehre des Bischofs untergräbt den Thron Eurer Majestät. Ihr habt uns geschworen, aufrecht zu erhalten unsere Rechte, Freyheiten und Privilegien; welcher beherzte Hungar wird euch mit treuergebenem Herzen dienen, wenn er erfährt und glaubt, daſs so ein geweihter Mann vom heiligen Stuhle die Macht hat, euch zu lösen die Pflichten dieses heiligen Schwurs?

Baschino. Ihr habt nichts zu fürchten; die Schlüsselgewalt ist gegeben zum Nutzen, nicht zum Verderben. Eure Rechte und Freyheiten stehen unter dem Schutze der heiligen Kirche; das hohe Priesterthum hat dieselben mit euch gemein; von der Pflicht sie unverletzt zu erhalten kann die königliche Majestät kein Priester lossprechen.

Ladislaus. Wir hoffen, daſs unsere Reichsbaronen unsers Eides wegen beruhigt sind; darum wollen wir den Bischof abtreten lassen. Sein hohes Amt gestattet ihm nicht, einem Blutgerichte beyzuwohnen. Geht in das Heiligthum des Herrn, hochwürdiger Prälat, und betet für uns; wir folgen euch bald.

Baschino. Der Friede Gottes bleibe stets bey euch! (ab)

Ladislaus. Was ist nun euer Gutachten?

Giskra. Ladislaus und Mathias Grafen von Bisztritz sind heute noch als Aufrührer dem Schwerte des Blutrichters zu überliefern.

Banfi. Giskra von Brandeis sprach mir aus der Seele.

Thurotz. Tod den Rebellen.

Perény. Mathias konnte seiner Jugend halber an der vorgeblichen Meuterey keinen Theil haben. Ladislaus werde verhört, und nach den Gesetzen gerichtet.

Báthory. Perény's Stimme ist auch die meinige.

Gara. Der Priester muſs wissen, was er binden oder lösen darf; uns Laien geziemt es nicht, darüber zu urtheilen. De la Baschino hat Eurer Majestät die Eidespflicht erlassen; die Grafen von Bisztritz stehen wieder als Mörder vor dem Richterstuhle des Gesetzes. Tod ist sein Ausspruch: aber hier muſs Klugheit der Gerechtigkeit die Hand biethen: wir müssen denselben unter einem andern Vorwande vollziehen, um dem Volke kein Aergerniſs zu geben, das nicht so hell denkt, wie Ihro Majestät und Bischof Baschino; daher auch steif und fest auf die Heiligkeit der Eide hält. Den gerechtesten Vorwand gibt uns die Meuterey der Grafen selbst; doch fordert die

Billigkeit, dafs sie darüber gerichtlich verhört werden. Eure Majestät befehle, so wollen wir uns mit Banfi und Thurotz zu den Haftenden begeben und sie vernehmen. Übrigens bin ich Giskra's Meinung, dafs das Urtheil heute noch an beyden Grafen vollzogen werde. Ihre Verhaftung kann kein Geheimnifs bleiben; ihre Freunde und Anhänger sind mächtig, ihre Truppen tapfer; die Ruhe des Reiches und eure eigene Person sind in Gefahr: nur der Schrecken der plötzlichen Hinrichtung kann gewaltsame Bewegung unterdrücken.

Ladisl. Euer Rechtdünken gefällt uns; thut was ihr gesagt habt; indessen wir mit unsern lieben Getreuen in das Haus des Herrn gehen, und ihm danken, dafs er uns von den Gefahren des gestrigen Tages befreyet hat.

Gefängniss im Burgthurme.
L a d i s l. C o r v.
an dem Fenster der aufgehenden Sonne entgegen.

Holde Königin des Tages, auch hier seh' ich noch dein freundliches Licht; fühle deine alles erwärmende Kraft; und was mir die Wonne deines Anblickes erhöhet, in meinem Hause herrscht Ruhe. — Du scheinest mir über Hunyád; dort war's, wo wir oft, ich und mein **Vítéa** deines Aufganges harrten. — Der sinnliche Knabe freute sich nur deines steigenden Glanzes, aber der weise Mann reinigte mein Auge, und lehrte mich das schöne Bild der Gottheit in dir anschauen und bewundern. — — Ach! er las in der Zukunft; der Glanz sollte mich nie verblenden. — Nur schwachen Seelen, — sagte er, — die keines höhern Schwunges fähig sind ist der Glanz aller Dinge höchster Werth; dem edlern Geiste ist er der Zaubermantel des Zufalls, hinter welchen das Glück seine armselige Blösse versteckt. — Freund meiner Jugend, offen war immer deinen Lehren mein Herz; aber erst heute versteh' ich sie ganz; hier an dem Grenzstein meiner Laufbahn les' ich die Bestätigung ihrer Wahrheit. — — Wohl mir, daſs ich bey Zeiten die listige Buhlerin unter der Zauberhülle erkannt; daſs ich gesehen habe, wie ihr Diener, der Neid an ihrem Füllhorne seine Pfeile wetzt, womit sie ihre wollüstigträumenden Anbeter verwundet! Nie traute ich ihren Lockungen; darum traf sie auch nur diess goldene Kleid, ihr einziges Geschenk, das ich vielleicht heute noch mit dem Leben bezahlen werde, wenn Gara sich gleich bleibt. — — Wäre diess doch das einzige Übel! Lächelnd wollt ich das Beil des Blutrichters küssen, und meinen Nacken ihm darstrecken. — Aber in der Fülle jugendlicher Kraft, mitten im Drange grosser Entwürfe zu Thaten für das Vaterland, nahe an der

Ausführung als treuloser Verräther gebrandmarkt, von dem Schauplatze vertrieben und vergessen werden — Vergessen werden? — Nein, über den Vergessenheit ihre Rabenfittiche schwingt, der wird nicht so eifrig zum Tode gesucht. — Mit einem glühenden Herzen, mitten im Feuer einer muthvollen Anstrengung den Armen des Verdienstes entrissen, und in den Schlaf, dem kein Erwachen mehr folgt, eingewiegt werden; ja, diese Aussicht ist schrecklich! — — Ist sie auch gewifs? — Und wäre sie's, würde dein Auge sich scheuen, ihr fest und heiter entgegen zu sehen? — — Weg mit dem Scheine! Was ist das Leben? Ein Krieg; durch einen ewigen Friedensschlufs will ihn Gara mit dir endigen. Wer ist der Überwundene? — Der Friede ruft, weil er seine Kräfte zur Fortsetzung des Kampfes erschöpft fühlt. — — Das Schreckliche der Aussicht ist weg. — Aber manchen schönen Sieg hätt' ich noch erfechten können! — Sieh' da den sterbenden Helden, der auf dem eroberten Kampfplatze jammert und weint, weil ihm das Schicksal seine Rechnung zerrissen hat! — (das Gefängnifs wird aufgeschlossen; Tisch, Stühle und Schreibzeug werden gebracht.) Die Herolde des Friedens kommen! sie sollen mich willig finden.

Gara, Banfi und Thurotz

kommen und setzen sich; hinter ihnen wird

Mathias Corvinus

geführt.

Gara. Grafen von Bisztritz, von Ihro königlichen Majestät gesandt, verlangen wir, dafs ihr uns aufrichtig und bestimmt die Fragen beantwortet, die wir euch vorlegen werden. Wer hat Ulrich Grafen von Cilley und Statthalter von Hungarn ermordet?

Lad. Corv. Der Arm eines Hungars, der sich zur Vertilgung eines mächtigen Bösewichts geweihet hatte. (Thurotz schreibt die Antworten auf)

Gara. Sein Nahme?

Lad. Corv. Ist so heilig, dafs mich nichts dahin bringen wird, ihn in dieser Gesellschaft zu nennen.

Gara. Wie heisst der Mörder, Graf Mathias?

Math. Corv. Verzeihet, Pfalzgraf; ich habe weder seinen Taufschein, noch seinen Adelsbrief gelesen.

Gara. Aus alter Freundschaft rathen wir euch mehr Bescheidenheit an.

Mathias. Ich wünschte, eure Freundschaft wäre nie alt geworden.

Gara. Wie kam das Schreiben des Grafen an den Despoten von Servien in eure Hände?

Lad. Corv. Für sechshundert Goldgülden kauft' ichs seinem Hauspfaffen ab.

Gara. Ihr wolltet den König in Belgrad gefangen nehmen.

Lad. Corv. Der Gedanke war meinem Herzen fremd.

Gara. Was bürget uns für die Wahrheit euers Vorgebens.

Lad. Corv. Ulrichs Tod, der den König wenigstens so lange frey machte, bis er wieder in die Gefangenschaft böser Rathgeber gerieth.

Gara. Wie hoch beläuft sich die Zahl der Reisigen, die in euerm und euers Oheims Solde stehen?

Ladisl. So hoch, daß kein Schurke vor ihnen sicher, und kein ehrlicher Mann vor ihnen in Gefahr ist.

Gara. Der König will ihre Zahl bestimmt wissen.

Mathias. Sagt ihm, sie wären alle nur ein einziger Mann.

Ladisl. Nur ihre Kräfte, nicht ihre Zahl hab ich berechnet. Das einzige, was ich euch bestimmt sagen kann, ist: ziehet mit hundert tausend Hofsclaven, und eben so viel Tyrannenknechten wider sie aus, so werdet ihr das Bild des jüngsten Tages sehen, und das Heimgehen vergessen.

Gara. Was für einen Zweck hattet ihr bey ihrer Anwerbung?

Ladisl. Ihr wisst wohl nicht, dafs die Zeit gekommen ist, wo der Mann, der einen Beutel hat ihn nehmen; und wer keinen hat, sein Kleid verhandeln und ein Schwert kaufen soll.

Gara. Wohin zielte die Verwirrung und der Tumult eurer Reitersknechte beym Turniere?

Ladisl. Fraget euer Herz!

Gara. Von euch wird Antwort gefordert.

Ladisl. Keine Frage mehr. Ich will heute noch beten; jedes Wort zu euch schändet meine Lippen.

Banfi. (zu Gara) Wir haben genug.

Gara. Bestätiget eure Aussage mit eurer Namensunterschrift. (Ladislaus will die Untersuchungsurkunde unterzeichnen)

Thurotz. (ihm ein ganz unbeschriebenes Blatt vorlegend) Hier her.

Ladisl. Mann, was hast du vor? Warum nicht da her?

Thurotz. Das vor euch liegende Blatt ist zur Copey für Ihro königliche Majestät bestimmt.

Ladisl. (Die Feder hinwerfend und das Blatt zerreissend) Erzählt dem Könige die Schande euers vernichteten Kunstgriffes!

Gara. (zu Thurotz) Sammelt die Stücke; auch sie bestätigen seine aufrührischen Gesinnungen. — Ein anders Blatt her; Graf Mathias, eure Nahmensunterschrift.

Mathias.

Mathias. Ich habe nichts ausgesagt, Herr Pfalzgraf.

Gara. Ihr habt aber die Aussage euers Bruders gehört. Ohne Weigerung; unterschreibt!

Mathias. Ich bin Baron des Königreichs Hungarn nach alter Zeit und Sitte; ich habe meinen Nahmen nicht schreiben gelernt. Gebt mir aber meinen Säbel und einen Feind dazu; dann sollt ihr sehen, wie ich mich auf seinem Nacken unterzeichnen werde.

Gara. (indem er mit den Seinigen aufsteht) Ihr selbst traget die Schuld euers Verderbens. Erwartet euer Urtheil, und denkt an eure Rechnung mit Gott. (zu den Gerichtsdienern) Führt Grafen Mathias in sein Behältniß zurück!

Ladisl. (ihn in seine Arme ziehend) Sehen wir uns nicht mehr, so ehre das Andenken deines Bruders! (ihm leise in's Ohr) Bleib deiner Rolle getreu; sie kann dich retten. (laut) Erhältst du deine Freyheit wieder, so ziehe nach Wälschland und lerne das Pfaffenwesen.

Mathias. Herr Pfalzgraf, wird mein Bruder verreisen?

Gara. Folgt euern Führern!

Mathias. Nun wenn es denn seyn muß, glückliche Reise, Bruder; und damit valet. (alle ab)

Ladisl. Johann von Hunyád ist mir vorangegangen; ich kenne seine Wege, sie wird glücklich seyn. Nur der Durchzug durch das Thor der Zeitlichkeit ist schwer. — Er ist es nicht; — ein Flug, und — vollbracht.

Gemach des Königs.

Ladislaus. Johann von Vitéz
Bischof von Gross-Wardein.

Ladisl. Ihr macht uns eure Treue verdächtig, wenn ihr fortfahret, den Rebellen Fürsprache zu thun.

Vitéz. Das sind sie nicht; bey meiner priesterlichen Salbung das sind sie nicht. Als zarte Sprösslinge eines edeln Stammes wurden sie meiner Pflege anvertraut; ich wachte für ihre Bildung, ich beförderte ihren Wachsthum, ich sah ihre erste Blüthe, und freute mich der schönen Belohnung meiner Arbeit. König, ihr kanntet Hunyadi den grossen, kraftvollen Stamm, den herrlichsten in euerm Reiche; seine Früchte schmeckten euch süfs; sein Schatten kühlte euch in der heissen Stunde der Noth und der Gefahr; sorgenlos konntet ihr unter seinen Ästen ruhen; Krone und Zepter lagen sicher an eurer Seite. Der Stamm ist versetzt worden in das Land der Lebendigen; aber seine Zweige sind zu Bäumen aufgewachsen, die —

Ladisl. Die von dem Sturme des Hochmuthes aus dem Grunde gerissen, uns gestern, trotz eurer Pflege erschlagen hätten, wären wir nicht durch die Vorsicht des Ewigen vor der Gefahr gewarnt worden.

Vitéz. Man hat Eure Majestät hintergangen.

Ladisl. Bemühet euch nicht, Bischof; das Geheimniſs ihrer Meuterey ist aufgedeckt.

Vitéz. Vor Gott und meinem Könige behaupte ich; sie sind unschuldig! verschmitzte Verleumder und Ohrenbläser haben Euer Majestät, in den Künsten der Bosheit noch unerfahrnes Herz irre geführt.

Ladisl. Nie fanden diese bey uns Gehör.

Vitéz. Sie umgeben euern Thron, sie glänzen in dem Lichte eurer Huld, sie herrschen über euch; eure Macht ist die folgsame Dienerin ihrer treulosen Anschläge wider euch und das Vaterland.

Ladisl. Was berechtigt euch, in diesem Tone vor uns zu sprechen?

Vitéz. Meine Würde, mein Alter, meine Pflicht; eure Jugend und meine Sorgfalt für Eure Majestät Sicherheit.

Ladisl. Nichts von diesem schützt euch gegen die Strafe unserer beleidigten Majestät.

Vitéz. Ich würde mich des Majestätsverbrechens schuldig machen, wenn ich schwiege; würde das Vaterland verrathen, wenn ich die verderblichen Ränke eurer Rathgeber nicht aufdeckte. Höret, König, was ich euch als Mann, als Priester, als treuer Untersaſs und als Landesstand zu sagen verpflichtet bin: eure Ungnade mag dann über mich fallen, sie wird mein Haupt nicht beugen; euer Machtspruch mag mich in den Kerker oder zum Tode verdammen, das Bewusstseyn erfüllter Pflichten ist mir theurer als Fürstengunst, Freyheit und Leben. — Hunyádi's Söhne sind unschuldig. Gara, Giskra, Banfi und Thurotz, Menschen die das Verdienst hassen, weil sie unfähig sind es zu erwerben, und zu niedrig, um ihm zu huldigen; diese, König, diese sind die Verräther, Meutmacher und Aufrührer, die an euerm Verderben arbeiten. Der erste Versuch ist ihnen gelungen; sie haben euch verleitet, dem edlern und mächtigern Theile der Nation ein Geheimniſs zu verrathen, das Könige als das gefährlichste tief in ihrem Herzen vergraben; das sie nicht ihrem Busenfreunde, nicht ihrem Bruder, nicht einmahl sich selbst gestehen sollten.

Ladisl. Welches wäre das?

Vitéz. Ein Geheimniſs, dessen Offenbarung schlafende Löwen weckt, Tyger mit doppelter Wuth erfüllt, Füchse aus ihren Höhlen reitzt, die Augen der Falken schärft, Geyer und Adler zum Raube lockt, und ihre Fittiche in Pfeile verwandelt. Ein Geheimniſs, das dem Innersten eines Königs entrissen, den Feigen muthig, den Muthigen unternehmend und verwegen; das Männer zu Helden, und Weiber zu Männern macht.

Ladisl. Und das ist?

Vitéz. Dafs ihr Empörungen fürchtet; das heisst in der Sprache der Klugen: dafs ihr euch entweder sträflicher Handlungen, oder tyrannischer Absichten, oder auch eurer Unfähigkeit zu herrschen bewusst seyd.

Ladisl. Wer wagt es diese Lästerungen zu denken?

Vitéz. Heute sagt sie nur einer dem andern in's Ohr; morgen werden sie die Stimme, und übermorgen der Gedanke der ganzen Nation seyn; dann haben eure Pfalzgrafen und Thürhüther ihren Endzweck erreicht.

Ladisl. Ihr vergesst, Bischof, dafs eure Lippen nur der Wahrheit und dem Segen geweihet bleiben sollen.

Vitéz. Darum will ich fortfahren, sie der Wahrheit zu weihen. Sie lassen euch Empörungen fürchten, damit, wenn ihr eure königliche Macht zu ungerechten Verhaft- und Mordbefehlen missbrauchet, Empörungen entstehen sollen. In dem Getümmel des Aufruhrs wollen sie euern Purpur zerreissen und unter sich theilen.

Ladisl. Ihr sollt unsere getreuen Diener nicht ungestraft verleumdet haben.

Vitéz. Ich bin gefasst auf das Schicksal, das den Priester der Wahrheit vor dem wankenden

Thron eines Königs erwartet; darum will ich es ganz verdienen. In Ofen ist diesen Augenblick kein Mensch, der nicht wüsste, daß ihr die Corviner mit ihren würdigen Freunden auf Gara's und Banfi's Schlangengeflister in Verhaft setzen liesset; und was noch mehr ist, in ganz Ofen ist kein rechtschaffener und tugendsamer Rittersmann, der nicht von dem Unrecht dieser gewaltthätigen Handlung, und von der Unschuld der Corviner wie von seiner eigenen überzeugt wäre.

Ladisl. Unsere getreuen Rittersmänner haben nichts zu thun, als mit Unterwerfung den Ausspruch unserer Gerechtigkeit zu erwarten; die Vollstreckung desselben und der Ausruf des Strafheroldes wird sie eines bessern belehren.

Vitéz. Der Ausspruch Eurer Majestät ist ihnen bekannt; er heisst, Tod über die unschuldigen Söhne des allgemeinen Erretters. Es ist der Ausspruch versteckter Rachsucht, nicht der Gerechtigkeit; in der Versammlung der Bösen ward er gethan: »In den Corvinern sind wir alle »verurtheilt;« diess ist der Wiederhall desselben in den Gemüthern der Edeln. Traurig und bestürzt stehen sie beysammen, halten die goldene Bulla in der einen, die Fackel des gesetzmässigen Aufstandes in der andern Hand; schwören zu dem Ewigen, dafs sie sich lieber unter den Ruinen des Vaterlandes begraben, als in die schimpflichen Fesseln willkührlicher Gewalt sich schmiegen, und in euerm, mit unschuldigem Blute befleckten Zepter die Geissel des Treibers küssen wollen. Höret ihr mich, ihren Abgeordneten nicht, so werden sie selbst vor euch hertreten, und euch das Grundgesetz unserer Rechte und Freyheiten beleuchten. Ihr habt es beschworen; die unverletzte Erhaltung desselben ist die wesentliche und einzige Bedingung, unter welcher ihr einer edeln, tapfern und grossen Nation als König gebiethet. Sie werden nach der Urkunde fragen, nach welcher sich Elisabetha's Sohn befugt glaubt, wider Hungarns Magnaten geheime Verhaftsbefehle zu ertheilen; werden Rechenschaft von euch fordern, warum ihr zu dem tyrannischen Blutgerichte, über die Grafen von Bisztritz nur ihre geschwornen Feinde berufen; den Reichs- und Hofrichter Ország von Güth, einen Mann von unbiegsamer Rechtschaffenheit davon ausgeschlossen; die Beschuldigten ohne gerichtliche Untersuchung verurtheilet habt. Ihre Macht ist gegen die eurige abgewogen; sie stehen bereit, das unschuldige Blut der Corviner, und die Entehrung der Reichsgesetze mit eben dem Muthe und der Erbitterung zu rächen, womit sie vor Belgrad für ihr Vaterland und Europa gekämpft haben.

Ladisl. Sagt ihnen, Empörung wäre nicht das Mittel, den König zur Gnade gegen Majestätsverbrecher zu bewegen!

Vitéz. Das sagt ich ihnen; der Erzbischof von Gran und der päpstliche Nuncius vereinigten ihre ehrwürdige Stimme mit der meinigen. »Widerstand der ganzen Nation — antworteten sie, ist das gerechte und einzig wirksame Mittel »gegen den König der Hungarn, der seine ge- »setzliche Gewalt überschreitet, die bittende Stim- »me der Nation verachtet, die Zügel der Gesetze »zerbricht, und die Gräuel willkührlicher Herr- »schaft an die Stelle der Ordnung und Gerech- »tigkeit setzt.«

Ladisl. Wenn thaten wir das?

Vitéz. Das fragte auch der Erzbischof. Ich möchte euch ihre Antwort nicht gern wiederholen.

Ladisl. Wir wollen sie hören, damit wir an euch einen Zeugen gewinnen, wie wenig wir die Stimme der Nation verachten.

Vitéz. »Damahls, — sagten sie, — als sich »der König von dem Grafen von Cilley zu »Hungarns Verderben gänzlich beherrschen liefs, »und von ihm Sitten lernte, welche unsere Ge- »setze in Bürgern von geringerm Stande als Ver- »brechen bestrafen. Damahls, als er nicht Herz »genug hatte, den Vater des Vaterlandes Johann »von Hunyád gegen die Mordanschläge des »verhassten Günstlings zu beschützen. Als er »mit Zurücksetzung unserer verdienstvollen Hel- »den und Patrioten diesen verworfenen Auslän-

»der zur Statthalterwürde erhob. Als er mit »einem Heere deutscher und böhmischer Blutegel »nach Belgrad zog, hungarische Grenzfestungen »und Heerführerstellen an Österreicher überge- »ben, und Müssiggänger dort wollte ernten las- »sen, wo sie nicht gesäet hatten. Als er in dem »Heiligthume des Herrn auf das Evangelium und »das Abendmahl schwor, die gerechte Ermor- »dung des Grafen von Cilley nie zu rächen, »und sich gleich darauf von einem Eide losspre- »chen liefs, den er mehr der ganzen Nation, als »den Corvinern geleistet hatte. Als —

Ladisl. Sie sind falsch berichtet.

Vitéz. Das glaubt ich auch; aber nur so lange, bis uns Emrich von Báthory eure heutige Berathschlagung mittheilte.

Ladisl. Auch Báthory ein Verräther! schwer soll ihn die Strafe seiner Treulosigkeit treffen!

Vitéz. Euer Majestät ergrimme sich nicht; er ist nicht mehr in eurer Gewalt.

Ladisl. Wo zog er hin?

Vitéz. Vor einer Stunde sprengte der Bidermann fort, um alles, was ihm unterthan ist, für die Gerechtigkeit bewaffnen und aufsitzen zu lassen.

Gara, Banfi und Thurotz
kommen aus dem Gefängnisse zurück.

Ladislaus. Banfi und Thurotz, wir übergeben euch den Bischof zur Haft; führt ihn zum Burgvogt, unsern getreuen Rittersmännern zur Belehrung, dafs wir Empörungen nicht fürchten.

Vitéz. (im Weggehen) Die Rache Gottes schwebt über euerm Haupte, König; die Corviner sind unschuldig! (wird abgeführt.)

Gara. Sie sind schuldiger als ich glaubte.

Ladisl. Es brennt, Gara.

Gara. Lasst es brennen; die Bisztritzer werden löschen. Gewifs hat des Bischofs apostolischer Eifer die Feuersbrunst erweckt?

Ladisl. Er sprach von versammelten Rittersmännern, die mit der Fackel der Empörung wider uns auftreten wollen. Das ärgste ist, dafs wir uns alle an Báthory betrogen haben; er ist der Grafen eifrigster Anhänger.

Gara. Oft habe ich es Eurer Majestät gesagt, Banfi kennt die Menschen nicht, zum Glücke sind in der Burgfeste meines Königs viele Wohnungen; gebt Befehl, und Báthory soll die seinige finden.

Ladisl. Der Fuchs ist uns entwischt; er hat Ofen verlassen, um seine Knappen und Bauern wider uns aufsitzen zu lassen.

Gara. Ähnliche Aspecten hat mir auch Ritter **Lamberger** mitgetheilt. **Oswald von Rozgon** soll mit zwey tausend Reitern schon nahe bey Hathván stehen.

Ladisl. Was ist nun zu thun?

Gara. Schrecken.

Ladisl. Vielleicht verzeihen.

Gara. Schrecken, schlagen, erschüttern muſs der König, wenn nur ein paar tollkühne Brauseköpfe, nicht das Gefühl der Bedrückung sein Volk zum Aufstande gereitzt haben. Lasset heute noch die Bisztritzer zum Tode führen; und so wahr ich lebe, morgen frägt einer den andern mit dem Weinbecher in der Hand: Bruder, was wollten, was träumten wir gestern?

Ladisl. Haben sie ihre Verbrechen gestanden?

Gara. Alles geläugnet, und statt des Bekenntnisses die abscheulichsten Lästerungen und Drohungen wider uns und eure Majestät ausgestossen.

Ladisl. Das ist schlimm; ihr Läugnen wird das Volk in seiner Meinung von ihrer Unschuld bestätigen.

Gara. Dem können wir durch einen klugen Pfaffen abhelfen. Eure Majestät sende ihnen einen Beichtiger, der sie zum Tode bereite; er wird das Volk beruhigen, wenn er nach ihrer Hinrichtung öffentlich bezeugt, sie hätten ihre gräulichen Verbrechen wider Gott, den Künig und das Vaterland erkannt, gebeichtet und bereuet: aber der Mann mufs Ansehen und Gewicht haben, und Eurer Majestät treu ergeben seyn.

Ladisl. Keiner könnte dieser Erwartung besser genugthun, als Bischof de la Baschino.

Gara. Ganz ist er der Mann dazu; unter Hungarns Prälaten unstreitig der verschlagenste, und seinem Fürsten der treueste.

Ladisl. Hört nun unsere Meinung, Gara. Ladislaus Corvinus sterbe; aber Mathias bleibe in unserer Haft, bis wir von den Verwandten und Anhängern des Hunyádischen Hauses nichts mehr zu fürchten haben —

Gara. Ihr verrathet Zaghaftigkeit, die leicht dem Scheine des Übels Wirklichkeit geben könnte.

Ladisl. Die Umstände gebiethen Behutsamkeit. Báthory und Rozgon sind weg; Orszag ist der Abgott des Volkes, auf ihn dürfen wir nicht rechnen; Szilágy ist mächtig: wenn auch alles ruhig bleibt, so werden sich diese vereinigen und wider uns aufsitzen.

Gara. Giskra's Böhmen werden sie aus dem Sattel heben.

Ladisl. Die Hunyádische Partey kann ein hundert tausend Mann starkes Heer in das Feld stellen.

Gara. Die Kreuzlegion wird für euch streiten.

Ladisl. Auch wenn der Erzbischof von Gran und der päpstliche Nuncius auf die Seite der Rebellen treten?

Gara. Das werden sie nicht.

Ladisl. Der Gross-Wardeiner gab uns Wind davon. Lasset unsere Gerechtigkeit mit **einem** Opfer sich besänftigen, und das **andere** der Gnade bringen. Mathias soll uns dienen, den Anhang der Corviner zu entwaffnen, oder wenigstens seiner Wuth Einhalt zu thun. Lassen wir beyde hinrichten, so reitzen wir ihre Freunde bis zur Verzweiflung. Der Knabe ist kaum funfzehn Jahre alt; weder an der Ermordung des Cilleyers, noch an der Meuterey seines Bruders könnte er so thätig Theil nehmen; dafs er das Leben verwirkt hätte; sein Tod würde die Zahl unserer Feinde vermehren: schonen wir ihn aber, so stärken wir den Glauben des Volkes an die Verbrechen des ältern; und die Hoffnung, durch gütlichen Vergleich den jüngern aus unsern Händen zu befreyen, wird die Rachbegierde der Rebellen entkräften oder mässigen.

Gara. Nur ein Pfaff, oder ein Weib konnte Eure Majestät mit diesem verderblichen Anschlage hintergehen.

Ladisl. Ein Weib, Gara, dessen kluge Einsichten ihr selbst schon oft bewundern müsstet: oder kennt auch Fräulein von Ronow die Menschen nicht?

Gara. Ich habe alle Achtung für sie; nur bitte ich, Eure Majestät wolle nicht mir die Rechnungsfehler zur Schuld legen, die sich vielleicht beym Abschlusse zeigen dürften.

Ladisl. Lasset jetzt den Bischof de la Baschino vor uns erscheinen; ihr bringet demnach das Todesurtheil zur Nahmensunterschrift unserer königlichen Majestät.

―――――――――――――

Mit zitternder Hand unterschrieb es der schwache, betrogene, rachsüchtige Regent. Nach Untergang der Sonne ward es vollzogen; sie sollte nicht Zeuge seyn der schändlichen That, die jeden Hungar erschüttern, und zur Rache entflammen musste, den der Glanz des Tyrannen, der sie beging, nicht verblendet; der seinen Menschenwerth für das gefühllose Lächeln eines gekrönten Fürstenkindes noch nicht verkauft oder verläugnet hatte. Im königlichen Kleide, die Hände auf den Rücken gebunden, ward der blühende Heldensohn zum Tode geführt. Fest war sein Tritt, ruhig sein Antlitz, heiter und lieblich der Blick, in welchem er Ofens theilnehmende Bürger seine Unschuld lesen liefs. Tiefes Schweigen herrschte unter der versammelten Menge; nur hier und da hatte sich die allgemeine Erstarrung in lautes Schluchzen und Wehklagen aufgelöst. Auf dem Sanct Georgsplazze vor Sigmunds Pallaste übergab ihn der Burgvogt dem Blutrichter; dort erblickte der Jüngling den König von seinen Verfolgern umgeben. Feyerlich wandte er sich gegen ihn: »Auf euern »Machtspruch, — so rufte der Unglückliche, — »steh' ich hier; noch einige Augenblicke und ich »habe vollendet. Gott, den Johann von Hunyad mich fürchten lehrte; — Gott, vor dessen »Richterstuhl ihr mich sendet, ist mein Zeuge, »dafs ich noch gestern mein Leben für euch und »das Vaterland aufgeopfert hätte; so rein ist »mein Herz von der Schuld, die ich jetzt mit »dem Tode des Verbrechers bezahlen soll. Er, »dessen Allmacht und Weisheit das Loos der Sterb»lichen geordnet hat, verzeihe euch so, wie ich »euch verzeihe!« — Auf des Blutrichters Geheifs fiel er auf seine Knie und both seinen Nakken dem Streiche dar. — Der Strafherold rufte: »so werden die aufrührischen Feinde des Königs bestraft!« und nun zückte der Büttel das Schwert. Drey mahl schlug er fehl; nach der dritten Verwundung erhob sich Corvin, und lief einige Schritte gegen den Pallast. »König, — »schrie er, — der Arm des Büttels straft euern »Herold der Lüge! Der grösste Missethäter hat »nach den Gesetzen sein Verbrechen gebüsst, »wenn er den dritten Streich überstanden hat; »gebiethet über mich unschuldigen den vierten, »wenn ihr weder Gott noch Menschen mehr

»fürchtet!« — Erstaunt und betäubt saſs der König in der Mitte seiner Grossen; für Rührung hielt der Jüngling den Starrsinn der Majestät; er wollte hineilen und die in seinem Feinde zurückkehrende Menschlichkeit gegen den giftigen Hauch der Höflinge verwahren; aber er verwikkelte sich in sein langes Gewand, und stürzte zu Boden. Auf Gara's drohenden Zuruf versetzte ihm der Scharfrichter den vierten Streich; und Corvin lag todt in seinem Blute.

Mathias wusste noch nichts von seines Bruders kläglichem Schicksale; mit groſsmüthiger Ergebung erwartete er selbst jeden Augenblick den Ruf zum Tode. Mehr mit der allgemeinen, als mit seiner eigenen Wohlfahrt beschäftiget, stärkte er seine Seele an dem tröstenden Bilde der Zukunft, die durch Szilágy's und seiner Helden Rachschwert Hungarn von einem Tyrannen befreyen, und die verächtlichen Diener seiner Gewalt vertilgen würde. Seit siebzig Jahren hatten Ausländer das Vaterland beherrscht; nur drückende Dienstbarkeit, nur Auftritte der Schande und Erniedrigung lieſs ihn seine gereizte Fantasie in diesem Zeitraume erblicken. Statt der alten Helden sah er jetzt nur eine Menge verkäuflicher Seelen, die in dem Staube des Thrones ihre Nahrung und blendende Grösse such-

suchten. Aller Werth der Nation schien ihm verschwunden, ihre Rechte und Freyheiten verrathen und vernichtet zu seyn. Mit Wonne erinnerte er sich der glücklichern Zeiten des Arpádischen Königstammes, unter welchem die Hungarn ein Volk von Edeln waren, das der Stolz seiner Würde und seiner Thaten vor der schimpflichen Gleichgültigkeit gegen seine Vorrechte beschirmt hatte. Sie werden wieder kommen, dachte er, diese heitern, fröhlichen Tage, wenn Szilágy das entehrende Joch des gekrönten Ausländers wird zerbrochen haben. Unser Tod wird das Gefühl beleidigter, verletzter, geraubter Rechte in patriotischen Herzen erwecken; sie werden die Schande der Fesseln erkennen, die sie bis jetzt getragen hatten; und sich hüthen, ihre Krone Ausländern aufzusetzen, die eine edle Nation nicht anders, als nach der Niedrigkeit ihrer eigenen zu behandeln wissen. Aus ihrem Mittel, aus der ehrwürdigen Schaar ihrer eingebornen Helden werden sie sich einen König wählen; und ihn lehren, wie er der erste Diener, nicht der Herr des Vaterlandes seyn müsse. Die häuchlerische Milde ihrer Regenten wird sie nicht mehr betrügen, nicht mehr in stumpfe Unbesorglichkeit gegen ihre Macht einschläfern; sie werden jede Scheidung zufälliger oder erschmeichelter Vorzüge aufheben, damit sie nie wieder des Volksverräthers, oder des schalen Günstlings

O

königliche Belohnung werden können. — Unter diesen Gedanken war er eingeschlafen; von gewaltsamen Aufstand und blutigen Schlachten hatte er geträumt, als um Mitternacht Fräulein von Ronow in das Gefängniſs trat, und ihn zur Freyheit und Rache weckte.

»Er ist hin, rufte der Jüngling noch halb im »Traume, hast ihn getroffen, wackerer Bogen-»schütze; nun bin ich froh; ich will dir folgen, »Herold des Todes. (die Augen öffnend) Ha! in die-»sem Kleide haben sie dich gesandt? Wer »bist du?

Ronow. Agnes von Ronow eure Retterin; folget mir!

Mathias. Wo wollt ihr mich hinführen?

Ronow. In die Sanct Magdalenakirche zu einer Leiche, vor der euch Grauen und Entsetzen gerade noch so viel Besinnungskraft übrig lassen wird, als ihr nöthig habt, um mit allen Furien der Wuth und des Hasses ein blutiges Bündniſs zu schliesen.

Mathias. Weib, man sagt, das Gewerbe das du bey Hofe treibst, wäre nicht das ehrsamste; willst du auch mich in deine Fallstricke verwickeln?

Ronow. Ihr verkennt eure Wohlthäterin; ohne mich schliefet ihr jetzt mit euerm Bruder den Todesschlaf. Zögert nicht, es ist alles zu eurer Flucht in Bereitschaft.

Mathias. Lernet von einem Knaben in Fesseln Treue und Redlichkeit; ich bin Ladislaus Bruder nach alter Zeit und Sitte; ehe werden eure Reitze euer Antlitz und eure Tücke euer Herz, als ich meinen Bruder verlassen.

Ronow. Er hat euch verlassen; Gott tröste seine Seele! Ladislaus ist todt.

Mathias. (nach einer Pause sich Thränen trocknend und starr vor sich hinsehend) Der arme Junge, war des Morgens noch so frisch und gesund wie eine Blume, die der Morgenthau erquickt hat!

Ronow. In der Abenddämmerung hat sie des Nachrichters Schwert abgemähet. Auch über euch war das Todesloos geworfen; aber meine Worte trafen das Herz des Königs; sein Gefangener sollt ihr bleiben, bis eure Freunde und Verwandten betheuern, daſs sie die Hinrichtung des unschuldigen Jünglings nicht rächen wollen.

Mathias. Wäret ihr doch mit dieser Trauerpost in dem Schlafgemache euers königlichen Buhlen geblieben! Es war ein schöner Jüngling; — Weib warum hast du ihn sterben lassen? — O es werden viele gute Menschen bey seiner Grabstätte um ihn weinen; die heissen Thränen meiner Bruderliebe würden in die ihrigen fliessen, könnte ich dem feyerlichen Leichenbegängnisse beywohnen, das ihm der gute König wird halten lassen.

Ronow. Vor Tagesanbruch werden ihn die Schergen des Blutrichters auf dem Adlersberge in die Gruft der Staatsverräther und Königsmörder beysetzen; so ist's des guten Königs und Gara's Wille. — Mässiget jetzt euer Leidwesen; durch mich seyd ihr frey; Gefangenwärter und Burgvogt sind von mir bestochen.

Mathias. Ihr, des Königs Leibdirne wollt mich befreyen? Das ist nicht möglich; fliehe, feindseliges Nachtgespenst, das mein bischen Lebenskraft noch vollends aussaugen will. Ihr thatet Unrecht, daſs ihr mich wecktet; glücklich hätt' ich die listige Schlange erwürgt, die sich im Traume schmeichelnd um meinen Nacken wand, um mich zu erdrosseln.

Ronow. Euer Misstrauen ist ungerecht; ihr wisst nicht, wie sehr ich Ursache habe, den König zu hassen.

Mathias. Und ich ihn zu lieben; seht, auch diess goldene Gewand hat er mir geschenkt, und wenn meine Freunde Vitéz, Rozgon und Kanisa für mich bitten werden, wird er mir auch meine Freyheit schenken.

Ronow. Eure Freunde sitzen alle in Verhaft; nur Oswald von Rozgon und Báthory sind entronnen.

Mathias. Das heisst: unsere Freunde dürfen Ofen nicht verlassen, weil sie der gute König liebt: nicht wahr, so ist es, königliches Weib?

Ronow. Aus lauter Liebe ließ er sie in Fesseln schmieden.

Mathias. Das thut mir leid, aber der Majestät muſs man sich unterwerfen, selbst wenn sie schlägt; so ist es Gottes Wille und Ehrepflicht. Saget diess dem Manne, der euch gesandt hat. Im Kerker werden die Fliegen geschmeidiger, und im Dunkel desselben ihre Augen scharfsichtiger als in der Fülle und dem Glanze des Pallastes; hier schlüpfen sie auch durch Weibernetze; auch diess sagt euerm Gebiether.

Ronow. Wenn ihr den König meint, so schwöre ich euch bey dem Geiste euers Bruders, der diesen Augenblick um uns beyde schwebt, daſs jeder Gedanke meines Herzens an ihn Fluch, jeder Athemzug meines Busens gewaltsames Drängen zur Rache wider den Treulosen ist.

Mathias. Man sieht doch gleich, daſs ihr in der Kunst zu schwören einen König zum Meister hattet; Blick, Ton. Ausdruck und Geberden, alles so königlich, wie ich es selbst an Sanct Clementistag in Temeswár sah. Und nun warum hasset ihr den König so gewaltig.

Ronow. Er betrog mich um den theuersten Minnesold, versprach mir seine königliche Hand, beschwor mir das Versprechen: und will jetzt die Tochter des Frankenkönigs sich zum Weibe holen.

Mathias. Das Mährlein ist lustig; lasst einen Meistersänger eine Weise darauf dichten, und sie mir vor meinem seligen Ende noch vorsingen.

Ronow. Der Todtenvogel soll sie dem Niederträchtigen in der Brautnacht vorheulen, wenn ihr von Sinnen seyd, und euers Bruders Hinrichtung ungerächet bleibt. — Herab, Mathias, mit der Gugel des Aberwitzes; eure Feinde mögt ihr damit täuschen; ich bin eure Freundin, der Gross-Wardeiner Bischof zeigte mir eure wahre Gestalt. Ehre und Pflicht rufen euch, den Tod euers Bruders und die Beschimpfung euers Hauses an dem Könige und seinen Rathgebern zu bestrafen; ich habe euch die nächsten Mittel dazu vorbereitet. Diese Stunde erwartet euch Reinhold von Rozgon mein und euer Freund, um euch in Sicherheit zu bringen. Der Tyrann trotzt der Macht eurer Freunde, so lange ihr euch noch in seiner Gewalt befindet; eure Befreyung setzt sie in Stand, den jungen Wütherich alle Schrecken ihrer bewaffneten Rache empfinden zu lassen.

Mathias. Geht euch das wirklich so vom Herzen wie von euern Lippen?

Ronow. Mein Herz fluche wenn meine blassen Lippen in der Todesstunde beten wollen, so jedes Wort nicht wahrer Ausdruck desselben war.

Mathias. Gesetzt auch, ich traute einem Weibe, das bey Hofe das königliche Eidspiel gelernt hat; was hoffet ihr dabey zu gewinnen?

Ronow. In dem Sturze und Verderben eines meineidigen Königs Genugthuung für meine geraubte Ehre, für meine betrogenen Erwartungen.

Mathias. Wer entwarf den Plan zu diesem Riesenwerke?

Ronow. Reinhold von Rozgon; eure Befreyung ist der erste Schritt zur Ausführung.

Mathias. Der letzte muſs es seyn.

Ronow. So lange ihr gefangen sitzet, können eure Freunde nicht mit Nachdrucke handeln.

Mathias. Meine Befreyung wird ihren Racheifer kühlen, und ihre Zahl vermindern.

Ronow. Lasset Szilágy's Trompeten und Heerpaucken vor Ofen erschallen, so bin ich es, die den König seinen Händen überliefert.

Mathias. Vielleicht, wenn Giskra, Gara und Lamberger die Flucht ergreifen, und Ladislaus hier sitzen bleibt. — Euer Plan taugt nichts; lasst mir meine Fesseln und löset sie unsern Freunden: oder gebt eure Hoffnungen auf.

Ronow. Erkläret euch deutlicher.

Mathias. Nicht meines Bruders Hinrichtung, nicht meine Gefangenschaft, nicht eure beleidigte Ehre; nur die gewaltsame Verletzung der Hungarischen Grundgesetze kann und soll an dem Könige bestraft werden. Es muſs ein stärkers

Band als Privatrache seyn, das die Mächtigen der Nation zum Sturze eines Regenten verbindet, der so viele Mittel in Händen hat, sich zum Abgott oder zum Schreckenbilde derselben zu machen. Szilágy allein ist mit seinen Heerscharen zu schwach, um etwas entscheidendes gegen den Anhang des Tyrannen zu wagen.

Ronow. Die edelsten und tapfersten der Nation werden sich mit ihm vereinigen.

Mathias. Ich erwarte nichts von ihrer Vereinigung, so lange sie nur für die Sache der Corviner zu den Waffen greifen. Ihre erste Hitze wird sie zu einigen Streifereyen und Verheerungen hinreissen, die sie in dem Augenblicke kälterer Überlegung wieder bereuen werden. Müde nur als verderbliche Werkzeuge der Privatrache zu dienen, werden sie furchtsam zurücktreten, und das als sträflichen Aufstand verabscheuen, was sie aus einseitigen Beweggründen und zu einem verkannten Ziele unternommen hatten.

Ronow. Was bestimmt euch, von Ország, Rozgon und Báthory so niedrig zu denken?

Mathias. Auch sie vermögen nichts gegen die zahlreichen Rotten der Böhmen und Österreicher, die der König bezahlt, um eine Nation zu unterdrücken, die er zu beherrschen unfähig und unwürdig ist: nichts gegen die Menge ausgearteter Hungarn, welche die Wuth grofs zu werden verzehrt, und daher die Gunst ihres schwachsinnigen Gebiethers höher achten, als das Bewustseyn edler Thaten und den Beyfall ihres Volkes, das in ihnen die muthigen Verfechter seiner Vorrechte und Freyheiten dankvoll verehren würde. Die übrigen Rittersmänner, auf deren Patriotismus, Tapferkeit und Kräfte euer Plan berechnet ist, werden nur dann auf dem Kampfplatze aushalten, wenn ihnen die Sache der Corviner als die allgemeine Angelegenheit des Vaterlandes vorgestellt wird. Um dieser Vorstellung bleibenden Nachdruck zu geben, muſs der unschuldige Knabe seine Fesseln standhaft tragen; ihr Rasseln wird die Patrioten in stäter Begeisterung für den gemeinschaftlichen Zweck erhalten, und ihre Erbitterung wider den meineidigen Tyrannen zum unüberwindlichen Heldenmuth hinaufstimmen. Diess ist mein Plan, Ronow, ich bestehe darauf; denn der Erfolg scheint mir gewiſs, sollt' ich ihn auch mit meinem Leben bezahlen müssen. Wollt ihr zur Ausführung hülfreiche Hand biethen, so geht, und setzet meine Freunde Rozgon, Kanisa, Bodo und alle, die mit ihnen verhaftet sind, in Freyheit. Sagt ihnen, daſs sie der Sache der Corviner vergessen, und ihre Paniere nur für Hungarns wankende Grundverfassung schwingen sollen. Die Zahl der Missvergnügten im Lande ist groſs; nennet den König **Unterdrücker der**

Grafen von Bisztritz, so werden sie seufzen und zu Hause bleiben; nennet ihn aber den Feind des Vaterlandes, den Verletzer der Nationalrechte, Störer der allgemeinen Sicherheit, so werden sie aufsitzen und die Macht der Rächer verstärken. Vaterland ist also die Losung, unter welcher sie sich zum Untergange des treulosen Herrschers verbinden müssen. Rozgon soll sie meinem Oheim überbringen; auf seinen Lippen wird sie zur Flamme werden, deren Wunderkraft diese Fesseln schmelzen, und die Gewalt unserer Feinde verzehren wird.

Ronow. Euer Entwurf ist weislich erdacht; ich eile, um eure Freunde mit ihm vertraut zu machen, und ihre Bande zu sprengen.

Mathias. Ruf und Segen des Vaterlandes ist der Grufs, den ich den Edeln durch euch sende.

Agnes von Ronow hatte Mathias Verlangen erfüllt; von ihr erkauft, öfneten die Wächter den Freunden der Corviner das Gefängnifs. Von ihnen getrennt und sorgfältiger verwahrt safs Modrár von Madarász: ausserordentlicher Reichthum war sein Verbrechen, das ihm Ladislaus nicht anders, als für ein ansehnliches Lösegeld verzeihen wollte. Er und

Vitéz blieben gefangen zurück. Angst und
Schrecken ergriffen den König, als er die Nachricht von der Entweichung der übrigen vernahm; ihre Macht, ihre allgemein erkannten
Verdienste, ihre Erfahrungen in der Kriegskunst,
ihre ausgebreiteten Verbindungen mit Hungarns
mächtigsten Familien liessen ihn nichts anders
als blutige Auftritte und schaudervolle Begebenheiten erwarten. Seine angeborne Muthlosigkeit, und das Bewustseyn seiner Schwäche,
erweiterten diese furchtbare Aussicht, die sich
seiner Seele noch schwärzer darstellte, als selbst
seine Freunde, anstatt ihm zu rathen, mit ihm
und für ihn das äusserste befürchteten. Ihre
Furcht war nicht ohne Grund; eine erschütternde Bothschaft folgte der andern. Ország von
Gúth und Reinhold von Rozgon hatten
Ofen heimlich verlassen, und eine zahlreiche
Mannschaft auf ihren Besitzungen ausgehoben,
um an ihrer Spitze für die Verletzung des Hungarischen Grundgesetzes Genugthuung zu fordern.
Gleich nach erhaltener Nachricht von Ladislaus Enthauptung war Szilágy mit seinem
Heere in Siebenbürgen eingefallen; jetzt ließ
Elisa von Hunyád noch häufige Scharen in
Hungarn, Böhmen und Pohlen anwerben, die
durch Báthory's, Székely's, Rozgon's,
Bodo's und Kanisa's Reisigen beträchtlich
vermehrt, und durch den Heldenmuth ihrer Füh-

rer den bewaffneten Miethlingen des Regenten erschrecklich gemacht wurden. Das Gerücht dieser Anstalten drang schnell zu den Ohren des Königs, und Elisa's Kriegserklärung liefs ihn lebhaft fühlen, zu welchem Zwecke sie gerichtet waren. Unfähig durch sich selbst das auflodernde Feuer der Empörung zu löschen, berief er die Edeln des Reiches zu einem Landtage nach Pest. Hungarn sollten ihm sagen, wie in Hungarischen Gemüthern das Gefühl beleidigter Rechte zu ersticken, die erhöhte Thätigkeit ihres Geistes abzuspannen, und der gewaltige Bund patriotischer Männer in einen ohnmächtigen Haufen um Gnade bittender Verbrecher zu verwandeln wäre. Aber siebzig Jahre waren zu wenig und einige feile, von ausländischen Königen durch Schmeicheleyen und Diplomen bezauberte Knechte waren zu schwach, den Samen des Völkerverderbens allenthalben zu befruchten, und Hungarns nervige Heldensöhne dem Joche willkührlicher Herrschaft zu unterwerfen. Nur Ladislaus Günstlinge erschienen auf dem Landtage, um das Geständnifs ihres Unvermögens abzulegen, und dadurch mehr die Besorgnisse ihres Gebiethers zu vergrössern, als ihn zum thätigen Widerstande aufzumuntern. Die Heere der Patrioten waren schon zu weit vorgedrungen; die mehresten Landstände, von der gerechten Sache der Corviner überzeugt, und

durch ihr Waffenglück kühn gemacht, hatten
öffentlich gegen den König Partey ergriffen; die
übrigen waren mit ihrer Selbsterhaltung zu sehr
beschäftiget, als dafs sie die Waffen für einen
Fürsten ergriffen hätten, der auch in dem ärgsten was ihm begegnen konnte, nur die verdiente Strafe seines schändlichen Meineides duldete.
Dringender ward mit jedem Tage die Gefahr;
der bestürzte Monarch suchte bey den Prälaten
des Reiches Hülfe; aber in Johann von Vitéz, ihrem würdigsten Amtsgenossen waren sie
alle beleidigt: anstatt der Hülfe erhielt er Drohungen, wenn er sich weigern würde den unschuldigen Bischof von Gross-Wardein aus dem
Gefängnisse zu entlassen. Der Zwang der Umstände führte ihn zur Nachgiebigkeit; Vitéz
ward dem Erzbischof von Gran überliefert, aber
die Unterstützung des Priesterthumes blieb dem
bedrängten Könige versagt.

Bánfi und Thurotz hatten ihre ganze
Macht aufgebothen: doch gleich einer einsamen
Weide stand sie da, deren luftige Zweige den
furchtsamen Wanderer gegen Sturm und Hagel
beschützen sollen. Auch Gara war ausser Stande, für seinen König der hereinstürmenden Gefahr
entgegen zu ziehen: als Rathgeber des Monarchen war er gekannt, als Feind der Corviner
und des Vaterlandes gehasst; die Einnehmung
oder Verheerung seiner Ländereyen war das erste

Werk der erbitterten Bundesfreunde. Ciskra
von Brandeis Graf von Saros und Niclas
von Ujlak Woywod von Siebenbürgen, waren
jetzt die einzigen Stützen des erschütterten Thrones.
Mit unbegrenzter Vollmacht zog der erstere
nach Ober-Hungarn, der letztere gegen Siebenbürgen,
um die Heerscharen der Rächer des
Rechts und der Unschuld zu zerstreuen. Auf das
Glück ihrer Unternehmungen vertrauend, floh
Ladislaus nach Wien, nachdem er bey seinem
Durchzuge durch Gran Johann Vitéz von
Zredna für frey und unschuldig erklärt hatte.
Mathias Corvinus und Modrár von Madarász
wechselten bey dieser Gelegenheit nur
den Ort ihrer Gefangenschaft. Auf königlichen
Befehl wurden beyde in die Hauptstadt Österreichs
gebracht, wo die Zaghaftigkeit des Gebiethers
die Bande des unschuldigen um so enger
zusammenzog, je weiter die Siege seiner Vertheidiger
Angst und Entsetzen verbreiteten.

Schon hatte sich ganz Siebenbürgen Szilágy's
Herrschaft unterworfen; die Einkünfte der
Provinz, die dem Überwinder willig entrichtet
wurden, dienten, seine Macht zu verstärken.
Orszäg von Gúth war Herr von Servien. Die
Städte von Ober-Hungarn fielen schnell nach
einander in die Gewalt der Verbündeten. Der
Nahme König, war das Signal zur Verwüstung;
Gnade, der tröstende Nachhall in den Ohren der

jenigen, die Vaterland ruften. Selbst Giskra und Ujlák empfanden die Überlegenheit ihrer Feinde. Einige gerettete Plätze, und kleine Fehden, die zu ihrem Vortheile ausschlugen, konnten den Verlust nicht ersetzen, den sie bey wichtigern Angriffen gemacht hatten: sie zogen sich zurück und riethen dem Könige zum Frieden. Unter der Bedingung, daſs Elisa von Hunyád alle Schlösser und Festungen abtrete, die sie weder erblich besaſs, noch käuflich an sich gebracht hatte, ward er den Patrioten angebothen. Spott des entwaffneten Königsstolzes schien dieser Vorschlag den Siegern; er ward verworfen, und Elisa drohte, alle Grenzfestungen den Türken zu überliefern, im Falle der König sich weigerte, unbedingt ihren Sohn in Freyheit zu setzen, oder sie zu schwach wäre, ihn selbst von Wien abzuholen, und seine Gefangenschaft an seiner Majestät zu rächen.

Verschwunden war nun alle Hoffnung eines gütlichen Vergleiches. Gewalt musste entscheiden, ob der König in dem Bunde der Coviner, oder dieser in dem Könige den Herrn seines Schicksals erkennen sollte. Beyde Theile rüsteten sich mit rastloser Thätigkeit. Nur sehr wenig mächtige Familien waren dem Monarchen in Hungarn treu geblieben; und auch diese hielt die Furcht zurück, ihre Ergebenheit durch Thaten zu bezeigen. Religionsfanatismus hatte Böhmen in Parteyen getheilt, die stärkere hing an Hussens Lehren, die der König verabscheute: von ihr war kein Beystand zu erwarten. Österreich blieb der einzige Anker der Hoffnung, an dem sich das scheiternde Fahrzeug seiner Herrlichkeit noch erhielt. Achtzehn tausend Österreicher zogen nach Hungarn, um sich für Sold und Brot mit Kämpfern zu messen, die für die Erhaltung ihrer Rechte und Freyheiten nur siegen oder sterben gelernt hatten.

Giskra und Ujlák hatten nicht Lust, mit dieser Verstärkung etwas ernsthaftes zu wagen. Die prahlendsten Schlachtgesänge ertönten von den Lippen der Österreicher, singend und spielend wollten sie die Hunnische Rotte vertilgen: aber die Heerführer waren mit dem Muthe und den Kräften dieser Prahler schon bekannt; um rüstige Streitmänner, nicht um Sänger und Spieler war's ihnen zu thun. Überzeugt, daſs eine verlorne Schlacht die Sache des Königs unwiederbringlich zu Grunde richten würde, begnügten sie sich nur damit, durch drohende Heerzüge und verstellte Angriffe die Patrioten zu reitzen, durch versagte Treffen ihren Muth zu ermüden, und durch Zwang zur Unthätigkeit ihre Kräfte zu verzehren.

Gara's Politik rettete, obgleich wider seinen Willen, beyde Theile aus diesem verdrüſslichen Zustande. In der Versammlung der Öster-

reichischen Stände zu Korneuburg ertheilte er
dem Könige den Rath, seine Vermählung mit
Margaretha der Tochter Carl des Siebenten, trotz den Hungarischen Unruhen zu vollziehen. Er glaubte, der Glanz dieser Feyerlichkeit würde die Aufmerksamkeit einiger Magnaten von dem Interesse der Corviner wegziehen, und die Aussicht, bey dieser Gelegenheit
eine rühmlichere Rolle zu spielen, oder auszeichnende Beweise der königlichen Huld zu erlangen, ihren Anhang vermindern. Wenigstens
würden dadurch ihre siegenden Fortschritte auf
eine Zeit gehemmt, und den Schwächern, die
nur die erste Hitze verführt hatte, Frist gegeben, zu ihrer Pflicht zurückzukehren; womit
schon vieles zur Wiederherstellung des königlichen Ansehens in Hungarn gewonnen wäre.
Der Vorschlag des Palatinus fand Beyfall. Aus dem
Hungarischen, Böhmischen und Österreichischen
Ritterstande ward eine zahlreiche Gesandschaft
zur Abholung der königlichen Braut ernannt,
und auf das Zudringen Georgs von Podiebrad, Statthalters von Böhmen, Prag zum
Schauplatze dieser Feyerlichkeit bestimmt.

Agnes von Ronow begleitete ihren Gebiether dahin. Sie war nun ihrer schimpflichen Zurücksetzung gewiſs; eingestürzt sah sie das Sandgebäude ihres Stolzes, für dessen Erhaltung sie alles aufgeopfert hatte; Schande und Verzweiflung sassen auf den Trümmern desselben, und zogen die Pfeile des Spottes aus ihren Wunden. Wie die bläuliche Nebelwolke, der Vorbothe des Sturmes, auf der ruhigen Meeresfläche; so lag diess kränkende Bild in der Seele des Weibes. Verschlossen war ihr jede Aussicht auf frohere Stunden, weggewälzt aus seiner Bahn der Stern ihres Glückes, kein erheiternder Hoffnungsstrahl drang durch das Dunkel der Schwermuth, in welchem sie die Schreckgestalten ihres Hasses und ihrer Rachsucht gebar. Mit verstellter Gelassenheit nahm und erwiederte sie die Liebkosungen ihres treulosen Geliebten. Unter das schimmernde Gewand des Edelmuthes verbarg sie die kühnen Entwürfe ihrer glühenden Leidenschaft. Nahe war sie ihrem Ziele. Am Abende vor Sanct Clementistag safs sie allein an der Seite des Königs im Bade. Ihres Opfers versichert, liefs sie nur Töne der Freude und Zufriedenheit von ihrer Harfe erklingen; oft hatte ihr liebliches Spiel den Monarchen in Träume der Wollust eingewiegt; jetzt ermunterte sie sich selbst zur Ausführung einer That, welche die Träume des Erdenlebens auf ewig von ihm verscheuchen sollte. Ein Lied, der Geduld und der Grossmuth zum Lobe sang die mordathmende Sirene, als der sorglose Jüngling, die mit Gift bestrichene Hälfte eines Apfels aus ihren Händen nahm und verzehrte.*). Nach sechs und dreyssig Stunden hauchte er unter den heftigsten Schmerzen an eben dem Tage seine Seele aus, an welchem er vor einem Jahre Hunyády's Söhnen mit mordathmendem Herzen Verzeihung geschworen hatte.

Noch lag er erblasst auf dem Sterbbette, als Mathias Corvinus unter starker Bedeckung in die königliche Burg geführt wurde. An der Grenze des Reiches schien dem zaghaften Regenten diess wichtige Unterpfand seiner Herrschaft in Hungarn nicht sicher genug verwahrt; darum hatte er kurz vor seinem Ende den Befehl ergehen lassen, kraft dessen der Gefangene in die Hauptstadt von Böhmen gebracht werden sollte. Der Tod des Monarchen zerbrach die Fesseln des Jünglings. Georg von Podiebrad setzte

---

*) Comineus historicus cum veteribus comparandus, sequentia in hanc rem protulit: Ladislaus e vita discessit veneno sublatus e medio, Pragae. Consuetudinem habebat iis locis cum femina quadam nobili, quae graviter ferens illum in matrimonium ducere Caroli VII. Galliarum regis filiam, contra datam sibi fidem, et promissum, in balneo pomum ei dedit per medium cultello divisum, qui veneno tinctus erat. Rer. de Monarch. Hung. ap. Schwandtn. script. Hung. Tom. II. pag. 672.

ihn in Freyheit. Kühne Entwürfe arbeiteten in
der Brust dieses unternehmenden Mannes; zu
stolz, um mit gewöhnlichen Vorzügen sich zu befriedigen, strebte er nach ausserordentlichen, die
nur durch Anstrengung seiner ganzen Geisteskraft
zu erlangen waren. Nicht unbekannt war es ihm,
daſs Kaiser Friedrich der Dritte, Ladislaus Oheim; Albert und Sigmund, Herzo-
ge von Österreich; Casimir König von Pohlen,
und Wilhelm Herzog von Sachsen, beyde des
verstorbenen Königs Schwäger auf die Krone von
Böhmen Ansprüche machen würden; der Wille,
über diese mächtigen Nebenbuhler den Sieg davon zu tragen und sich selbst auf den Thron zu
setzen, hatte seinen Scharfsinn auf's höchste gespannt. Mit dem Stolze und den Einsichten der
Corviner vertraut, sah er richtig vorher, welche Wendung ihre Angelegenheiten in Hungarn
jetzt nehmen müssten; in ihrem Glücke entdeckte sein sinnreicher Ehrgeitz ein wirksames Mittel zu seiner gedachten Vergrösserung. Um sich
desselben zu versichern, öffnete er ihrem Haupte den Schoos der Freundschaft, und machte
ihm sein Haus zum Aufenthalt des Behagens und
der Freude, wo nach so vielen düstern Stunden
tausend Ähnlichkeiten das süsse Bild seines väterlichen Hauses der Seele des Jünglings zurück-
führten. Podiebrad liebte ihn als den Sohn

seines alten Freundes; bald fand er in ihm auch
den Erben der Tugenden des verklärten Helden.
Mathias ward ihm werth durch die Vortreflichkeit seiner Eigenschaften; die Stärke seines
Charakters, die Festigkeit seines Betragens, ausgebreitete Kenntnisse, Witz, Scharfsinn und
Begeisterung für alles Grosse machten ihn zum
Lieblinge des Kreises, in dem er die Wonne
eines freyen Lebens genofs, während seine Freunde in Hungarn die Stufen bereiteten, die er auf
der Leiter des Glückes zu ersteigen bestimmt
war.

Unter dem Rufe von dem plötzlichen Hintritt
des Königs erlosch die Flamme des Bürgerkrieges, verhallte die Klagstimme des Vaterlandes,
erkaltete die Wuth der Rache und des Kampfes
bey den Heerscharen der Bundesfreunde, denen
jetzt die Umstände und die Gerechtigkeit ihrer
Sache ein rühmlichers Ziel ihrer Thätigkeit aufgesteckt hatten. Mit Recht ängstigten den Palatinus und seinen Anhang die Folgen, die der
Tod des Königs für ihre ganze künftige Existenz
nach sich ziehen müsste, könnte nicht ein Mittel
gefunden werden, die Verblendeten von der Fortsetzung der Fehdschaft abzuhalten. Das wirk-
samste schien ihm, den erledigten Thron durch
eine neue Wahl so schnell als möglich zu besez-
zen. Als Reichsverweser berechtigt den Wahltag

auszuschreiben, bestimmte er den Tag, an welchem sich die Landesstände in Pest versammeln sollten. Er selbst nährte heimlich den Vorsatz, seine scheinbaren Ansprüche auf die Hungarische Krone bey dieser Gelegenheit geltend zu machen. Seit einer langen Reihe von Jahren hatte er die höchste Würde des Reiches bekleidet; leicht schien ihm der Übergang von dieser zur höchsten Gewalt: durch den Glanz seines Hauses, durch den Ruhm seiner Verdienste, durch die Verwandtschaft mit dem entseelten Regenten war ihm der Weg dazu gebahnt. Nur die Partey der Corviner war im Stande, Gara's stolze Entwürfe zu vernichten: ihre Erwartungen waren auf ihre Macht und Hunyádi's unsterblichen Nahmen berechnet. Um die erstere zu vergrössern ward Johann von Vitéz nach Prag abgeordnet. Mathias Befreyung und die Anwerbung Böhmischer Kriegsvölker war der Zweck seiner Gesandtschaft; und beydes ward ihm von Podiebrad für eine Summe von vierzig tausend Goldgülden zugesagt.

Von der Hülfe des Statthalters versichert, zog Szilágy mit einem zwanzig tausend Mann starken Heere nach Pest zu dem Landtage, der mit dem ersten Jannar beginnen sollte. Mit ihm vereinigte sich der sämmtliche Adel von Nieder-Hungarn und Siebenbürgen; durch seine Reisi-

gen und die Böhmischen Hülfstruppen wurde das
Heer der Corviner mit zwanzig tausend Streitern vermehrt. Szilágy's mächtiger Anhang
erschreckte den Palatinus; unter dem Vorwande,
daſs es in Pest um die Freyheit der Wahlstimmen geschehen wäre, blieb er mit den Ständen
aus Ober-Hungarn in Ofen zurück. Indessen
bereitete Szilágy mit seinen Vertrauten die anwesenden Wahlherrn zu seinen Absichten vor.
Hoffnung und Furcht gaben seinen Gründen Stärke; von ihnen durchdrungen, betheuerten sie
einmüthig, daſs sie eher ihr Leben aufopfern, als
einen Ausländer auf den Thron des Vaterlandes
erheben würden. Freyer sprach nun die Partey der Corviner von Gara's geheimen Entwürfen; niemand zweifelte mehr in Pest daran,
der Palatinus wäre von dem Kaiser oder von
dem Könige der Pohlen bestochen, um Hungarn
zu verrathen, und die Freyheit und Ehre der
Nation zu verkaufen. Die erbitterten Stände
verordneten eine Gesandschaft nach Ofen; die
Magnaten wurden ersucht, alle persönliche Gehässigkeit abzulegen, und sich mit den Pester
Wahlherrn zur Wiederherstellung der allgemeinen
Wohlfahrt zu vereinigen. Nachdrücklich ward
ihnen an das Herz gelegt, dieſs wäre das einzige Mittel die Gefahr des Unterganges von dem
Reiche abzuwenden, in die es die fortdauernden

Auftritte der Zwietracht stürzen würden. Sie wurden für verantwortlich erklärt, wenn ihre hartnäckige Weigerung die kaum unterdrückte Flamme des Bürgerkrieges wieder anfachen sollte, und die Söhne des Vaterlandes, die sich jetzt nur zur Beschützung der gemeinschaftlichen Rechte und Freyheiten unter Waffen versammelt hätten, ihr Schwert über die Häupter ihrer aufrührischen Brüder zücken müssten.

Die Hindernisse, welche die Natur selbst den Absichten der Verbündeten in den Weg gelegt hatte, befestigten den Muth des Palatinus; er verwarf alle friedliche Vorschläge, weil die mit Eisschollen ganz bedeckte Donau seinen Gegnern jede Unternehmung der Gewalt unmöglich gemacht hatte. Aber plötzlich verschwand der Traum seiner Sicherheit; der zunehmende Frost hemmte den Lauf des Stromes, und gründete den Patrioten die Bahn in die Hauptstadt des Reiches. An der Spitze zehn tausend muthiger Streiter hatte sich Szilágy derselben bemeistert. Verbannung, Gefangenschaft oder Tod harrte derjenigen, die noch länger sich weigern würden, Gara's Partey zu verlassen, und sich mit den Ständen in Pest zu vereinigen. Niemand getraute sich dieser ernsthaften Aufforderung zu widerstehen, niemand, ihr unbedingt zu folgen. Furchtsam und unentschlossen nahmen sie zu dem päpstlichen Legaten ihre Zuflucht; die Heiligkeit seines Amtes und die Macht seiner Beredsamkeit sollte den aufgebrachten Rächer der Corviner besänftigen, und ihn zu einer eidlichen Versicherung bewegen, daſs er des Ladislaus Corvinus unschuldigen Tod, und überhaupt keine, dem Hunyádischen Geschlechte zugefügte Beleidigung rächen; daſs er die Urheber und Theilnehmer derselben weder jetzt auf dem Landtage, noch in Zukunft unter was immer für einem Vorwande gerichtlich verfolgen wolle. Nachsicht und Verzeihung gehörte zu Szilágy's geheimen Plan; feyerlich beschwor er in seinem, Elisa's und Mathias Nahmen, was von ihm verlangt wurde. Eine öffentliche Urkunde, von ihm unterzeichnet, verbürgte den Schuldbewussten die Aufrichtigkeit seines Eides.

Mit Zuversicht folgten ihm nun, der Palatinus, die Prälaten und Baronen des Reiches zu dem wichtigen Wahlgeschäfte. Die von ihm entworfene Form der Comitien ward vorgelesen und einhällig gut geheissen. Die Berathschlagung begann. Vor der Stimmensammlung schloſs das bewaffnete Heer auf Szilágy's Befehl um die Wahlherrn einen Kreis. Er selbst trat in die Mitte der Versammlung, und forderte sie auf, frey und ohne Rücksicht auf das Geschlecht des verklärten Königs zu wählen. Er bemühte sich

zu erweisen, dafs Hungarn durch siebzig Jahre
unter ausländischen Königen mehr die drücken-
den Fesseln einer schimpflichen Sclaverey, als
die ehrwürdigen Bande einer gesetzmässigen Regierung getragen hätte. Mit einem Feuer, das
alle Herzen für Ehre, Freyheit und Vaterland
entflammte, schilderte er Sigmunds widerrecht-
liche Anmassungen und Gewaltthätigkeiten, Elisabetha's Verräthereyen, Ladislaus Abnei-
gung und Misstrauen gegen die Nation, und die
daraus erfolgte Begünstigung der Deutschen.
»Wählet nun wieder einen Fremden, sprach er, —
»und ladet freywillig auf euern und eurer Söhne
»noch blutenden Nacken das Joch, das Hungarns
»wohlthätiger Genius, zum Trost und zur Freude
»aller Rechtschaffenen in die Gruft des entseel-
»ten Königs hingelegt hat. Krönet einen Frem-
»den und leget dadurch euern Zeitgenossen und
»Nachkommen das schreckliche Geständnifs eu-
»rer Ohnmacht und Verworfenheit ab. Führet
»einen Fremden auf den Thron eurer Väter und
»ringet im Staube nach der Verachtung aller Na-
»tionen, die bis zu unserer siebzigjährigen
»Dienstbarkeit ein tapferes, grosses, ehrwürdi-
»ges Volk in uns verehrt hatten. Diess wün-
»schen Hungarn unter uns, die das Gold des
»Königs der Sarmaten ihres Ursprunges, ihrer
»Ehre, ihrer Vortheile, ihres eigenen Werthes

»vergessen gemacht hat. Dieß fordern Hungarn
»von uns, die durch die Geistesschwäche des
»Kaisers der Deutschen Zwecke zu erreichen hof-
»fen, an welche sie als Männer von Ehre unter
»der Herrschaft Hungarischer Tugend nicht ein-
»mahl denken durften. Der Staat, — rufen sie, —
»ist durch innere Unruhen zerrüttet, seine Kräf-
»te sind erschöpft, die zunehmende Macht aus-
»wärtiger Feinde harret seines gewissen Sturzes,
»um sich mit seinen Trümmern zu bereichern:
»das Steuerruder der Gewalt muſs jetzt einem
»Manne anvertrauet werden, der außer Hun-
»garn noch Kräfte besitzt, sich auf dem Throne
»zu behaupten, Ordnung und Einigkeit unter
»uns herzustellen, den benachbarten Feinden sich
»mit Nachdrucke zu widersetzen. — Hungarn!
»Brüder! Söhne des Vaterlandes! Von einem Sar-
»maten, von einem Österreicher erwartet ihr
»diese Vortheile? Von Ausländern die unter ver-
»armten, unterdrückten, gedemüthigten Nationen
»gebohren, und in dem Schwindel des Eigensin-
»nes und der Alleinherrschaft erzogen, zu
»schwach, zu niedrig, zu stolz sind, das Heilig-
»thum unserer Reichsverfassung zu verehren und
»zu bewahren? Casimir, glaubt ihr, der auf
»seinem angeerbten Throne wankt, würde sich
»auf dem Throne unserer Väter behaupten, auf
»den er keine andern Ansprüche hat, als daſs er

„der Gemahl der Schwester eines Königs ist, bey
„dessen Grabe nie eine Hungarische Thräne flies-
„sen wird? Könntet ihr eure Knie vor ihm beu-
„gen, ohne euern eigenen Werth zu verläugnen,
„ohne euerm eigenen Verdienste Hohn zu spre-
„chen, ohne dadurch auf die schimpflichste Art
„zu erklären, dafs ihr mit Johann von Huny-
„ád euern letzten Helden dem Reiche der Ver-
„wesung und der Vergessenheit übergeben habt?
„— Friedrich der Dritte soll Ruhe und Ord-
„nung unter uns wieder herstellen? Durch
„welche Mittel? Durch gesetzgebende Klug-
„heit? Welche Beweise gab er bis jetzt davon?
„Soll ich euch die Verwirrung darstellen, die in
„seinem eigenen Hause herrscht? — Ansehen
„und Gewalt werden ersetzen, was an Geistes-
„grösse und Klugheit ihm mangelt. — So tief
„sind wir gesunken? Das Ansehen und die Ge-
„walt eines Ausländers ohne Seele soll unter uns
„bewirken, was Vaterlandsliebe, Grossmuth und
„Achtung für das Gesetz bey unsern Vätern her-
„vorgebracht hatte? — Friedrich der Dritte,
„hoffet ihr, würde der furchtbaren Macht der
„Osmanen Trotz biethen? Vielleicht, wenn sie
„vor den Goldtonnen stünden, die sein unersätt-
„licher Geitz, durch Erpressung und Wucher von
„unserm Eigenthume aufgehäuft haben würde:
„vielleicht, wenn er einen wälschen Goldkocher,

»einen Kleinodienhändler, einen Sterndeuter oder
»Schwarzkünstler mit dem Heerführerstab beloh-
»nen oder bezahlen wollte. — Huldiget der
»Vernunft und den Gesetzen, Hungarische Män-
»ner! leget das Zepter in die Hände desjenigen
»von uns, auf den euch Tugend und Vaterland
»hinweisen; und der Parteygeist ist entflohen,
»die Ordnung unter uns wieder hergestellt, wir
»sind auswärtigen Feinden furchtbar und un-
»überwindlich. Wer wird das Band der Bruder-
»liebe reiner und fester, wer den Bürgergeist un-
»ter uns wärmer und thätiger erhalten, als einer
»unserer Mitbürger, in dessen Absichten wir kei-
»nen Verdacht setzen können, wenn er das Man-
»gelhafte unserer Verfassung durch weise Verord-
»nungen verbessern will; dessen Seele patrioti-
»scher Heldenmuth, nicht der niedrige Wunsch,
»durch Verletzung unserer Rechte sich selbst zu
»vergrössern, begeistern wird, wenn er uns ruft,
»für das Vaterland aufzusitzen, und auf den
»Schauplatz der Ehre, der Gefahr und des Sieges
»ihm zu folgen; den die ganze Nation von der
»Wiege an kennt, der die ganze Nation für sei-
»nen Richter erkennen muss, sobald er vergisst,
»dass die ihm anvertraute Gewalt das unstreitige
»Eigenthum aller Hungarn sey; der nur unsern
»vereinigten Willen zum Reichsgesetze erheben,
»und unsere richterlichen Aussprüche fürchten

»und verehren wird, weil er ausser Hungarn kein
»Reich mehr hat, dessen Unterthanen er wider
»uns anführen könnte.«

Eine grosse Mehrheit der Stimmen unterbrach ihn; er selbst ward zum Könige ausgerufen: diess, glaubten die Wahlherrn, wäre das Ziel, nach welchem Szilágy's bewaffnete Beredsamkeit getrachtet hätte. Er las diesen Irrthum in ihren Herzen und geboth Stillschweigen, um sie über seine wahren Gesinnungen und Absichten aufzuklären. In den herrlichsten Zügen stellte er ihnen das Bild der Zeiten dar, in welchen Johann von Hunyád das Steuerruder des Staates geführt hatte. Diese glücklichen Zeiten, sagte er, diese heitern Tage der Ehre, des Ruhmes, des Heldenmuthes würden wiederkehren; wenn sie Hunyády's würdigen Sohn aus dem Gefängnisse auf den Thron des Vaterlandes erheben wollten. — Szilágy hielt inne, forschend sah er umher. Kein Laut ward in der ganzen Versammlung gehört. Allgemein war das Erstaunen, in welches der unerwartete Vorschlag die Gemüther versetzt hatte. Der Ban benutzte den Augenblick, um seinen Vorschlag mit Gründen zu unterstützen. Hunyády's unsterbliche Thaten waren noch unbelohnt; nicht genug, dafs er selbst gegen die Ränke und Nachstellungen seiner Verfolger bis an sein Ende kämpfen musste, auch sein älterer Sohn ward unschuldig zum Tode geführt: im Nahmen des Vaterlandes forderte Szilágy die Magnaten auf, diesen Flecken der Undankbarkeit durch Mathias Erhebung auszulöschen. Er machte sie aufmerksam auf die grossen Talente und Vorzüge des Jünglings; nichts konnte dem Gewichte derselben entgegengesetzt werden, als die Niedrigkeit seiner Herkunft und seine Jugend. Szilágy kam diesen Einwendungen zuvor; er wog Hunyády's Verdienste gegen eine Reihe thaten- und ruhmloser Ahnen ab, und die Dunkelheit der Geburt des Mathias verschwand. Auch der Vorwurf der Jugend war bald gehoben. Jünger als Mathias war Albrechts Sohn, als ihm Hungarns graue Helden und Staatsmänner als ihrem Könige huldigten; er hatte nichts für sich, als dafs er der Erbe eines deutschen Fürsten war, der eine zu kurze Zeit über Hungarn herrschte, um Gutes oder Böses zu thun, und seinem Sohne mit den Vortheilen der Geburt auch die Ansprüche väterlicher Verdienste zu hinterlassen: warum wollte man jetzt dem Vorwande der Jugend so viel Kraft wider einen hoffnungsvollen Jüngling geben, dessen Vater das Vaterland und Europa gerettet hat? Die Magnaten sollten aus ihrem Mittel einen Statthalter ernennen, ohne dessen Rath der junge König nichts unternehmen dürfte; und damit wäre den Übeln vorgebeugt, die nur diejenigen von ihm befürchten könnten, welche die Stärke seines Geistes, die Grösse seines Herzens, die Festigkeit seines Charakters nicht erkennen wollten. Übrigens betheuerte er, dafs er weit entfernt wäre, Hunyády's Sohn den Ständen aufzudringen, dafs er nur darum für ihn gesprochen hätte, um den in Parteyen getheilten Wahlherrn einen sichern Vereinigungspunct anzuzeigen.

– Ein grosser Theil der Magnaten erklärte sich für Mathias; diesem würden die übrigen ohne Widerstand beygetreten seyn, wäre nicht durch Gara's Kunstgriffe die Berathschlagung abgebrochen, und die Stimmensammlung auf den folgenden Tag verschoben worden. Unter dem Vorwande der Wichtigkeit des Geschäftes, weigerte sich der Palatinus die Stände vor vierzehn Tagen zu versammeln; bis dahin, glaubte er, würden die Gesandten des Kaisers, oder des Königs von Pohlen erscheinen, um die Ansprüche ihrer Gebiether auf den Hungarischen Thron zu behaupten. Aber weder Friedrich noch Casimir war jetzt in der Lage diess Ziel zu verfolgen. Indessen bemühte sich der päpstliche Legat, die Partey der Corviner zu vermehren; Gara verlor seinen Anhang; der Prälatenstand, die Stände von Nieder-Hungarn und Siebenbürgen,

gen, die Bevollmächtigten der freyen königlichen Städte verlangten Hunyády's Sohn zum Könige. Szilágy erklärte die vereinigte Stimme der Nation für eine rechtmässige Wahl; und als Rebell oder Verräther gebrandmarkt, sollte jeder unter den Händen des Blutrichters sterben, der sich derselben noch länger widersetzen würde. Der Palatinus ward gezwungen die Stände zur Bestätigung der Wahl zu versammeln. Um allen Schein des Zwanges und der Gewaltthätigkeit zu entfernen, zog das Heer auf Szilágy's Befehl aus, und stellte sich auf der gefrornen Donau in Schlachtordnung. Noch einmahl wagten Gara, Ujlak und Banfi mit dem Glücke der Corviner den Kampf. Unerschöpflich an Ränken, wussten sie durch tausend Schwierigkeiten und Vorstellungen die Wahlherrn um die Zeit zu betrügen, und die endliche Entscheidung zu verzögern. Schon nahte der Abend heran, und noch war es zweifelhaft, ob Hungarn in Mathias seinen Freund, oder in Gara seinen Herrn würde verehren müssen. Das Heer entschied. Des Zauderns der Versammlung und des harten Frostes überdrüssig, ruften die Kriegsscharen mit einhälliger Stimme Hunyády's Sohn zum Könige von Hungarn aus. Beherzt, und von ihrem Entschlusse begeistert, zogen sie in die Stadt, um die streitenden Parteyen zur Übereinstimmung mit ihnen einzuladen. Die gebiethende Stimme vierzig tausend bewaffneter Männer erschütterte die Magnaten; alle Hindernisse waren gehoben, alle Einwendungen widerlegt; der Nahme Mathias erscholl auf allen Strassen und Plätzen; vereinigt wiederholte die Versammlung den entscheidenden Ausruf des Vaterlandes.

Auf Gara's Vorschlag ward Szilágy von den Ständen zum Statthalter des Reiches ernannt. Im Nahmen des Königs unterschrieb und beschwor dieser die Wahlcapitulation, ein Kunstwerk des Palatinus, wodurch der Zunder der Zwietracht beständig unterhalten ward. Viele, darin enthaltene Forderungen waren übertrieben, andere ungerecht, viele äusserst schwer, und gerade zum Verderben des Reiches gerichtet. Schweigend überging sie der Statthalter, weil er hoffte, Mathias Scharfsinn würde Mittel finden, sich ihrer Last zu entledigen.

Gleich nach der Wahl zog eine zahlreiche Gesandschaft nach Prag, um dem Jünglinge seine Erhebung zu verkündigen, und ihn in die Arme seiner Verwandten, Freunde und Beförderer zu führen. Von Podiebrad und seinen Edeln begleitet, erschien er in Strassnitz. Dort drückte ihn Elisa von Hunyád mit wonnevoller Zärtlichkeit an ihr mütterliches Herz; dort empfing ihn segnend sein Lehrer und Freund; dort wünschte ihm Szilágy an der Spitze bewährter

Helden und Patrioten, im Nahmen der Nation
Glück, Kräfte und Muth zur Erfüllung seiner
Herrscherpflichten; dort huldigte ihm jauchzend
das Heer, das zu seiner Begleitung nach Hungarn
bestimmt war; dort unterzeichnete seine Mutter
und sein Oheim das Eheverlöbnifs, welches er in
Prag mit Podiebrads Tochter geschlossen hatte, und das jetzt das Bündnifs der Freundschaft
zwischen ihm und dem Statthalter von Böhmen
versiegeln sollte.

Von seinem Heere und seinen Getreuen umgeben, zog er nun in die Hauptstadt des Reiches.
Aus allen Städten und Dörfern drängte sich das
Volk herzu, um seine aufrichtige Theilnehmung
an dem Glücke des Heldensohnes zu bezeigen,
der kurz zuvor als ein wehrloser Knabe die Fesseln seines Verfolgers getragen hatte. Huldigend
warfen sich Greise, Männer, Weiber und Kinder
auf die Knie vor ihm hin; von allen Seiten ertönten die Segenswünsche der frohlockenden
Menge. Unter unaufhörlichem Jubelgeschrey
warfen ihm einige ihre Kleider in den Weg; andere stritten sich um das Glück, den Saum seines Mantels, die Scheide seines Säbels, die Zügel seines Rosses zu berühren. Durch Schönheit
hatte ihn die Natur zum Beherrscher der Menschen geweiht, sein holdes Betragen verstärkte
die Eindrücke, die sein Anblick in allen Herzen
zurückgelassen hatte. Das sanfte Gepräge einer

theilnehmenden, gefühlvollen Seele milderte die Hoheit, die von seinem Antlitze zurückstrahlte: gerührt both er jedem die Hand, der sich ihm näherte. Die zärtlichen Nahmen, Vater, Bruder, Schwester, flossen mit bezaubernder Anmuth von seinen Lippen; so hatte sie der bidere, treuherzige Hungar von seinem Könige noch nie gehört: Betheurungen der aufrichtigsten Liebe waren der angenehme Wiederhall derselben in seiner redlichen Seele; wo Mathias sich zeigte, erhielt er die thätigsten Beweise davon.

MATHIAS CORVINUS.

ZWEYTES BUCH.

MATHIAS COLVINE

CHAPTER III.

Gewaltsam hatte Szilágy's Ehrgeitz den Heldensohn auf den Gipfel des Glückes emporgeschwungen; schwerer war es, sich darauf zu erhalten, als ihn zu erreichen. An der Spitze einer stolzen, muthigen, ihres Werthes sich bewussten Nation stand Mathias als König; Mächtige sollten ihm jetzt gehorchen, die weder das Recht noch die Fähigkeit zu herrschen und zu befehlen an ihm erkannten. Männer, die im Dienste des Vaterlandes grau geworden waren, sollten auf dem Throne von Hungarn einen Jüngling verehren, der auf dem Schauplatze des Verdienstes noch nichts als günstige Erwartungen von sich erweckt hatte. Die Grossen des Reiches verachteten ihn im Herzen; gegen Norden und Westen drohte ihm der Neid eifersüchtiger Nachbarn, welche durch seine Erwählung sich zurückgesetzt und ihre Ansprüche gekränkt fühlten; gegen Osten und Süden standen die Osmanen gerüstet, um das in sich selbst erschütterte

Reich zu unterjochen. An den Grenzen desselben hatte er Lehnfürsten, deren oft bewiesene Treulosigkeit gegen seine Vorfahren ihm jede Aussicht auf thätige Unterstützung verschlossen hatte; selbst die Ergebenheit seiner Freunde war nur auf Hoffnungen gegründet, die nicht anders als durch mühsame Anstrengung unter günstigen Umständen erfüllt werden konnten. Aber eben diese mächtigen Hindernisse, eben der muthvolle Kampf, den er mit denselben bestand, eben diese Unerschrockenheit, womit er sich der fürchterlichsten Übermacht entgegen warf, dieser tiefeindringende Scharfsinn, durch den er seine Feinde übertraf, und allen Fallstricken ihres beleidigten Stolzes entrann, diese allumfassende Seelengrösse, durch die er seiner Würde Gewicht, seinen Gesetzen Gehorsam, seinen Unternehmungen Gedeihen zu verschaffen wusste, eben diese seltne Kunst, womit er seinen Geist auf den grössten Theil seiner Reichsgenossen übertrug, die Achtung seiner Feinde erzwang, und die Liebe seiner Getreuen standhaft erhielt, wird uns Hunyádi's Sohn auf dem Throne um so ehrwürdiger zeigen, je weniger angeerbte Rechte und erborgte Vorzüge ihn auf dem Wege zur Grösse begünstiget hatten.

Noch war die Krone des Reiches in Friedrichs Händen; schwankend war die Gewalt und das Ansehen des Königs, so lange ihn die

Nation mit diesem Kleinode nicht geschmückt
hatte: die Auslösung desselben musste Mathias
wichtigste Sorge seyn. Von drey Magnaten begleitet, zog Vitéz zu dem Kaiser, um die Bedingungen festzusetzen, unter welchen dieser
die Krone ausliefern, und die Ländereyen in
Nieder-Hungarn abtreten sollte, welche die Königin Elisabeth an ihn verpfändet hatte. Friedrichs Habsucht trotzte der Klugheit und Beredsamkeit des Bischofs; selbst die ernsthafte
Kriegserklärung, womit Vitéz die Unterhandlungen schloſs, erschreckte den ruheliebenden
Kaiser nicht, weil ihm Gara, Ujlak und Banfi
zu gleicher Zeit ihres thätigen Beystandes hatten
versichern lassen.

— Von eben diesen rachgierigen Grossen ermuntert, kündigte Giskra von Brandeis dem
Könige den Gehorsam auf, den er ihm durch
Podiebrads Vermittlung in Strássnitz feyerlich
versprochen hatte. Caschau, Leutschau, Barth-
feld und Eperies unterwarfen sich seiner Übermacht; alles was sich ihm widersetzte, fiel der
verheerenden Wuth der Böhmischen Räuberhorden. Über Ofen weg zog der Rauch der bren-
nenden Dörfer und Städte. Bis in den Pallast
drang das Wehklagen der Unglücklichen, die unter der Aussicht auf ein jammervolles Leben
ihren Heerd und ihre Felder der Verwüstung
überlassen mussten. Mathias sendte Sebastian

von Rozgon, wider den Treulosen aus; Ladislaus von Hedervár und Blasius Magyar vereinigten sich mit dem Helden; und bald sah Giskra seine Haufen geschlagen, seine Raubschlösser zerstört, seinen Übermuth gedemüthiget und bestraft. Gabriel von Verona unterstützte mit seiner Beredsamkeit den Muth und das Waffenglück der siegenden Rächer. Durch die feurigen Ermahnungen des Priesters begeistert, nähten Giskra's eigene Unterthanen das Kreuz auf ihre Schultern, ergriffen fünf tausend an der Zahl, die Waffen, und zerstreuten die Rotten, die ihrem hussitischen Herrn aus Böhmen zu Hülfe geeilet waren.

Dieser glückliche Ausgang, noch mehr aber Mathias unruhiger, unternehmender Geist hatte in ihm, den Wunsch, mit den Osmanen das Kriegesloos zu wagen, in den thätigsten Willen verwandelt. Von mehrern Seiten angegriffen, und durch einige Niederlagen geschwächt, war Mohammed gezwungen den König um einen Waffenstillstand zu bitten. Das Verlangen des Sultans erhöhte den Stolz und den Muth des jungen Monarchen; Calistus des dritten nachdrückliche Vorstellungen und glänzende Verheissungen bestimmten ihn zum Entschlusse, für welchen schon das Gefühl seiner Kraft und die Kleinmuth des Feindes so deutlich gesprochen hatten; gegen Szilágy's Gutachten entschied er für den Krieg. Vergebens stellte ihm der erfahrnere Oheim vor, daß die Unruhen im Innern des Staates nur unterdrückt, nicht aufgehoben wären: daß die erstickte Flamme der Zwietracht nur fürchterlicher ausbrechen würde, sobald ihn die Missvergnügten an den Grenzen des Reiches in auswärtige Kriege verwickelt sehen würden; daß der königliche Schatz durch untreue Verwaltung gänzlich erschöpft wäre; daß der Bürgerkrieg, die Lösegelder, der Stimmenkauf auch das Vermögen seiner Mutter und seiner Freunde merklich vermindert hätten; daß er also gezwungen wäre Subsidien auszuschreiben und die Auflagen zu erhöhen, wodurch er nur die Zahl seiner Feinde im Innern vermehren würde: Mathias hatte für die Stimme des Freundes kein Gehör. Auf die Trophäen seines Vaters war sein Blick geheftet: durch kühne, ruhmvolle Thaten, sagte er, nicht durch furchtsam zaudernde Politik müsste er sich die Achtung und Ergebenheit der missvergnügten Grossen erwerben, und sich in dem Besitze des Thrones befestigen. Der Statthalter beharrte auf seiner Meinung, er bath, drohte, ward heftig, beleidigte sogar; aber alles war zu schwach, die kriegerischen Gesinnungen des Königs zu mässigen. Der Waffenstillstand blieb den Barbaren versagt; in Mathias stolzer Erklärung, daß er zwar der Freund; aber nie das leidende Werkzeug seiner Rathgeber seyn wolle, erkannte Szilágy, wie gewaltig seine patriotische Sorgfalt den Unwillen seines Neffen gereitzt hatte.

Erwünscht war dieser Vorfall den Feinden des Statthalters. Schon lange war eine zahlreiche Partey auf den Sturz dieses grossen, tapfern, rechtschaffenen Mannes bedacht; um ihn gewisser zu bewirken, hatte sich der Palatinus auf dem Landtage als seinen eifrigsten Beförderer zur Statthalterschaft gezeigt. Gara kannte Mathias ungestümen, herrschsüchtigen Geist; er hatte vorhergesehen, welches Ansehen und Gewicht Szilágy über den jungen König sich geben, wie er in ihm nur den Jüngling, den Neffen, den Clienten, nicht seinen Gebiether und König betrachten würde. Mit Gewißheit rechnete er darauf, daß Mathias keines Menschen Herrschaft weniger als die seines Oheims zu ertragen geneigt wäre; weil sein stolzes Selbstgefühl, und das Bewusstseyn, daß er ihm seine Macht und seinen Glanz zu verdanken habe, ihm auch die heilsamsten Rathschläge des Statthalters als Befehle, und jeden Widerspruch als eine Forderung der Unterthänigkeit und Beleidigung seines königlichen Ansehens darstellen würde. Szilágy's Fall, dachte Gara, müsste nothwendig Mathias Untergang nach sich ziehen. Das unverdiente Schicksal des würdigen Mannes, die Undankbarkeit des Jünglings gegen seinen Wohl-

thäter müsste die Liebe und Anhänglichkeit seiner Freunde in Haß und Erbitterung verwandeln; von seinen Getreuen verlassen, würde er
bald von der Höhe herabsinken, auf die er
durch Gewalt und durch Zurücksetzung seiner
verdienstvollern Mitbürger war erhoben worden.
 Mit vereinigter Thätigkeit wirkten die Vertrauten des Palatinus zu diesem Ziele. Ihr Betragen gegen den König war das feinste Gewebe
von Häucheley, in das sie ihn zu seinem und
Szilágy's Verderben verwickeln wollten. Kein
günstiger Umstand entging ihrer Aufmerksamkeit,
bey welchem sie ihm den hohen Grad ihrer Achtung, Liebe und Bewunderung bezeugen konnten.
Mit erkünstelter Begeisterung für das allgemeine
Beste machten sie ihm die heilsamsten Vorschläge zur Wiederherstellung der Ordnung, zur Vermehrung des Schatzes, zur Verwaltung der Gerechtigkeit, zur Verbesserung des Kriegswesens;
aber jeden seiner Wünsche, der zur Ausführung
derselben gerichtet war, unterdrückte das Ge-
ständniß ihres Unvermögens, weil Szilágy's
überwiegende Gewalt ihre Wirksamkeit hinderte.
Unerschöpflich an Ränken, erdachten sie die
gräulichsten Auftritte der Unordnung und Gesetz-
losigkeit, die Szilágy's unbegrenzte Herrschsucht in den Provinzen und entlegnern Gespannschaften sollte veranlasst haben. In jede Angelegenheit, deren Ausgang ungewiß, oder den Er-

wartungen des Königs ungünstig war, suchten
sie den Statthalter zu verflechten; von jedem
unglücklichen Erfolge wussten sie den wichtigsten Theil der Schuld auf den Gerechten zu wälzen. Alle diese Schlingen zerriſs Mathias
durchdringender Scharfsinn. Szilágy's Verleumder fanden bey ihm Gehör, aber verschlossen
war ihnen der Zutritt zu seinem Herzen. Seine
angenommene Leichtgläubigkeit machte sie zutraulich; sie frohlockten über seine Schwäche in
dem Augenblicke als er in ihren Kunstgriffen die
Niedrigkeit ihrer Seelen anschaulich erkannte, und
der Gelegenheit sie zu entlarven, mit weiser Mässigung harrte.

Nie wäre es den Verworfenen gelungen, den
hellsehenden Monarchen zu einem übereilten
Entschlusse über seinen Wohlthäter zu verleiten,
hätte diesen nicht selbst die Freymüthigkeit, womit er jeden gewagten Schritt des Jünglings tadelte, die Ängstlichkeit, wodurch er den Kühnen in seinem Laufe hinderte, die Heftigkeit,
mit welcher er Achtung und Beyfall für seine
Meinungen forderte, die Festigkeit, womit er auf
seinen Entscheidungen beharrte; hätten ihn nicht
den Einsichten, Leidenschaften und Entwürfen
des Königs gerade entgegengesetzte Vorzüge und
Fehler des Geistes dem Abgrunde näher geführt,
in den ihn die wachsame Bosheit seiner Verfolger nie würde gestürzt haben. Schon waren er-

bitternde Vorwürfe von einer, heftige Ausbrüche des Unwillens von der andern Seite das Ende jeder Berathschlagung, in die sich Mathias mit dem erfahrnen, behutsam und sicher schreitenden Statthalter eingelassen hatte. Nie folgte jener der Stimme der Pflicht und des Rechts, wo ihm dieser nicht mit dem Verluste des Thrones und allen Schrecknissen der Rache einer empörten Nation gedrohet hätte.

Der Schatzmeister des Reiches hatte sich einiger Nachlässigkeiten in Verwaltung der Einkünfte des Staates schuldig gemacht; die freyen königlichen Städte, die seiner Gerichtsbarkeit unterworfen waren, hatten ihn gewaltsamer Erpressungen angeklagt; seine Vergehungen waren erwiesen: Mathias entsetzte ihn seiner Würde, und verurtheilte ihn zu einer beträchtlichen Geldbusse, die den Städten zum Ersatze ihres gekränkten Wohlstandes entrichtet werden sollte. Niemand war mit diesem Ausspruche unzufriedner als Szilágy: »Wäret ihr im königlichen Purpur geboren worden, — sprach er, — hättet ihr euch schon durch »eine Reihe glänzender Thaten des Zepters wür- »dig gezeigt; so wäre dennoch euer Urtheil nur »der Ausspruch tyrannischer Vermessenheit. Der »Ersatz des Schadens, den Perény's Erpres- »sungen den Städten zugefügt haben, ist Stra- »fe genug.

Mathias. Ist Pflicht.

Szilágy. Über einen Reichsbaron sprach ihr das Urtheil.

Mathias. Die Gerechtigkeit wiegt das Verbrechen, ohne das Gewicht des Verbrechers zu untersuchen.

Szilágy. Die Festigkeit euers Glückes ist an die Treue der Reichsbarone geheftet.

Mathias. Und das Glück des Vaterlandes an die Kraft der Gesetze. Kann mein Eifer für diese mein Glück wanken machen, so war es Traum, nicht Wirklichkeit; und ich bin nicht mehr König einer gesitteten Nation, sondern der Sclave eines werthlosen Haufens.

Szilágy. Nur Klöster und Pfaffengemeinden können nach diesen Grundsätzen beherrscht werden. Gara hat sein Spiel gewonnen. Männer, die das Vaterland Helden und Väter nannte, bevor ihr noch beten konntet, werden die Absezzung eines Reichsbarones an dem übermüthigen Knaben zu rächen wissen.

Mathias. Der Knabe wird Mittel finden, die Rache dieser Helden und Väter zu entwaffnen.

Szilágy. Nehmt die Wage der Klugheit, legt in die eine Schale eure Herkunft, eure Jugend, eure Schulweisheit, euern Witz, eure Verschlagenheit, alles worauf euer Hochmuth sich gründet; in die andere Perény's Geschlecht, Verdienste, Macht und Verbindungen: wenn bey diesem Wägen der Rausch eurer stolzen Zuversicht

sicht nicht verdampfet, so lasset euch von euerm Beichtiger die Geschichte von Belsazers Mahle vorlesen. Die Hand des Verhängnisses ist über euch ausgestreckt; euer Reich ist gezählt, vollendet, zertheilet.

Mathias. Ehe diess geschieht, werd' ich euch noch zeigen müssen, wie gewaltig ihr euch verrechnet habt, wenn ihr dachtet, Hunfgarns Männern meinen Nahmen zur Losung eurer eigenen Herrschbegierde zu machen.

Szilágy. Meinen Nahmen, meine Ritterehre verpfändete ich für euch an das Vaterland; ich führte euch auf den Thron, weil ich hoffte, ihr würdet den Ruhm des Hunyádischen Nahmens verewigen. Aber bis jetzt zielte jeder eurer Schritte zur Entkräftung meiner Bürgschaft und zur Vernichtung eueis väterlichen Ruhmes.

Mathias. Ihr urtheilet von der Kraft und dem Zwecke eines Kunstwerkes, dessen Triebfedern für eure Augen zu fein sind. Wie könnt ihr das Ziel meiner Schritte bestimmen, so lange euch meine Absichten und Entwürfe verborgen sind?

Szilágy. Ich will euch meine Meinung recht trocken sagen. Eure Begünstigung der Pfaffen macht euch den weltlichen Ständen verhasst.

Mathias. Ich ertheile ihnen nur Rechte, die nichts einbringen, und Vorzüge, die mit keiner Gewalt verbunden sind; dadurch werden sie in

Stand gesetzt, durch die Fesseln der Meinung
die weltlichen Stände in Schranken zu erhalten.

Szilágy. Euer Plan die Osmanen anzugreifen und das Grab des Welterlösers zu erobern ist riesenhaft und verderblich; er verzehrt die wenigen Kräfte, die euch dienen könnten, eure einheimischen Feinde zu entwaffnen.

Mathias. Mein Plan ist gut und vortheilhaft; er lässt die Priesterschaft hoffen was sie will, damit sie mir leiste was ich wollen muſs,

Szilágy. Alle eure Handlungen tragen das Wahrzeichen der Übereilung und Unbesonnenheit.

Mathias. Das dauerhafte Gepräge der Zuversicht. Ich bin zu jung und zu gesund, als daſs ich Furcht und Unentschlossenheit für Töchter der Klugheit halten könnte.

Szilágy. Männer, die einst der Partey des Palatinus wider euch anhingen, klagen mit Recht über Zurücksetzung.

Mathias. Sie beweise ihnen, daſs ich sie nicht fürchte.

Szilágy. Ihr strebt nach unbegrenzter Herrschaft; wüthende Ungeheuer werden euch in ihren Irrgängen verschlingen: Despot ist der Nahme, unter welchem euch die Geschichte der Vergessenheit entreissen, und dem Abscheu der Nachwelt Preis geben wird.

Mathias. Das kann geschehen, wenn meine Kraft selbstständig zu handeln unter dem vergif-

teten Hauche niedriger Schmeichler, oder unter
dem Drucke eigensinniger Rathgeber und Zuchtmeister verloren geht; wenn ich mich von Männern lenken lasse, deren Rathschläge nur ihren
selbstsüchtigen Entwürfen zur Hülle dienen; von
Männern, deren Augen für den Überblick des
Ganzen zu blöde sind; die folglich dem Allgemeinen schaden, wo sie dem Einzelnen nützen
wollen.

Szilágy. Unter diesen weiset mir eure Re-
gentenklugheit meinen Platz an? O lasset euch
von euerm Herzen oder von euerm Grosswardei-
ner sagen, wie grofs das Verbrechen der Undankbarkeit in einem Könige sey!

Mathias. Wie geriethet ihr auf diesen Vorwurf?

Szilágy. Leider, es gibt Wohlthaten, in deren Glanze man den im Dunkeln stehenden Wohlthäter gänzlich aus dem Auge verliert. So eine
glänzende Wohlthat ist die Erhebung aus dem
Gefängnisse auf den Thron.

Mathias. Gebt dem Dinge den rechten Nahmen; nicht Wohlthaten habt ihr mir erwiesen,
Pflichten habt ihr mir auferlegt; mir, euch und
dem Vaterlande bin ich es schuldig, sie trotz
dem Irrthume derjenigen, die den Thron für
einen Gegenstand der Wohlthätigkeit ansehen,
trotz der Zaghaftigkeit derer, die vor jeder Aufforderung zu einer rechtschaffenen That ihre

Vortheile mit der Tugend auf die Wagschale legen, nach meinen besten Einsichten zu erfüllen. Strenge Gerechtigkeit ist des Fürsten erste und heiligste Pflicht; mein Urtheil über Perény ist ihr unveränderlicher Ausspruch: ihr haftet mir für die Vollziehung.

Szilágy. Euer Wille soll erfüllt werden; nur wenn euch das Schicksal trifft, welches euer Eigensinn der Reife entgegentreibt, so vergesst der Wahrheit nicht, die ich als Greis von euch erst lernen musste: wer mehr als gewöhnliche Kräfte hat und sie einem Könige auf Zinsen borgt, der gleicht einem Krieger, der seine Waffen dem fliehenden Feinde für Brot verkauft.

Mehr als Szilágy's Bitterkeit empfand Mathias einen Verlust, wodurch er sich der mächtigsten Stütze seiner Herrschaft beraubt sah. Calistus, des Hunyádischen Geschlechtes wärmster Freund und eifrigster Beförderer war nicht mehr. Unter dem Nahmen Pius des zweyten, beugte Äneas Sylvius im Geiste der Demuth seinen Nacken unter das Joch apostolischer Dienstbarkeit, das ihm auf Eingebung des heiligen Geistes nach einem geheimen und erschrecklichen Gerichte Gottes aufgelegt ward. In diesem häuchlerischen Tone verkündigte der neue Vater der Christenheit dem Könige der Hungarn seine Erwählung, und versicherte ihn seines ganz besondern Schutzes und Beystandes. Mathias kannte den Geist des römischen Hofes zu gut, als daſs er auf die andächtigen Wortspiele und prächtigen Verheissungen des römischen Priesters seine Zuversicht gegründet hätte. Pius Anhänglichkeit an Friedrich, der ihm den Weg zu dem päpstlichen Stuhle gebahnt hatte; sein unermesslicher Stolz, dem jeder Wirkungskreis zu enge, kein Entwurf zu groſs, kein Ziel zu erhaben war; seine undurchdringliche Staatskunst, die, unter den verworrnen Verhältnissen der Höfe gebildet, ihn auch durch die dunkelsten Wege der List und Cabale sicher und gewiſs zu seinem Zwecke führte, hefteten den Scharfblick des jungen Monarchen an sich, und hielten den gefährlichen Schlummer des Selbstbetruges von ihm entfernt. Die hochfliegenden Wünsche des Hierarchen waren ihm bekannt; unter der Fahne des Kreuzes vereinigt, sollten alle christliche Fürsten nach Thracien und Palästina ziehen, um dort das orientalische Kaiserthum wieder herzustellen, hier die geheiligten Gefilde von dem Gräuel der Ungläubigen zu reinigen, und sie als einträgliche Domainen der päpstlichen Kammer dem heiligen Petrus zu unterwerfen. Mathias zeigte sich als den thätigsten Theilnehmer und Beförderer dieses grossen, gottgefälligen Werkes. Auf dem Landtage zu Szegedin ward der Feldzug wider die Barbaren beschlossen. Furchtbare Zurüstungen wurden angeordnet, der hohe und niedere Adel, die Prälaten und Lehnträger der Kirchen, unterzogen sich willig der Pflicht, eine bestimmte Anzahl Krieger in das Feld zu stellen. Der zwanzigste Landmann sollte den Waffenrock anziehen, und unter dem eigenthümlichen Paniere des Königs für seinen Glauben streiten. Das Recht, die Kriegsmacht des Reiches aufzubiethen, ward dem Könige mit der einzigen Einschränkung heimgestellt, dafs der Adel nicht gezwungen werde, ihm über die Grenzen des Reiches zu folgen, und in eigener Person seine Völker anzuführen.

Jetzt erschien Vitéz in der Versammlung; der Erfolg seiner Gesandschaft an den Kaiser zeigte dem Könige und den Ständen einen gefährlichern Feind, gegen welchen sie die Stärke und das Glück ihrer Waffen versuchen müssten. Nur unter den drückendsten Bedingungen versprach Friedrich die Auslieferung der Hungarischen Krone. Seine ungeheuern Forderungen entflammten den Hafs der Magnaten. Heftiger brach dieser aus, als Vitéz den verrätherischen Briefwechsel vorlas, den Gara und Ujlak mit dem Kaiser geführt hätten. Die beträchtliche Summe, für welche der Bischof eine Abschrift davon erhielt, ward ihm mit Wucher ersetzt. Die Verräther wurden ihrer Würden und Ämter beraubt, ihre Besitzungen dem Fiscus zuerkannt. Ország von Gúth ward zum Palatinus, Giskra's Überwinder zum Wojwoden von Siebenbürgen ernannt. Unter der Strafe des Hochverraths befahl der König, dafs alle Prälaten, Barone und Ritter mit ihren Scharen und Reisigen ihn auf den Kampfplatz gegen den Kaiser begleiten sollten. Niemand als Szilágy hatte den Muth, sich dem kühnen schnellgefassten Entschlusse des Regenten zu widersetzen; er that es mit dem ganzen Gewichte, das sein Alter, seine Verdienste, sein Ansehen seinen Vorstellungen geben konnten: die feyerliche Erklärung, dafs Szilágy die Freyheit hätte, sich von Hofe zu entfernen, weil das Reich keines Statthalters, und der König keines Vormundes mehr bedürfte, war die Wirkung seines patriotischen Widerstandes, die selbst diejenigen erschütterte, die den Augenblick vorher in die Absetzung des Palatinus und des Wojwoden eingewilligt hatten. Sie fürchteten von des Königs gewaltsamer, zur unbegrenzten Herrschaft hinzielender Handlungsart mehr, als von der Macht der Partey, die den Sturz ihrer Häupter an den Urhebern desselben schrecklich zu rächen drohte. Zitternd sahen sie neuen blutigen Auftritten, neuen Verheerungen entgegen. Unter den bittersten Vorwürfen musste der Statthalter bekennen, dafs er sich in seinen Erwartungen von Mathias schändlich betrogen hätte. Auf ihn wälzten sie die Schuld des Verderbens, das die letzten Kräfte des Vaterlandes nächstens verzehren würde. Mit Ungestüm forderten sie von ihm die Erfüllung der grossen Verheissungen, womit er sie in der Wahlversammlung hintergangen, und ihre Stimmen für Hunyádi's Sohn erschlichen hatte.

Noch einmahl wollte es Szilágy wagen, seinen verwegenen Neffen die freymüthige Stimme der Klugheit hören zu lassen, aber alle Wege zu dem Könige waren ihm verschlossen. Auf sein wiederholtes Bitten bestimmte Mathias einen Marktflecken unweit Szegedin zur Zusammenkunft mit ihm. Hungarns Heil trug der Held in seinem Busen; hohe Begeisterung für die allgemeine Wohlfahrt machte ihn beredtsam; jetzt oder nimmermehr sollte der König die Fehltritte erkennen, zu welchen ihn sein jugendlicher Eigensinn, seine wilde Begierde unumschränkt zu herrschen verleitet hatte. Mit stolzer Ruhe und Gelassenheit hörte ihn Mathias an. Szilágy glaubte Zeichen der Rührung und Selbsterkenntniss an ihm zu erblicken; er schwieg, um ihn einige Augenblicke dieser heilsamen Stimmung zu überlassen: aber der unerwartete Befehl, dafs er in Ketten und Banden auf die Festung Világoswár*) geführt, und daselbst der strengsten

---

*) Ein Schlofs auf einem hohen und steilen Felsen in der Zarander Gespannschaft an der Grenze von Siebenbürgen.

Verwahrung der Besatzung übergeben werde, brachte den ehrwürdigen Greis aus seinem Irrthume zurück. Der Ausspruch des Königs ward auf der Stelle vollzogen. Mit Ketten beladen trat Szilágy noch einmahl vor ihn hin: „Diess »Geklirr, sprach er,' — macht meine gerechten »Vorwürfe überflüssig; könnte es auch die stra- »fende Stimme eners Gewissens übertäuben! Mit »mir euerm Wohlthäter habt ihr auch euer Glück, »eure Stärke, euern Ruhm und eure Ruhe in »Fesseln schlagen lassen; der Tod wird sie mir »abnehmen, aber ihr werdet keinen Freund mehr »finden, der die Grundfesten eurer Macht und »euers Daseyns daraus befreyen wird. Das Be- »wusstseyn meiner Thaten versüsst den Wer- »muthbecher, den ihr mir zur Belohnung dar- »gereicht habt. Hört ihr, dafs ich zu euerm Va- »ter heimgekehrt sey, so denket, zärtliche Sor- »gen haben meine Reise abgekürzt, um vielleicht »den erzürnten Weltrichter für euch noch zu be- »sänftigen. Lebt wohl!«

Ohne Antwort liefs ihn Mathias abziehen. Blick, Mienen und Geberden zeigten, dafs der König mit kalter Überlegung handelte. Vitéz war in seinem Gefolge, er wünschte die Gründe zu erfahren, die ihn zu dieser Behandlung seines Oheims bestimmt hatten. »Diesen Triumph, — »sprach er, — hättet ihr Szilágy's Feinden »nicht gewähren sollen.«

Mathias. Szilágy läge in Fesseln, hätte er auch nicht einen einzigen Feind im Lande gehabt.

Vitéz. Sein Verbrechen musste grofs seyn.

Mathias. Ich weifs von keinem.

Vitéz. Also auf blossen Verdacht habt ihr ihn verurtheilt?

Mathias. Die Erhaltung des Ganzen machte seine Gefangennehmung nothwendig.

Vitéz. Kann eine offenbare Ungerechtigkeit der Wohlfahrt des Ganzen frommen?

Mathias. Ihr habt mich den Schein der Dinge von ihrer eigentlichen Beschaffenheit genau unterscheiden gelehrt; soll jetzt euer Lehrling euer Lehrer werden? soll ich euch die Umstände entwickeln, in welchen die Klugheit die Gerechtigkeit führen mufs?

Vitéz. Ich fürchte, ihr habt euch mehr gegen die erstere als gegen die letztere versündiget.

Mathias. Ich erinnere mich, dafs einst mein Vater an einem schleichenden Fieber gefährlich darnieder lag; wenn ihr wisset was der Arzt that oder thun musste, so bin ich vor euch gerechtfertigt.

Vitéz. Rifs er dem Kranken das Herz aus dem Leibe?

Mathias. Er untersuchte die Kräfte des Leidenden, fand ihn noch stark genug eine gewaltsame Erschütterung auszuhalten: ein bewährtes Arzeneymittel machte ihm die heftigsten Krämpfungen, diese waren vorüber und mein Vater genas. — Hungarn muſs erschüttert, muſs den fürchterlichsten Convulsionen überlassen werden, wenn sich der Stoff seiner langwierigen Krankheit auflösen soll.

Vitéz. Ihr habt die Dosis verdoppelt; Gara's und Ujlák's Entsetzung wäre genug gewesen.

Mathias. Um die Ungeschicktheit oder Zaghaftigkeit des Arztes zu verrathen. Es ist nicht genug, daſs ich von einer Partey gehaſst, von der andern geliebt werde; ich muſs auch von einer, und zwar von der zahlreichsten gefürchtet werden. Das Schicksal meines Oheims wird diese in Bewegung setzen und sie bestimmen, entweder ganz auf meine Seite zu treten, oder der Partey der Unzufriedenen zu folgen; das erstere verstärkt meine Macht, das letztere versichert mir die baldige Herstellung der allgemeinen Ruhe und Sicherheit.

Vitéz. Oder auch das gänzliche Dahinschwinden eurer Herrlichkeit unter den Schrecken des Bürgerkrieges.

Mathias. Ich werde dem Kampfe der verschiedenen Kräfte, Leidenschaften und Interessen nicht unthätig zusehen; ich werde auf dem Platze seyn, wenn sie sich gegenseitig zerstören.

Vitéz. Dann wäre es gut, wenn euer guter Oheim an eurer Seite stände.

Mathias. Wollt ihr mich verlassen?

Vitéz. Ich sehe er ist verloren. König, ich zittere vor den Folgen!

Mathias. Als Priester oder als Staatsmann?

Vitéz. Ich mag euern gewagten Schritt nach den Gesetzen des Heiligthumes, oder nach den Vorschriften der Staatsklugheit prüfen, immer scheint er mir unrechtmässig.

Mathias. Der Erfolg wird euch überzeugen dafs er nur nothwendig war. Ich liebe meinen Oheim, ich verehre in ihm den Helden des Vaterlandes; aber den Statthalter musst' ich festsetzen lassen, wenn ich nicht mit gebundenen Händen in dem Sturme umkommen wollte, der mir seit meiner Thronbesteigung drohte.

Der Sturm brach aus. Gara und Ujlák verliessen Szegedin, fest entschlossen nicht eher zu ruhen, als bis sie Hunyádi's Sohn vom Throne gestürzt hätten. Von ihnen aufgefordert, zogen die heimlichen Freunde des Kaisers mit den Grossen, die Szilágy's Schicksal gegen den König erbittert hatte, nach Güssing *), um daselbst den Drangsalen des Vaterlandes abzuhelfen, deren Urheber sie selbst waren. Mathias

---

*) Ein Marktflecken in der Eisenburger Gespanuschaft an der Steyrischen Grenze.

errieth ihre Absicht; um ihre Massregeln zu ver-
eiteln, berief er zu gleicher Zeit die Reichsstände nach Ofen, mit der Versicherung, ihre Dahin-
kunft würde ihm zum gewissesten Beweis ihrer
Treue und Ergebenheit dienen. Zahlreicher, als
die Rotte der Aufrührer glaubte, und **Mathias**
selbst erwarten konnte, stellten sie sich in der
Hauptstadt ein. Alle Prälaten des Reiches, ausser de la Baschino, der Palatinus **Ország**,
der Wojwod von Siebenbürgen **Sebastian** von
Rózgon, sechs und dreyssig Grafen, Barone
und Ritter, sammt den Abgeordneten aller freyen
königlichen Städte erschienen daselbst, um noch
einmahl dem Heldensohne als ihrem Beherrscher
zu huldigen. **Mathias** trat in die Mitte der
Versammlung: „Ihr habt mich, sprach er, zu
„euerm Könige gewählt, weil ihr von **Hunyá-**
„di's Sohne hofftet, was eine freye, bidere, edle
„Nation von ihrem Regenten zu fordern be-
„fugt ist; ich würde eure Rechtschaffenheit ver-
„kannt, eure Grossmuth beleidiget haben, hätte
„ich aus kleinherziger Furcht, eure Liebe zu ver-
„lieren, die Pflichten unterlassen, die mir der
„ehrenvolle Ruf zum Throne aufgebürdet hat.
„Ich habe sie erfüllt: in Güssing sind die Zeugen
„meines Eifers, meiner Sorgfalt und Wachsam-
„keit versammelt. Ihre Klagen über mich ent-
„halten zugleich das glaubwürdigste Bekenntniſs,
„wie sehr ich bemüht war, eure Achtung durch

»Thaten zu verdienen; ihre verrätherischen Ent-
»würfe zeigen, wie wenig es ihnen gelang, mich
»zum Spielwerke ihres selbstsüchtigen Stolzes zu
»gebrauchen. Ich würde mich selbst euers Zu-
»trauens unwürdig erklären, wenn ich vor den
»verächtlichen Ränken und Unternehmungen die-
»ser Rotte zitterte; ich würde eurer Tugend
»zu nahe treten, wenn ich euch an eure Pflich-
»ten erinnern, und zur unerschütterlichen Treue
»ermahnen wollte. Aber nothwendig ist es, dafs
»wir uns kennen lernen; nothwendig, dafs ich
»euch mein Innerstes aufschliesse, euch mit mei-
»nen Gesinnungen, Wünschen und Absichten
»vertraut mache.«

»Der Werth der Nation gründet und erhöht
»die Würde, den Ruhm und die Macht ihres
»Beherrschers. Ich kenne kein edlers Ziel des
»menschlichen Stolzes, keine erhabnere Stufe
»des Glückes, als der erste eines Volkes zu
»seyn, das in dem Gefühle seiner Thaten die
»Vortreflichkeit seiner Verfassung erkennt; das
»von seinen Nachbarn verehrt, von seinen Fein-
»den gefürchtet, mehr in der Stärke seines Cha-
»rakters, als in der Zahl seiner Bewaffneten,
»oder in dem Gewichte seiner Schätze die Zuver-
»sicht seines fortdauernden Wohlstandes sucht.
»Ein solches Volk waren die Hungarn, bevor sie
»von dem Geiste der Zwietracht entflammt, sich
»dem Joche auswärtiger Regenten unterwarfen,

„und auf den Thron der Helden Fürstensöhne
„erhoben, die in der glänzenden Gefangenschaft
„ihres Hofes sich vor dem Muthe des letzten
„Hungarischen Ritters hinter den Mantel ihrer
„Wärter und Zuchtmeister geflüchtet hätten.
„Diese siebzigjährige Dienstbarkeit ist die Mutter
„der zahllosen Übel, deren Anblick heute noch
„jede patriotische Seele mit Wehmuth erfüllt.
„Ein hochmüthiger Despot, ein eigensinniges
„Weib, ein ohnmächtiger Knabe waren wechsel-
„weise der Staat. Ihre Launen galten für Gesez-
„ze, ihre Forderungen für Recht, ihre Schwächen
„und Laster für Vorschriften der allgemeinen
„Handlungsart. Die Mächtigern unserer Mitbür-
„ger verkauften sich dem Throne, um die
„Schwächern ungestraft unterdrücken zu kön-
„nen. Ihrem Stande und ihrer Bestimmung ge-
„mäss, hätten sie die Beschützer und Rächer
„unserer Verfassung werden sollen; ihr verblen-
„deter Ehrgeitz machte sie zu zierlich geschmück-
„ten Puppen ihres Gebiethers, der sie selbst
„nicht mehr verschonte, sobald er durch ihren
„Flitterglanz das Volk in seine Fesseln gezaubert
„hatte. So ward der grösste Theil der Nation
„ein schaler Haufe verächtlicher Menschen, ohne
„Charakter, ohne Kraft. Die Würde der Hun-
„garischen Nation wieder herzustellen, den Geist
„unserer Väter in ihr wieder zu erwecken, war
„der einzige und heiligste Wunsch, der seit mei-

„ner Thronbesteigung in meiner Brust arbeitete,
„alle meine Befehle und Handlungen beseelte.
„Dieser heisse Wunsch verdrängte bis jetzt je-
„des selbstsüchtige Gefühl aus meinem Herzen,
„stärkte mich gegen jedes Hinderniſs, welches
„eingewurzelte Missbräuche oder alte Verhältnis-
„se mir entgegenwälzten. Wo er mich zur Thä-
„tigkeit entflammte, dort kannte ich keine Mut-
„ter, keinen Oheim, keinen Freund; alles was
„der einzelne Mensch, entweder durch Geburt
„oder Glück war, verschwand aus meinen Augen,
„die unverrückt auf das erhabne Ziel meiner Be-
„stimmung hingerichtet waren. Die Verrätherey
„einiger Mächtigen erschweret mir jetzt die Er-
„reichung desselben; sie wollen den Kaiser der
„Deutschen auf meinen Platz erheben, weil sie
„von ihm mehr Begünstigung ihres niedrigen
„Eigennutzes erwarten. Ich versammelte euch
„hier, um zu erfahren, wie weit die Kräfte rei-
„chen, die ich zur Vernichtung ihrer verderbli-
„chen Anschläge in Bewegung setzen kann. Er-
„kläret euch frey, ob ihr die Wahl, die ihr vor
„einem Jahre an mir getroffen habt, noch län-
„ger in Ehren halten wollet; ob euch das Vater-
„land nicht winkt, sie zu widerrufen. Ich bin
„bereit, die schwere Bürde königlicher Sorgen
„und Pflichten abzulegen, sobald ich sie aus
„Mangel euers Zutrauens nicht mehr tragen könn-
„te. Nur Hungarns Sache liegt mir am Herzen,

„nur

„nur in dem Ruhme der Nation suche ich den
„meinigen; was ich als verkannter, gefürchteter,
„verrathener König nicht vermag, werde ich
„vielleicht als Graf von Bisztritz dem Vaterlande
„leisten können. Wählet aus euerm Mittel den
„Mann, den ihr euers Vertrauens und eurer Lie-
„be würdiger findet als mich; ich will der erste
„seyn, der ihm huldiget; aber bey eurer Ehre,
„bey dem Ruhme eurer Väter, bey dem Wohl eu-
„rer Kinder bitte und beschwöre ich euch, dul-
„det nicht, dafs euch von einer Rotte verworfe-
„ner Menschen ein Ausländer zum Herrn und Ge-
„biether aufgedrungen werde. Entscheidet, Män-
„ner; wollt ihr, dafs ich noch länger euer Kö-
„nig, das ist, der Wächter über eure Wohlfahrt,
„der Beförderer eurer Glückseligkeit, der Be-
„schützer und Rächer eurer Verfassung und eu-
„rer Rechte bleibe, so versichert mich eurer Lie-
„be und euers Vertrauens auf eine Art, die eu-
„ers Standes, euers Patriotismus, eurer Tugend
„und euers Verdienstes würdig ist."

Mit einhälliger Stimme erklärte sich die
Versammlung für Mathias; alle schworen, dafs
sie keinen andern als ihn als König von Hungarn erkennen, dafs sie ihm bey jeder Gelegenheit den schuldigen Gehorsam leisten, ihm wider
alle Aufrührer mit ihrem Vermögen, Blut und
Leben beystehen wollen. Dafür betheuerte ihnen
der König, dafs er sie in dem Besitze ihres Ei-
gen-

genthumes, ihrer Rechte und Freyheiten beschützzen, nichts ohne ihre Bewilligung in der Nationalverfassung ändern, und nach Wiederherstellung der bürgerlichen Eintracht den Schaden grossmüthig ersetzen werde, den ihnen die Wuth der Empörten auf ihren Besitzungen zugefügt hätte.

Der Treue und Unterstützung des bessern Theils der Nation gewiss, suchte Mathias auch auswärtigen Schutz. Er berichtete dem Vater der Christenheit, dafs er grofse Zurüstungen wider die Osmanen auf dem Landtage zu Szegedin angeordnet hätte, weil er nicht zweifeln konnte, dafs er seinem würdigen Vorfahren auch in dem apostolischen Eifer, die christliche Religion zu verbreiten, und die Feinde des Kreuzes zu demüthigen nachgefolgt wäre; aber zu seiner innigsten Kränkung sähe er sich jetzt gezwungen, mit seiner ganzen Macht wider den Kaiser auszuziehen, den einige Missvergnügte auf den Hungarischen Thron berufen hätten. Niemand war dem römischen Bischof bey der Ausführung seiner grossen Entwürfe wichtiger, als der König von Hungarn; seine Bereitwilligkeit dazu machte ihm eben so viel Freude, als ihn seine Klagen erschreckten. Er ertheilte seinem Legaten in Hungarn die Vollmacht, alle, die den König in seinem gottgefälligen Vorsatze, die Ungläubigen zu bekriegen hindern würden, ohne Verzug

und ohne Ansehen der Person mit dem Kirchen=
bann zu belegen. Zu gleicher Zeit ermahnte er
den Kaiser auf das nachdrücklichste, den Anträ=
gen der aufrührischen Magnaten in Hungarn
kein Gehör zu geben, weil die Unterhaltung und
Begünstigung dieser Unruhen den König zwingen
könnte, zu seiner Rettung einen der Christen=
heit schimpflichen Frieden mit den Barbaren zu
schliessen, für welchen der Kaiser Gott und sei=
ner heiligen Kirche verantwortlich bleiben würde.
Das päpstliche Schreiben war noch nicht in
Friedrichs Händen, als Pius das Schreiben des
Kaisers erhielt, worin ihm dieser von Mathias
Absetzung und seiner Erwählung Nachricht er=
theilte, und sich erkundigte, wie er sich bey
diesen Umständen als ein gehorsamer Sohn der
Kirche zu betragen hätte. Pius entschuldigte
sich, dafs er keinen Rath geben könnte, weil
ihm Hungarns gegenwärtiger Zustand zu wenig
bekannt wäre; er überliess das ganze Geschäft
der Klugheit und Gerechtigkeitsliebe des Kaisers.
Klugheit und Gerechtigkeit schwiegen bey Fri=
drich, wenn seine unersättliche Habsucht
sprach; sie bestimmte ihn, die Wahl der Miss=
vergnügten anzunehmen. Jetzt erschienen die Ge=
sandten des Königs in Rom, um dem Oberhir=
ten der Christenheit bey dem Antritte seines er=
habnen Amtes die gewöhnliche Ehrerbiethung
und Obedienz zu leisten. Sie wurden mit all

der Ehrenbezeigung aufgenommen, die den Gesandten des Königs der Hungarn an dem päpstlichen Hofe gewöhnlich erwiesen ward. Fridrich klagte über die zweideutige Staatsklugheit des heiligen Vaters; aber leicht war es diesem, sich bey einem Manne zu entschuldigen, den er noch als sein Geheimschreiber in seiner völligen Blösse gesehen, auf dessen Geistesschwäche er so oft die kühnsten Entwürfe seines Ehrgeitzes berechnet hatte. »Wir fanden, schrieb er, den Gra- »fen von Bisztritz in dem Besitze des Thrones »und des königlichen Titels; unser verklärter »Vorfahrer hatte ihn als König anerkannt; wir »folgten seinem Beyspiele, weil wir unserer »Rechtschaffenheit und der Ehre des apostoli- »schen Stuhls gemäss nicht anders handeln konn- »ten, und von deiner Annehmung des Hungari- »schen Zepters, bis jetzt noch nichts gewisses er- »fahren hatten. Sollten die Gesandten des Ma- »thias sich rühmen, dafs sie mehr als gewöhn- »liche Gunstbezeigungen von uns erhalten hätten, »so glaube unserm apostolischen Worte, dafs wir »ihnen sogar das geweihte Schwert und die gehei- »ligte Kreuzfahne, ungeachtet ihres dringenden »Bittens versagt haben.« Übrigens versicherte er den Kaiser, dafs er ihn mehr als irgend einen christlichen Fürsten zu begünstigen und zu erhöhen geneigt wäre, theils weil er sich immer als den eifrigsten Verehrer des heiligen Stuhls bewiesen hätte, theils weil es selbst die göttliche Anordnung forderte, daſs der Kaiser, als das zweyte Licht von den Strahlen des ersten wohlthätig erwärmt und beleuchtet werde. Durch diese Versicherung ermuntert, wagte es Fridrich, von Mathias Verräthern den Eid der Treue anzunehmen, und sich zum Könige von Hungarn krönen zu lassen. Vergebens klagte Mathias bey dem römischen Bischof über diese Ungerechtigkeit; vergebens erinnerte er ihn seiner apostolischen Würde, der es nicht geziemte, eine Rotte Aufrührer gegen ihren rechtmässigen König in Schutz zu nehmen, dem selbst nach der Erwählung des Kaisers der grösste Theil der Magnaten, alle Bischöfe und Prälaten des Reiches neuerdings Treue, Gehorsam und Beystand geschworen hätten; vergebens stellte er ihm vor, Fridrich würde mit seiner ganzen Macht nicht im Stande seyn, sich in Hungarn zu behaupten, sobald die getreuen und dankbaren Anhänger des Hunyádischen Geschlechtes für die gerechte Sache ihres Königs keine Aufopferung zu gross finden, kein Blutvergiessen mehr scheuen würden; vergebens forderte er ihn auf, sich dieser Angelegenheit mit Nachdruck anzunehmen, ehe er gezwungen würde seine Macht durch Friedensverträge und Bündnisse mit den Ungläubigen zu verstärken, um einen Usurpator zu demüthigen, der in seinen Anmassungen von dem Statthalter der Kirche so thätig beschützt wird: alles was Pius that, war, dafs er seinem Legaten befahl, auf einige Monathe einen Stillstand der Feindseligkeiten zu bewirken, und beyde Fürsten zur eifrigen Theilnehmung an dem von ihm entworfenen Kreuzzuge zu ermahnen. Beyde sollten Abgeordnete zu der Versammlung nach Mantua senden, die er zu diesem Endzwekke ausgeschrieben hatte; dort wollte er auch ihre Streitigkeiten durch seinen apostolischen Ausspruch entscheiden.

Weder Fridrich noch Mathias war geneigt, diese Entscheidung abzuwarten; beyde rüsteten sich zum Kampfe. Auf des Kaisers Befehl zogen fünftausend Deutsche nach Hungarn, um sich bey Körmend *) mit den Kriegsvölkern der Missvergnügten zu vereinigen. Simon Nagy und Sebastian von Rozgon führten die Scharen der Getreuen. Zu Steinamanger blieb Mathias mit seinen Freunden, Ország, Palocz und Vitéz zurück. In schnellen Märschen rückten die Hungarn gegen die Kaiserlichen vor; die Begierde zu kämpfen und zu siegen stärkte sie gegen alle Hindernisse; von ihr entflammt, sahen selbst die Heerführer die Überlegenheit ihrer Feinde nicht. Schon stan-

---
*) Ein Marktflecken an den Ufern des Raabflusses in der Eisenburger Gespannschaft.

den sie diesen so nahe, dafs sie sich ohne ein
entscheidendes Treffen nicht mehr zurückziehen
konnten. Nagy wagte das Gefecht. Vor dem
rechten Flügel drohte ihm Niklas von Uilák
mit einer schimpflichen Niederlage; vor dem linken trotzte Sigmund Graf von Sanct Georg
der Tapferkeit der Treugebliebenen; ihm gegenüber stand Rozgon. Muthig begann von beyden Seiten die Schlacht. Um Ehre und Heil ward
gekämpft; Sigmund ward zurückgeworfen,
Rozgon verfolgte ihn. Uilák sah die Gefahr
seines Kriegsgefährten, und eilte ihm mit den
deutschen Reisigen zu Hülfe. Muthiger warf sich
Rozgon in Sigmunds fliehende Haufen; indessen schnitt ihn Uilák von den übrigen ab.
Nagy gab den Sieg verloren; das Zeichen zum
Rückzuge erscholl. Uilák verboth die fliehenden Hungarn zu verfolgen; noch war er zu patriotisch gesinnt, um die Söhne seines Vaterlandes der Wuth der Deutschen zu überlassen.

Bestürzt und beschämt kehrten die Überwundenen zurück; mit ihrem Blute wünschten
sie die Schande ihrer Niederlage auszulöschen.
Ihre Hauptleute traten vor den König, und verlangten im Nahmen des ganzen Heeres, er möchte sie durch die Hinrichtung des zehnten Mannes mit der Ehre und dem Vaterlande wieder
aussöhnen. Huldreich ermahnte sie Mathias,
ihren Muth nicht sinken zu lassen. Er machte

sie auf die Unbeständigkeit des Glückes aufmerksam, das demjenigen selten getreu bleibt, den es gleich bey seiner ersten Unternehmung zu sehr begünstigt. Er stellte ihnen vor, daſs er auf seiner eigenen Laufbahn die geheimen und wunderbaren Wege des Schicksals kennen gelernt, und erfahren hätte, daſs der erste unglückliche Erfolg, oft nur der Vorbothe einer Reihe der glücklichsten Eräugnisse war. »Seyd »getrost, sprach er, nur an der Zahl, nicht an »Muth und Entschlossenheit waren euch die Hau- »fen der Deutschen überlegen; euer Rückzug »wird ihnen mit falscher Sicherheit schmeicheln, »sie werden euch verachten; ziehet ihnen zum »zweiten mahle mit mehr Zutrauen in euch selbst »entgegen, und ich bin gewiss, daſs ich euch »als Sieger umarmen werde.«

Bald erschien die Gelegenheit dazu. Auch Ladislaus von Kanisa, einst der Corviner treuester Freund war auf die Seite der Rebellen getreten: die unterdrückten Gefühle der Redlichkeit und Freundschaft erwachten jetzt in seinem Herzen. Unfähig, die Vorwürfe seines Gewissens und die Schande seiner Treulosigkeit noch länger zu dulden, entfloh er des Nachts aus dem Lager der Kaiserlichen. Für die Wohlfahrt des Vaterlandes mit seinen Freunden wachend fand er den König. Ohne Verzug liess ihn Mathias vor sich. »Gib jedem sein Recht, sprach Kani-

"ja, ist die Losung, die ich bey dem Todbette "meines Vaters mit dem letzten väterlichen Kus- "se empfing; nach ihr handelte ich, als ich "euch treulos verliess: jetzt wählten die Häupter "der Missvergnügten wider meinen Willen zu "Hungarns Verderben einen Ausländer zum Kö- "nig; nach meinen Grundsätzen kann ich ihm "nicht huldigen. Ich stehe zwischen einem Be- "leidigten und einem unwürdigen Könige; gebt "mir mein Recht."

Mathias. Was bewog euch von mir abzufallen?

Kanisa. Szilágy's Schicksal. Es war nicht recht, dafs ihr einen Mann in Fesseln schlagen liesset, dem ihr den Thron· zu verdanken habt.

Math. Wer lehrte euch, wie Könige handeln müssen?

Kanisa. Mein Herz; in dem Lichte meiner eigenen Rechte und Pflichten zeigte es mir die eurigen.

Math. Ihr wisst also auch, was der König zu thun hat, wenn das Recht des Einzelnen mit dem Heile des Ganzen in Widerstreit geräth?

Kanisa. Diess war bey Szilágy nicht der Fall.

Math. Wisst ihr das? Wenn, wo und nach welchem Gewichte woget ihr meine Bürde? Waret ihr zugegen, wenn er meine Entschlossenheit unter das Joch seines trotzigen Eigensinnes beugen wollte; wenn ich vor jeder Unternehmung, mehr mit seiner Zaghaftigkeit als mit den Hindernissen kämpfen musste, die meinem Endzwecke entgegenstrebten; wenn er mich zwang, Furcht und Ungewissheit zu verrathen, wo ich keine Gefahr erblickte, meine Schwäche zu bekennen, wo ich meine Kräfte aufs genaueste berechnet hatte? Noch bin ich mir keiner That bewusst, die ich wünschte, nicht gethan zu haben; von jeder sah ich die Folgen vorher, die eintreffen mussten; vor jeder drohte mir Szilágy mit Folgen, von deren Unmöglichkeit alle Umstände mich überzeugten. Seiner Meinung nach, hätte ich mit den Türken einen Waffenstillstand schliessen sollen, um mich in dem Besitze des Thrones zu befestigen; meinen Einsichten nach hätte ich zu diesem Zwecke nichts nachtheiligers wagen können. Calixtus Nachfolger würde diesen Schritt als einen sträflichen Hochverrath der Christenheit angesehen haben; und anstatt dafs er noch zweifelt, ob er für seine riesenhaften Entwürfe von mir oder von Friedrich mehr Vortheile hoffen könne, würde er jetzt ohne Bedenken die Gelegenheit ergreifen, seinen Wohlthäter und Beförderer durch meinen Sturz zu erheben. Perény's gesetzmässige Bestrafung missfiel dem Statthalter; hätte ich ihm gefolgt, so wären die freyen königlichen Städte ohne Genugthuung abgewiesen worden; jetzt

würden sie mich die Folgen ihrer gerechten Unzufriedenheit empfinden lassen. Gara und Uilák waren der Verrätherey überwiesen worden;
hätte ich Szilágy's Einwendungen Gehör gegeben, so trügen sie noch den Rock der Ehre, und
der Zunder der Verschwörung, der schon lange
unter der Asche geglimmt hatte, würde jetzt in
die heftigsten Flammen ausgebrochen seyn, und
Hungarns letzte Kraft verzehrt haben. Szilágy
hat gelernt, Heerscharen zu führen, zu kämpfen,
zu siegen; er ist Held, aber nicht Staatsmann.
Es gehört mehr dazu, ein aus so verschiedenen
Triebrädern zusammengesetztes Kunstwerk in seiner abgemessenen und gleichförmigen Bewegung
zu erhalten, als eine Maschine in Gang zu sez-
zen, die ganz einfach gebaut, und durch eine
einzige Triebfeder belebt, sich selbst regiert.
Meine Absichten und Unternehmungen mussten
euch freylich oft räthselhaft scheinen, weil ihr
dabey mehr auf meine Jahre als auf meine Kräfte aufmerksam waret. Es ist leider das traurigste Loos eines jungen Regenten, daſs sich bejahrte Kinder und Männer so schwer von seiner
Selbstständigkeit in Gesinnungen und Handlungen
überzeugen können. Hätte ich das Königreich
in einem ruhigen glücklichen Zustande gefunden,
mit Vergnügen würd' ich euch von jedem meiner Schritte Rechenschaft gegeben haben; allein,
da ich in Hungarns bedrängtester Lage die Sorgen

und Pflichten des Königs übernahm, da die gefährlichsten Übel bisweilen nur durch Mittel zu heilen sind, die dem flüchtigern Beobachter das Gegentheil zu bewirken scheinen; so musst' ich oft handeln, ohne meine Beweggründe zu entdecken, ohne engbrüstige Rathgeber in mein Innerstes blicken zu lassen. — Kanisa, ihr müsst in meinem Herzen einen ehrenvollen Platz eingenommen haben, weil ich mir so viel Mühe gebe, meine Handlungsweise vor euch zu rechtfertigen.

Kanisa. Ist es so wie ihr sagt, so hab ich euch verkannt. Wohl mir, dafs ich Friedrichs Lager verliefs; ich will lieber von euch mein Recht empfangen, als einem Könige gehorchen, den ich weder lieben noch verehren kann. Was verhänget ihr über mich?

Math. Was bestimmte euch, den Sieger zu verlassen, und von dem überwundenen König euer Recht zu verlangen?

Kanisa. Noch stände ich unter Friedrichs Panier, wäret ihr aus dem letzten Gefechte als Überwinder weggegangen. Meine Ehre fordert, euch und der Nation zu zeigen, dafs mich die aufrichtige Reue über meine ungerechte That, nicht die Furcht oder euer Glück zur Rückkehr bewogen hat.

Math. Gebt mir den Ritterhandschlag; eure That ist verziehen und vergessen.

Kanisa. (ihm die Hand reichend) Bey Gott und meiner Ehre schwör' ich euch unwandelbare Treue und Ergebenheit. Kein ehrlicher Mann kenne mich mehr, wenn ich je einen andern als euch für meinen König erkenne. Mit meinem Blut und Leben will ich euch wider eure Feinde beystehen. Fest steht diess Wort; brech' ich's, so werde mein Nahme Dieben, Mördern und Strassenräubern zur Losung, wenn sie Mütter kinderlos machen und dem Verhungerten auch noch den letzten Bissen aus den Händen reissen; Verzweiflung zwinge mich mein eigener Henker zu werden; Schande und Verachtung wache vor meiner Grabstätte, damit sich kein Rittersmann derselben nähere, und fürderhin unfähig werde, die Laufbahn der Ehre zu betreten!

Math. (ihn umarmend) Dieser Bruderkuſs versiegle unsere Aussöhnung. Ihr seyd wieder Herr eurer Güter, Ländereyen, Rechte und Freyheiten *).

Kanisa. König, wenn ihr so handelt, so muſs Friedrich fallen.

Math. Waret ihr seine einzige Stütze?

Kanisa. Als meinem braven Vater das Leben auf der Zunge saſs, sagte er: halt' es mit deinen Brüdern, wie's der Weltregierer mit allen Menschen hält; gib jedem sein Recht. Begeg-

---

*) Kaprinai. Hung. diplom. P. II. p. 50. et 294.

net euch der grosse Weltkönig nach euerm Verdienste, so muſs Friedrich zu Grunde gehen, sein Anhang möchte auch noch so mächtig seyn, und morgen in dem Masse zunehmen, in dem er heute schon schwächer geworden ist.

Math. Habt ihr Gefährten mitgebracht?

Kanisa. Keinen; aber im ganzen Lager herrscht Missvergnügen über den Kaiser. Friedrich liebt den Hochverrath; aber die Verräther hasst er. Der Groffenecker klagte, Uilák hätte ihn zurückgehalten, eure fliehenden Scharen zu verfolgen, und sie aufzureiben; dieſs machte dem Kaiser die Ergebenheit der Aufrührer verdächtig. Er behandelt sie kalt, und lässt sie seltner vor sich kommen. Beschämt sehen sie jetzt ihren Irrthum ein; sie haben sich einen Herrn gewählt, von dem keine Vortheile zu hoffen sind, der sich nur durch Aufopferung ihrer eigenen Kräfte erhalten kann. Die Einkünfte seiner Erbländer sind unbeträchtlich, seine Landesmacht ist schwach, die Gefälle, die er als Kaiser zu beziehen hat, sind bis auf unbedeutende Summen herabgesunken. Gara und Uilák fürchten seine niedrige Habsucht; mit Gewiſsheit sehen sie vorher, daſs ihm das Königreich Hungarn nur dienen würde, seine kaiserlichen Bedürfnisse zu befriedigen, das ist, seine Tafel gemächlicher einzurichten, seine Gattin mit kostbarern Steinen zu behängen, prächtige Gebäude aufzuführen, niedliche Lustgärten anzulegen, und mit dem Reste einige seiner deutschen Günstlinge zu bereichern. Seine Schwerfälligkeit und Trägheit in Geschäften ist der Gegenstand ihres bittersten Spottes; sie schämen sich eines Königs, der anstatt Gesetze zu geben, die Gerechtigkeit zu verwalten, seine Heere zu mustern und zu üben, sich mit Kräuter- und Arzneykunde, mit Sternseherey und Alchymie beschäftigt; und anstatt seine Heerscharen selbst auf den Kampfplatz der Ehre zu führen, zu Hause Edelsteine schleift, gebrannte Wasser abzieht und Glassgüsse verfertigt. Schon öfters gaben sie ihm ihre Verachtung und Unzufriedenheit zu verstehen; höret König, wie ausserordentlich viel er that, um sie zu beruhigen. Gara und Uilák hatten die seltne Ehre, seinen erstgebornen Maximilian aus der Taufe zu heben; den Grafen von Sanct Georg und Püsing ertheilte er den Rang über allle Magnaten und Barone des Reiches, und erlaubte ihnen durch eine öffentliche Urkunde, mit rothem Wachse zu siegeln, und eine kaiserliche Krone mit einem Pfauenfederbusche auf ihrem Wappenhelm zu tragen. Aber ungeachtet der Ehre der Gevatterschaft, trotz dem rothen Wachse, der Kaiserkrone und den Pfauenfedern wünschen die Unglücklichen doch nichts sehnlicher, als dafs ihnen der Rückweg in ihr Vaterland und in die Arme ihres verkannten Königs nicht verschlossen wäre.

Math. Wisst ihr ein Mittel, wodurch wir ihnen denselben wieder öffnen können?

Vitéz. Sendet ihnen ein Heer entgegen; sie werden sich mit euren Getreuen vereinigen.

Kanisa. Dafür bürg' ich euch mit meinem Kopfe.

Pálocz. Der Sieg ist euch gewifs; ihr Übergang mufs Friedrichs deutsche Haufen in die grösste Verwirrung bringen.

Math. Ich will keinen Sieg, den mir die Untreue der feindlichen Heerführer überlässt. Sie haben die Pflicht übernommen, die kaiserlichen Scharen wider mich anzuführen; als ehrliche Rittersmänner müssen sie entweder den Führerstab niederlegen, oder an der Spitze ihrer Kriegsvölker kämpfen. Sie sollen mir die Reue über ihre Treulosigkeit bezeigen, ohne sich selbst vor mir und vor jedem rechtlichen Manne zu brandmarken. — Wissen sie von eurer Entweichung, Kanisa?

Kanisa. Ich spreche nie bevor ich handle; was ich that, ist allen ein Geheimnifs.

Math. Kehret zurück, und erzählet ihnen, wie ich euch empfangen habe.

Kanisa. Was kann das helfen?

Math. Versprecht in meinem Nahmen den Grafen von Sanct Georg und Pösing für ihren Rang und Wappenverzierungen Macht und Gelegenheit zu Verdiensten. Gara und Ujlák —

frey-

freylich zur Gevatterschaft ist bey mir noch keine Aussicht; aber Ország und Rozgon sind meine wahren Freunde, und so bin ich reich genug, auch Gara und Ujlák etwas anzubiethen, das sie dem Vaterlande wieder gewinnen wird.

Ország. Mein ganzes Vermögen steht euch zu Diensten.

Rozgon. Mein Blut, mein Leben.

Math. Nur eure Ehrentitel; seyd ihr diesen zu entsagen bereit, so habt ihr der Freundschaft ein würdiges Opfer dargebracht.

Ország. Ich bin nicht mehr Palatinus.

Rozgon. Thaten, nicht Ehrentitel waren von jeher das Ziel meines Stolzes; gebt meinen Wojwodstitel wem ihr wollt.

Math. (zu Kanisa) Geht und erzählet den Häuptern der Missvergnügten, was ihr hier gehört und erfahren habt. Führet sie in den Schoofs des Vaterlandes zurück; als meine Brüder will ich sie empfangen. Die Nation wird ihnen verzeihen, ich will mich ihr zum Bürgen für ihre Treue und Rechtschaffenheit darstellen. Ihre Titel, Würden, Ämter und Besitzungen, alles was sie verloren haben, sollen sie wieder erlangen. Die Stunde der Aussöhnung mit ihnen wird mir die schönste meines Lebens seyn.

Kanisa. Ihr seht mich nicht wieder als in der Gesellschaft der glücklichen Zeugen eurer Grossmuth.

T

Gerührt nahmen die Grafen von **Sanct Georg** und **Pösing, Gara** und **Ujlák** die angebothene Gnade des Königs an; mit aufrichtigem Herzen huldigten sie einem Regenten, der den Eifer für seine Rechte mit Nachsicht und Güte so rühmlich zu verbinden gewusst, und ihrer Verehrung sich so würdig bezeigt hatte. **Niklas von Ujlák** war ihm der wichtigste Mann; die Klugheit geboth ihm seine Aufmerksamkeit nie von ihm abzuwenden. Mathias gab ihm den Titel des ersten Wojwoden von Siebenbürgen wieder, aber als sein vornehmster Freund sollte er so lange bey Hofe bleiben, bis glücklichere Umstände ihm erlaubten, ihn seinen Verdiensten und Vorzügen gemäß vor den übrigen Magnaten auszuzeichnen. Gara ward in den Besitz seiner eingezogenen Güter und in die Würde des Palatinus wieder eingesetzt. **Johann Graf von Sanct Georg** erhielt die Statthalterschaft von Siebenbürgen; sein Bruder **Sigmund** ward zum Heerführer der Reiterey in Ober-Hungarn ernannt: beyden war dadurch die nächste Gelegenheit abgeschnitten, geheime Verständnisse mit dem Kaiser zu unterhalten.

Die Rebellen hatten ihre Häupter verloren; ihr Eifer für **Friedrichs** Sache war erkaltet. Täglich zogen einige nach Steinamanger, um sich ihrem rechtmässigen Könige zu unterwerfen. So hatte Mathias Klugheit über den Kaiser gesiegt; leicht war es ihm nun, seine Rechte auch mit den Waffen wider ihn zu behaupten. Von seinen Getreuen thätig unterstützt, rüstete er sich zum Kampfe. Graf **Sigmund** führte das Fussvolk, **Simon Nagy** die Reiterey. Hohes Muthes zogen sie aus; gegenseitig ermunterten sie sich, das Andenken ihrer Fehltritte durch glorreiche Thaten auszulöschen.

Der Sieg bey Körmend machte den Kaiser beherzt; er beschloſs sein Glück zu verfolgen. **Groffeneck** und **Paumkircher** führten die Österreichischen Scharen aus; kein Hungar wollte sie begleiten. Friedrichs glänzendeste Verheissungen konnten die Stimme ihres Gewissens nicht übertäuben, das ihnen jetzt ihre Treulosigkeit nachdrücklicher verwies. Beschlossen war es in ihrem Herzen, dem Beyspiele ihrer Häupter zu folgen, und sich der Gnade ihres grossmüthigen Beherrschers zu ergeben. Es ward gewaltiger in sie gedrungen, Zwangsmittel wurden angewandt, wo Bitten und Vorstellungen fruchtlos geblieben waren; noch einmahl traten sie unter **Friedrichs** Paniere.

Vor Pinkafeld stiessen **Mathias** Männer auf den Feind; die Vorposten wurden aufgehoben oder niedergemacht: ohne Widerstand kamen sie vor das verschanzte Lager der Deutschen. Vor Tages Anbruch wagte **Sigmund** den Angriff. Die Kaiserlichen waren zu schwach, deſs stürmenden Überfall der Hungarn auszuhalten; wilde Verzweiflung trat an die Stelle der Tapferkeit; ein grässliches Blutbad endigte das verwirrte Gefecht; Sigmund und Nagy blieben Meister des Lagers.

Diese Schlacht entschied zwischen Friedrich und Mathias. Die wenigen Anhänger des erstern folgten dem Glücke des letztern; alle Hoffnung, sein Ansehen in Hungarn wieder herzustellen war für den Kaiser verloren. Noch trauriger ward seine Lage, als ihm jetzt sein Bruder Albert, mit dem er des Ladislaus Österreichische Besitzungen getheilt hatte, den Krieg erklärte. Den Rathschlägen seiner Freunde gemäss, sollte Mathias diese Umstände benutzen, von welchen er die glücklichsten Fortschritte seiner Waffen gegen den Kaiser erwarten konnte; aber weit in die Zukunft drang sein Blick; zu gewagt schien es ihm, den Freund des römischen Bischofs auf das äusserste zu treiben. In der Hoffnung, ihn jetzt zu friedlichen Gesinnungen geneigter zu finden, schickte er eine vornehme Gesandtschaft nach Neustadt, um ihn zur Auslieferung der Hungarischen Krone zu bewegen. Friedrich erklärte sich bereit, dem Verlangen des Königs zu willfahren, wenn er sowohl für die Kosten, die er auf Ladislaus Erziehung verwendet hatte, als auch für die Verwüstungen, die seine Erbstaaten wegen Aufbewahrung der

Krone erlitten hatten, schadlos gehalten würde. Beyde wählten den König von Böhmen zu ihrem Schiedsrichter; Podiebrad übernahm das Geschäft, aber ein scheinbarer Waffenstillstand war alles, was er bey des Kaisers übertriebenen Forderungen bewirken konnte. Mathias genehmigte die Verbindung einiger Grossen, die sich zur immerwährenden Befehdung der kaiserlichen Grenzstädte verpflichteten; er selbst trat mit Albrecht in ein Bündniſs, und sandte ihm vier Tausend Reiter zu Hülfe, um den Kaiser von allen Feindseeligkeiten gegen Hungarn zurück zu halten.

Unter den häufigen Sorgen und Geschäften schien Mathias seines verstossenen Oheims gänzlich vergessen zu haben; die Feinde des würdigen Mannes glaubten sein Unglück und ihr Verbrechen nun sicher vollenden zu können. Unter dem Nahmen des Königs erhielt der Vorsteher der Festung den Befehl, den Unschuldigen enthaupten zu lassen. Gregor von Labatlan kannte seinen König, Szilágy's Rechtschaffenheit und die Ränke des Hofes zu gut, als daſs er blindlings gehorcht hätte. Er übergab die Festung seinem bewährten Freunde Georg von Doczy und reiste nach Ofen, um den Mordbefehl dem Könige vorzulegen, und im Falle er die Vollziehung desselben verlangte, seinem Amte zu entsagen. Mathias erstaunte

über den Kunstgriff der schändlichsten Bosheit.
Labatlan war ihm jetzt mehr, als dem unter
Räuberhänden seufzenden Wanderer der unverhoffte Retter; er befreyte ihn von der Schande
eines Verbrechens, an dem seine Seele keinen
Theil gehabt hätte. Reichlich belohnt und mit
dem Befehle den verfolgten Gerechten auf freyen
Fufs zu setzen liefs er ihn von sich. Pangrátz, Szilágy's getreuer Diener, war dem
Könige zuvorgekommen. Ein falscher Lärm von
der Ankunft der Türken hatte die Besatzung aus
der Festung gelockt, Pangrátz benutzte den
günstigen Augenblick, er rufte die Einwohner
der Stadt in das Schlofs; Doczy's zurückkehrende Mannschaft fand die Thore verschlossen,
die Wälle von Bürgern besetzt, die Festung in
Szilágy's Gewalt. Die Nachricht von seiner
Befreyung demüthigte den König, ohne ihn zu
erbittern; in den verbündlichsten Ausdrücken
ersuchte er den verdienstvollen Greis nach Ofen
zu kommen, um sich vollkommen mit ihm auszusöhnen. Szilágy's Herz war für Rache und
Unversöhnlichkeit zu grofs; er meldete dem Könige seine Ankunft. Von Ujlák, Vitéz und
Ország begleitet, eilte ihm Mathias entgegen. In Tissa-Vársán trafen sie zusammen.
Innigst gerührt warf sich der König in die Arme
seines schwerbeleidigten Wohlthäters. »Verzei-
»hung, Oheim,« rufte er, und winkte seinen Ge-

fährten abzutreten. »Beruhiget euch, erwieder-
»te Szilágy, der Fürst, der mit verbundenen
»Augen und in unsichtbaren Fesseln geleitet wird,
»kann nicht beleidigen. Von Groll und Feind-
»schaft weiſs meine Seele nichts; treu und red-
»lich meinte ichs mit euch bis zu dieser Stunde.
Math. Daran zweifelte ich nie; aber —
Szilágy. Keine Entschuldigung, König;
Ich weiſs alles, König; ich weiſs sogar noch,
durch wen, und auf was Art und Weise ihr König wurdet. Ich weiſs, daſs man meinem Neffen, dem Könige wollte ich sagen, in die Ohren geflistert hat, der alte Oheim wollte sich des
königlichen Willens oder des Thrones bemächtigen; aber seitdem der Alte mit dem Säbel
in der Hand den Landesständen bewiesen hatte,
daſs sein junger Neffe einen guten Willen hätte,
und daſs der Thron ihm gebührte, dachte der
alte Oheim nicht daran; und weil er nie daran
denken wollte, darum lieſs ihn der Neffe, der
König wollt' ich sagen, auf eine hohe Burgfeste
setzen, aus der er bis nach Ofen sehen, und
wahrnehmen, auch fühlen konnte, wie gut der
Wille des Königs sey, und wie fest er auf dem
Throne sitze, auf den ihn ein alter, ausgedien-
ter, benarbter Rittersmann an seiner Stelle erhoben hatte. So war's, König, was ich sage sind
nicht Vorwürfe, sondern Wahrheit, für welche
Könige jung und alt keine Ohren haben.

Math. Was ich that, geschah aus Zwang der Umstände, nicht aus Furcht oder Leichtgläubigkeit.

Szilágy. Ihr habt Recht, König, die Umstände wirken oft mächtiger als die Rechtschaffenheit; das erfuhr ich selbst auf dem Pester Landtage, wo blofs die Umstände den Sohn des rechtschaffenen, über alle Umstände siegenden Hunyádi zum Könige machten: darum meinte ich's auch bis zu dieser Stunde allen Umständen zum Trotze treu und redlich mit meinem Könige, der unter der Gewalt der Umstände gefesselt lag. Selbst in meinem Thurme zu Világosvár, wo ich über euern guten Willen seufzte, vergafs ich über dem folgsamen Knechte der Umstände, über dem Könige wollt' ich sagen, den unglücklichen Neffen, den irregeführten Jüngling nicht. Patriotische Thränen weinte ich über die gewaltsame That, zu der euch die Umstände zwangen, und deren Andenken keine Umstände in Hungarischen Herzen unterdrücken werden. So treu und redlich meine ich es noch mit euch; Gottes Herold vergesse meinen Nahmen, wenn er Christi Rittersmänner zur Austheilung der himmlischen Danke ruft, so nur die geringste Falschheit in meiner Brust und in meinen Worten liegt! Und damit ist das Böse vergessen, das ihr an mir gethan habt; aber viel Gutes und Heilsames

muſs ich euch noch sagen, wenn ihr mich hö=
ren wollt.

Math. Eure Hand, guter Oheim! (er küsst sie
mit Thränen im Auge.) Sprecht.

Szilágy. Als ich auf dem Pester Landtage
für euch kämpfte und siegte, gab ich mein Ritterwort, daſs ihr nicht tyrannisch herrschen,
sondern hören werdet die Edeln der Nation, die
euch zur Klugheit und Gerechtigkeit rathen würden; daſs ihr eure Ohren Schmeichlern und Ver-
läumdern nicht borgen, sondern den Mann lieben und auszeichnen werdet, dessen helle Blicke
in die Vergangenheit und Zukunft euch zur Fak-
kel auf euerm Wege, dessen wahrhafte Ausspruche zur Richtschnur eners Denkens und Handelns
dienen würden. Mein Ritterwort habt ihr zur
Lüge gemacht; dessen muſs ich mich schämen;
darum bin ich auf euer Verlangen gekommen,
nicht um mich mit euch auszusöhnen, sondern
um euch zu sagen, daſs eure Wege nicht gut
sind; daſs ihr darauf euerm gewissen Verderben
entgegenlaufet. Falsche Rathgeber halten euch
fest; durch verwegene Unternehmungen sollt ihr
euch selbst der ganzen Nation verhasst machen,
und unter den Schrecken ihres gereizten Zornes
vom Throne stürzen, von dem sie euch nicht
ausschliessen konnten. Diess ist ihr Zweck;
durch geheime Ränke schaffen sie die Umstände
über deren Zwang ihr klagt, ihre Schmeicheley-

en verhüllen euch ihr Werk der Finsterniss. Sie sagen euch, ihr seyd klug; ihr glaubt es, und vergesset, daſs man Klugheit nicht aus lateinischen und griechischen Büchern, sondern aus der genauen Beobachtung des Weltlaufes und des menschlichen Dichtens und Treibens lernen müsse. Sie sagen euch, ihr bedürft keiner Rathgeber mehr; wisset ihr nicht, daſs oft selbst der bejahrte Mann unter der Königskrone wieder zum schwachen, gaukelnden, hinfälligen Kinde wird, und nur äusserst selten wieder die Mündigkeit des kalten Selbstdenkers erreicht? Nehmt den festesten Mann, dem es noch auf keiner Brücke schwindelte, stelit ihn auf einen sechzig Ellen hohen Pfahl, und seht ob er sich selbst überlassen, im Gleichgewichte sich erhalten wird. Sie sagen euch, Freymüthigkeit beleidige die Majestät; o des elenden, unglücklichen Königs; den der edle, rechtschaffene, tugendhafte Mann seiner Stimme nicht mehr würdiget! Seine Majestät ist der Glanz eines verfaulten Holzes, das nur im Finstern schimmert, nur Kindern gefällt, nur alte Weiber erschreckt. Zum letzten mahle warn' ich euch, glaubt dem Gezische dieser listigen Schlangen nicht, die alles gutheissen was ihr thut, die jede eurer jugendlichen Launen bewundern, die nie den Muth haben mit freyer Stirne vor euch hinzutreten und euch zu sagen: König, das ist nicht recht. Ihr habt viel gelernt, viele

Bücher durchgeblättert; ein Beweis dass ihr viel Langeweile hattet: jezt, habt ihr Pflichten; und über Menschen herrschen ist eine Kunst, von der ihr dem Vaterlande und euerm eigenen Gewissen die Beweise schuldig bleiben werdet, so lange ihr zu schwach seyd, euern Willen und die Umstände der Wahrheit, Klugheit und Gerechtigkeit zu unterwerfen. Ich habe herausgesagt, was mir auf dem Herzen lag; lebt wohl, ich kehre auf meine Felsenburg zurück, um dort über die Bewegungen der Türken zu wachen, und im Kampfe für euch meine Tage zu beschliessen.

Mathias war erschüttert; er fand keine Worte zur Entschuldigung seiner That. Verzeihung und vollkommene Aussöhnung war der heisseste Wunsch der unter seiner Brust arbeitete; aber sein tiefgebeugter Geist sah kein Mittel zur Erfüllung desselben. Erst nach öftern Unterredungen war Vitéz so glücklich, die getrennten Gemüther durch das zärtlichste Band der Freundschaft wieder zu vereinigen.

Szilágy begleitete den König nach Erlau, wo die wiederholten Einfälle und Streifereyen der Böhmischen Räuberhorden die Gegenwart des Heldensohnes erforderten. Giskra hatte neue Kräfte gesammelt; mit zahlreichen Haufen verstärkt, nahm er trotz des muthigen Widerstandes, den ihm Rozgon und der Bischof von Erlan geleistet hätten, seine alten Besitzungen in Ober-Hungarn wieder ein. Zu gleicher Zeit erhielt Mathias die Nachricht, daſs die Osmanen in Servien eingefallen und die Festung Szenderow weggenommen hätten. In der Versammlung der Heerführer ernannte er seinen Oheim zum obersten Feldherrn wider die Türken mit unbegrenzter Vollmacht über alle Festungen und königliche Heere in Nieder-Hungarn. Er selbst stellte sich an die Spitze gegen die Böhmen, mit dem festen Entschlusse nicht eher zu ruhen als bis er die Macht dieses mehr schädlichen als furchtbaren Feindes gänzlich vernichtet hätte. Alle festen Plätze und Raubschlösser der Böhmischen Rotten fielen in des Königs Gewalt; nur Giskra war noch Meister und Herr der ganzen Gegend um Zólyom, Sáros und Eperies. Die Heldenarbeit, auch ihn zu unterjochen musste Mathias seinen Heerführern überlassen, weil ihn dringendere Angelegenheiten in die Hauptstadt zurückruften. Rozgon, Emrich und Stephan Báthory vollendeten das angefangene Werk ihres Gebiethers. Giskra's Glück war erschüttert, sein Muth sank mit seinen Kräften. Um nicht alles zu verlieren, entschloss er sich friedlichere Wege einzuschlagen. In einem Schreiben an den König gestand er daſs ihn zwar die aufrichtigste Ergebenheit gegen den König Ladislaus, und der reinste Eifer für seine gerechte Sache in das Land geführt; nachdem sich aber der König der Pohlen, Uladislaus des Reiches bemächtiget hatte, der Trieb der Selbsterhaltung ihn zur Erweiterung seiner Besitzungen verleitet hätte. »Daſs ich des Glückes würdig war, schrieb er weiter, welches ich müh»sam« erkämpfen musste; diess können euch »meine Thaten beweisen. Die Pohlen erfuhren »die Stärke meines Armes; selbst euer Vater »musste mich zwey mahl für seinen Überwinder »erkennen, weil ihn die Untreue der Seinigen »meiner Tapferkeit überlieferte. Alles was mir »die Königin Elisabeth gegeben, und ich mir »selbst erfochten hatte, behauptete ich bis auf »den heutigen Tag. Lebte Ladislaus noch; »unter seinem Schutze und seiner Gerichtsbar»keit würde ich ruhig die Früchte meines Som»mers geniessen. Er ist nicht mehr; Gottes »Vorsicht hat euch aus der Gefangenschaft auf »den Thron geführt; ich müsste Verstand und »Menschlichkeit verloren haben, wollte ich noch »länger unter den Hungarn wüthen, und dem »Willen des Weltbeherrschers widerstreben. Ich »weiss was der Tugend und den Verdiensten eu»ers Vaters, was euch für die ungerechte Ermor»dung euers Bruders zum Ersatze, euerm hohen »Verstande und Weisheit zum Glanze und zur Be»lohnung gebührt; der Heldenmuth, mit dem ihr »die schändlichen Rotten, die unter meinem

»Nahmen in euerm Reiche Elend und Verderben
»verbreiteten, aufgerieben habt, gründete meine
»Achtung gegen euch fester; ich bin der Einzige
»der euch noch widerstehen könnte, aber viel-
»leicht auch der einzige, dem die glorreichesten
»Unternehmungen und herrlichsten Siege von eu-
»rer Klugheit und Herzhaftigkeit ahnden. »Ver-
»nehmet daher meinen reiflich überdachten Ent-
»schluss: mit grossmüthiger Aufopferung will ich
»meine Besitzungen abtreten, alle durch meinen
»Arm eroberten Städte und Schlösser euern Ge-
»sandten übergeben, und mich Mathias ge-
»rechtem und siegreichem Zepter unterwerfen.«

Die Gesandten des Königs zogen hin, Giskra that, was er versprochen hatte. Er wollte aus dem Reiche wegziehen, aber ihrer Vorschrift gemäss, führten sie ihn unter schmeichelhaften Verheissungen zu dem Könige. Mit den deutlichsten Merkmahlen der Huld und Gnade empfing ihn Mathias. »Nimmermehr, sprach er,
»sollt ihr mich an Grossmuth und Wohlthätigkeit
»überwinden. Schande dem König, der in der
»Schlacht unterliegt ohne zu sterben; aber grös-
»sere Schande dem, der sich an Güte und Edel-
»muth von seinem Feinde übertreffen lässt. Ich
»kenne und verehre eure unüberwindliche Tapfer-
»keit; nie werd' ich zugeben dafs ihr ein anders
»Volk als das meinige damit beglücket. Ver-
»mehret die Lorbern unter meinem Paniere, die

«ihr unter Ladislaus gesammelt hattet. Ler»net den König kennen, dem ihr lieber Aufopfe»rungen machen als Schlachten liefern wolltet: »beziehet die Städte Lippa und Zólyom als euer »Eigenthum; fünf und zwanzig tausend Goldgül»den sind das Handgeld, wofür ich euch zum »Führer meiner Scharen anwerbe; die Hand und »das Herz der Tochter meines alten Freundes »Ország von Gúth soll euch mit mir und mit »Hungarn unzertrennlich verbinden.«

Sprachlos und beschämt stand Giskra vor seinem grossmüthigen Überwinder. Die Furcht vor der verdienten königlichen Rache hatte sein Herz bestürmt, als er den Gesandten nach Ofen folgen musste; die Edelmuth des Königs übertraf seine kühnsten Wünsche und Erwartungen. Bis zu Thränen gerührt, leistete er ihm den Eid der Treue und des Gehorsams, den er auch mit unwandelbarer Rechtschaffenheit bis an das Ende seiner thatenvollen Laufbahn beobachtet hatte.

Ruhe, Ordnung und Eintracht war im Innern des Reiches nun hergestellt. Mathias vollzog seine Vermählung mit Catharina, der Tochter Georg's von Podiebrad. Mitten unter den Feyerlichkeiten erscholl das schreckliche Gerücht, Szilágy wäre bey Szenderow geschlagen, und in Constantinopel enthauptet worden. Mohameds gewaltige Bewegungen an Hungarns Grenzen bestätigten die Wahrheit dieser unglücklichen Nachricht. Mathias rufte die Hülfsvölker zurück, womit er seinen Bundesgenossen Albrecht gegen den Kaiser unterstützt hatte; er versammelte ein Kriegsheer, das er in eigener Person den Osmanen entgegenführen wollte. Der Sultan hatte auf die innern Zwistigkeiten der Hungarn gerechnet; unerwartet kam ihm der Ruf von den grossen Zurüstungen des Königs. Plötzlich zog er nach Asien, um daselbst die Reste des griechischen Kaiserthumes in Trapezunt zu vernichten. Vor seinem Abzuge both er dem Könige einen Waffenstillstand an; aber Mathias fühlte seine Kraft, und forderte den Barbaren zum Kampfe. Siegend kehrte Mohamed aus Asien zurück. Um sich mehrere Wege nach Hungarn und Siebenbürgen zu öffnen, bemächtigte er sich der Walachey, verjagte den Pohlnischen Lehnträger Wlad aus dem Fürstenthume, und setzte seinen Bruder Drakula in den zinsbaren Besitz desselben ein. Wlad wandte sich an Mathias, bath ihn um Hülfe und Schutz, und unterwarf sich seiner Hoheit. Hungarns Held war gerüstet, er drang in die Walachey ein, nahm die Huldigung der Stände an, und jagte die türkische Besatzung in die Flucht. Wlad hoffte nun seine Macht und Würde wieder zu erlangen: aber die unmenschlichen Grausamkeiten, die er nicht nur gegen seine

seine Unterthanen, sondern auch gegen Hungarn und Siebenbürger während seiner zehnjährigen Regierung verübt hätte, kamen vor die Ohren des Königs; er bestätigte seinen Bruder Drakula als Fürsten des Landes, und liefs den Wütherich geschlossen nach Belgrad in das Gefängnifs führen.

Mathias Unternehmung ehtflammte den Sultan zur Rache. Er sandte seinen tapfersten Feldherrn Ali Beg nach Sclavonien um die ganze Gegend zwischen Sirmien und Futak zu plündern und zu verheeren. Der Barbar fand keinen Widerstand; mit einer reichen Beute und siebzehn tausend Gefangenen verliefs er den öden Schauplatz seiner Frevelthaten. An der Save erwartete ihn die Rache. Peter von Zokoly Obergespan von Sirmien zog ihm mit seinem Fussvolke und einem Trupp Pohlnischer Reiter entgegen; bey hereinbrechender Nacht forderte er ihn zum Treffen heraus, befreyte die Gefangenen, jagte ihm den Raub ab, und zerstreute sein ganzes Heer, von welchem vier tausend Mann auf dem Schlachtfelde geblieben waren.

Mathias traute dem überwundenen Feinde weniger als dem siegenden; Ali Begs Niederlage war ihm der Vorbothe wichtigerer Begebenheiten. Er both die ganze Kriegsmacht des Reiches auf, und suchte sich durch den Beystand auswärtiger Fürsten noch mehr zu verstärken.

U

Keiner derselben bezeigte sich willfähriger als
Venedig und der Bischof von Rom. Der letztere lobte den Eifer und die Wachsamkeit des Königs, und versprach ihm einige tausend bewährter Kämpfer, die er in Verbindung mit den übrigen Fürsten Italiens eiligst bewaffnen würde.
Schon hatte sich Mohamed an der Morava in
Servien gelagert, wo er zugleich Hungarn und
Bossnien, Siebenbürgen und die Walachey be-
drohte; und noch erwartete Mathias die ihm
versprochene Hülfe vergebens. Zweifelhaft war
es, in welche Provinz des Sultans drohende Heere eindringen würden; die Ungewissheit sollte
den König verleiten, durch eine falsche Wendung
seiner Kriegsmacht, entweder Hungarn oder Siebenbürgen zu entblössen. Sein schneller Überblick des Ganzen machte die kleinlichen Kunstgriffe des Barbaren zu Schanden; er unterstützte
die Besatzung von Belgrad mit neuen Scharen,
und sandte Johann von Pongrátz mit einem
Heere nach Sirmien, um die Save zu bedecken,
und bey einem Angriffe auf die Vormauer von
Hungarn den Belagerten beyzustehen. Mohamed
brach auf; seine Bewegungen schienen auf einen
Einfall in die Walachey zu zielen; aber zum
zweyten mahle ward seine Absicht durch den
Scharfsinn des Heldensohnes vereitelt. Pongrátz erhielt wiederholte Aufträge die Grenzen
des Reiches von keiner Seite blofs zu geben, und

über die hinterlistigen Unternehmungen der Feinde sorgfältig zu wachen, bis er seine Mannschaft mit den Scharen der Hülfsvölker würde vermehren können. Um Zeit zu gewinnen trat Mathias mit den Osmanen in scheinbare Unterhandlungen. Eben jetzt hatten sie den Venetianern ein Bündniſs angebothen. Auf sein Verlangen erklärte sich die Republik geneigt das Bündniſs anzunehmen, wenn auch der König von Hungarn in dasselbe mit eingeschlossen würde. Mohameds Gesandten verwarfen diese Bedingung; die Unterhandlungen wurden abgebrochen. Dringender forderte nun Mathias von Rom und Venedig' den längst verheissenen Beystand an, Geld und an Mannschaft: aber Zwietracht und Eifersucht hatten den Bund der Fürsten Italiens getrennt; wehmüthig sah der Vater der Christenheit selbst einem gefährlichen Kriege zwischen seinen nächsten Söhnen entgegen; nur ihre Angelegenheiten beschäftigten jetzt seine apostolische Sorgfalt. In seinem Unwillen überzeugt, daſs von dem selbstsüchtigen Oberpriester des Vaticans nichts weiter als Worte, Segen und Flüche zu erlangen wären, rufte der König seinen Gesandten aus Rom zurück: vor seiner Abreise sollte er dem heiligen Vater noch einmahl die augenscheinliche Gefahr der Christenheit, den rastlosen aber vergeblichen Eifer des Königs der Hungarn, die sträfliche Gleichgültigkeit der übrigen christlichen Fürsten nachdrücklich vorstellen, um ihn zu entschuldigen, wenn ihm bey fortdauernder Unthätigkeit der Mächtigen Europa's nur seine Selbsterhaltung am Herzen läge. Pius, durch den entscheidenden Ton des königlichen Gesandten erschüttert, both alles auf, um Hungarns Monarchen zu besänftigen. Auf sein anhaltendes Zudringen sandte Venedig Geld und versprach eine Flotte; er selbst warb einige tausend Mann Reiter und Fussvolk, die er aus seiner Schatzkammer besoldete, und dem Könige mit Vertröstung auf thätigere Hülfe zuschickte.

Indessen war Mohamed in Bossnien eingefallen; mit Freuden ward er von den Einwohnern des Landes empfangen. Der grösste Theil war den Lehren der Manichäer ergeben; der Bedrükkungen satt, die sie unter dem Vorwande der Religion von ihrem Könige Stephan Thomas erdulden mussten, öffneten sie dem Feinde ihre Städte, übergaben ihm ohne Widerstand ihre Festungen. Pongrátz eilte mit seinen Scharen dem verrathenen Fürsten zu Hülfe, aber muthlos nahm dieser die Flucht. Er gerieth in die Gewalt der Feinde, und bezahlte seine Feigheit mit dem Leben. Der Sultan war Herr des Landes; die Hungarn zogen sich über die Save zurück, um für die Sicherheit ihres Vaterlandes zu wachen.

Nahe ging dem Könige Bossniens Schicksal, aber kein Mittel zur Rettung war jetzt in seiner

Gewalt. Die Venetianische Flotte lag noch vor Anker; Pius Hülfstruppen waren vom Schauplatze des Krieges noch weit entfernt; ohne sie wollte Mathias seine Mannschaft nicht über die Grenzen führen. Innere Angelegenheiten unterbrachen jetzt seine kriegerische Thätigkeit. Zeit und Umstände waren da, in welchem der Same der Zwietracht zwischen ihm und dem Kaiser auf immer erstickt werden sollte. Vor seinem Zuge in die Walachey hatte er den Bischof von Gross-Wardein mit dem Reichs- und Hofrichter Ladislaus von Pálocz noch einmahl nach Neustadt gesandt, um mit Friedrich die Unterhandlungen wegen der Krone zu erneuern, und ihn zu einem dauerhaften Vergleiche zu bewegen. Mit günstigen Nachrichten waren sie jetzt angelangt. In einer geheimen Unterredung entdeckte Vitéz dem Könige die Bedingungen, unter welchen Friedrich sich entschlossen hätte, seine Ansprüche auf das Hungarische Reich aufzugeben und die Krone auszuliefern. »Ver- »sprecht ihm alles, was er verlangt, sprach Ma- »thias; wer auf die Grossmuth seiner Vasallen »und auf die Tapferkeit seiner Truppen rechnen »kann, darf die Bedingungen eines Monarchen »nicht scheuen, der weder Geld noch Soldaten »hat.«

Vitéz. Vor der Berichtigung der Pfandsumme gibt er die Krone nicht aus den Händen.

Mathias. Wegen sechzig tausend Goldgülden werd' ich mich in keine Fehde mit ihm einlassen, er soll sie haben: mag er doch damit wuchern, bis ich sie wieder hole.

Vitéz. Über diese Summe verlangt er noch in dem lebenslänglichen Besitze der Burgfesten, Marktflecken und Herrschaften Forchtenstein, Kobelsdorf, Eisenstadt, Güns und Rechnitz bestätiget zu werden.

Mathias. Und diefs ohne Zweifel schriftlich? Es sey.

Vitéz. Zum Beweis seiner grossmüthigen Uneigennützigkeit tritt er Ödenburg freywillig an euch ab, und nimmt euch an Sohnesstatt an.

Mathias. Grosser, ehrwürdiger Hunyádi, verläugne mich nicht vor Gottes Throne, wenn dein Sohn Friedrich den Dritten zum ersten mahle Vater nennen wird.

Vitéz. Dafür will er mit euch zugleich den Titel, König von Hungarn, so lange er lebt, führen.

Mathias. Diess sey ihm zum Trost und Ersatze gewährt.

Vitéz. Eure Freunde sollen auch die seinigen, seine Feinde auch die eurigen seyn; im Angriffe und in der Vertheidigung gegen dié letztern sollt ihr ihn mit eurer ganzen Macht unterstützen.

Mathias. Das heisst: in schlechter Gesellschaft an Bord gehen, scheitern und ertrinken.

Vitéz. Auf euer Ertrinken scheint er gerechnet zu haben; für sich und sein Haus verlangt er das Erbrecht auf den Hungarischen Thron, wenn ihr ihn ohne Erben verlasset. Er weiſs daſs die Königin ohne Hoffnung zur Genesung an der Schwindsucht danieder liegt.

Mathias. Vergaſs er über der Todesgefahr der Königin daſs ich noch jung genug bin, um für einen Erben zu sorgen?

Vitéz. Das sollt ihr nicht.

Mathias. Das werd" ich.

Vitéz. Höret, König, und erstaunet; auf Treue und Glauben sollt ihr ihm versprechen, daſs ihr euch nach Catharina's Tode nicht mehr verehlichen wollet *).

Mathias. Ich versprech es ihm; mit der Seele eines Lysanders will ich heute diess schändliche Bündniſs mit dem unwürdigen Österreicher eingehen, und es morgen (auf seinen Säbel zeigend) durch dieses allmächtige Mittel Recht zu behalten, trennen und aufheben. Meine Redlichkeit würde sich dem Elenden zur Metze wegwerfen, dessen ehrlose Seele fähig war, diese niederträchtige Bedingung vorzuschlagen. — — Gleich bey dem Schlusse des Bündnisses wollen wir ihn mit seinem eigenen Netze fangen. Wa-

---

*) Cureus. Annal. Siles. — Belcarius. Comment. Rei. Gallicar, lib. X. num. XXI.

chet über ihn; List und Betrug waren stets die vertrautesten Rathgeber seines Herzens. Mit einer falschen Krone, die er in dem Keller seiner Burgfeste ganz nach der Form der ächten heimlich verfertigen liefs, will er euch abfertigen. Sein Hauscapellan, ein schlauer goldgieriger Pfaff, hat mir diefs Geheimnifs verkauft. Besehet den Schatz, der euch übergeben wird; wenn ihr an dem grossen Saphir, der die Mitte des Hintertheiles schmückt, einen feinen Sprung gewahr werdet, so habt ihr die ächte Krone von Hungarn. Er wollte sich eine Gelegenheit vorbehalten, den geschlossenen Vertrag bald wieder zu brechen; er soll sie haben. Versichert ihm den Besitz der Burgfesten, Marktflecken und Herrschaften; aber mit der Einschränkung, dafs sie als ein Theil unsers Königreiches unsern Gesetzen und Verfügungen ewig unterworfen, und mit ihrem Besitzer zur Entrichtung aller Abgaben, Zinsen und Kriegssteuern verpflichtet bleiben sollen. Er wird sich die Bedingung gefallen lassen, aber nie erfüllen. Auf die Gerechtigkeit meiner Forderungen gestützt, will ich das Gewebe seiner Habsucht und Hinterlist zerreissen.

Von sechs Magnaten und drey tausend Reitern begleitet, kehrte Vitéz nach Neustadt zurück. Von dem kriegerischen Ansehen der Gesandtschaft erschreckt, liefs der Kaiser die Thore der Stadt verschliessen; nur Vitéz und

Pálocz wurden mit zweyhundert Bewaffneten hineingelassen; die übrigen erhielten Befehl sich nach Ödenburg zurückzuziehen, und daselbst den Ausgang des Geschäftes zu erwarten, dem Friedrich neue Hindernisse und Schwierigkeiten entgegenzusetzen gefaßt war. Nach langen Berathschlagungen ward endlich die Urkunde des Bündnisses entworfen, und unterzeichnet. Die Gesandten erlegten die Pfandsumme und übernahmen das heiligste Kleinod ihres Vaterlandes, nachdem es durch vier und zwanzig Jahre die Schatzkammer eines Regenten geziert hatte, dessen schwaches Haupt es kaum durch vier und zwanzig Monathe würde ertragen haben. Unter Frohlocken und Jauchzen ward es nach Ödenburg gebracht und durch drey Tage der öffentlichen Verehrung ausgesetzt. Mit keiner schwulstigen Anrede von falscher Begeisterung eingegeben, ward diess theure Heiligthum der Nation an den Grenzen des Reiches empfangen: aber heisse Vaterlandsliebe schwellte jede Hungarische Brust bey dem Anblicke desselben. Abgelebte Greise erinnerten sich mit Wonne der schweren Kämpfe, die sie im Frühlinge ihres Alters für die Rechte und Majestät dieser Krone mit auswärtigen Feinden bestanden hatten. Männer betrachteten sie als das kostbarste Unterpfand ihrer Verfassung und Freyheit, und schworen im Herzen für die Erhaltung desselben keine Aufopferung zu scheuen. Väter zeigten sie ihren Söhnen, und erzählten ihnen die Thaten der Helden, die von Stephan dem Ersten bis zu Siegmund die Ehre und den Glanz dieses heiligen Diadems erhöhet hatten. Jünglinge sahen mit Ehrfurcht auf dasselbe hin, hoher Muth glühte auf ihren Wangen, sie freuten sich der edeln Bestimmung, die sie rufte, unter dem Schutze ihrer vaterländischen Krone Lorbern der Tapferkeit einzusammeln.

Schnell drang die erfreuliche Bothschaft von der Auslösung der Krone durch alle Gegenden des Reiches; im Lager bey Peterwardein vernahm sie der König. Bossniens Eroberung hatte indessen den Osmanen den Übergang über die Save erleichtert, und den Weg durch Croatien nach Krain und Steuermark eröffnet. Der Ruf ihres gewaltigen Vordringens hatte die Fürsten Italiens aus dem Schlummer ihrer Unthätigkeit aufgeschreckt. In dem Convente zu Rom hatte sie das mit den schrecklichsten Zügen ausgemahlte Bild der nahen Gefahr von neuem erschüttert; die gebiethende Stimme des Oberhirten der Christenheit hatte das Bewustseyn ihres Unvermögens auf einige Augenblicke unterdrückt; aus Furcht beherzt und entschlossen, hatten sie die grossen Verheissungen ihrer Theilnahme an dem verordneten Kreuzzuge erneuert, die sie nie weniger als jetzt zu erfüllen im Stande waren. Ihfo Hülfleistung erwartend stand Mathias jetzt mit seinen Schaaren in dem Angesichte des Feindes. Heimlich hatten ihn Bossniens Einwohner ihrer Treue und Unterstützung versichert, wenn er sie von dem quälenden Joche der Türken wieder befreyen wollte. Der Ruhm seines Vaters, der Stolz seiner männlichen Seele, das Gefühl seiner Kraft, der Muth seiner Kämpfer, die Vorempfindung der Belohnung und des Glückes, das unter der Krone der alten Helden Hungariens für ihn reifte; alles vereinigte sich, um seiner Herzhaftigkeit höhern Schwung zu geben, seinen unternehmenden Geist in Bewegung zu setzen, seine Brust zu entscheidenden Thaten zu entflammen. Mohamed erfuhr seine Annäherung; mit stolzer Verachtung spottete er der Jugend des Heldensohnes: Ali-Beg sollte seine Verwegenheit züchtigen; er selbst zog sich nach Macedonien zurück. An der Spitze seiner Tapfern überfiel Mathias bey Wernick den sorglosen Heerführer des Sultans; zum Widerstande war dieser nicht gerüstet; durch eine schimpfliche Flucht betrog er die Erwartungen seines Gebiethers. Vor Sirmium erreichte ihn der siegende Hungar. Ali-Beg entschloss sich zum Kampfe. Schwächer an der Zahl, aber stärker an Muth erfochten Mathias Männer den blutigen Sieg. In der Nacht führte der Barbar die Reste seiner Kriegsmacht über die Save; der König jagte den Überwundenen nach, Tod wüthete aus dem Hungarischen Arm über alles, was er erreichen konnte. In dem Lager bey Sabatz erwartete Mathias Verstärkung seines Heeres; bis zu ihrer Ankunft sandte er seine sieghaften Scharen aus, um Servien weit und breit zu verheeren. Jetzt zog Emerich von Zápolya mit fünf tausend leicht bewaffneten Reitern in das Lager ein; Mathias brach auf, sein Heldenwerk zu vollenden. Nach vier Tagen stand er vor Jaicza. Gleich beym ersten Angriffe ergab sich Bossniens Hauptstadt seiner Gewalt. Mit einer starken Besatzung lag Harambeg in der Burgfeste; Hungarns Held liess sie berennen; aber mit Nachdruck wurden die Stürmer zurückgeworfen. Erst nach einer hartnäckigen Belagerung, nachdem Hunger und Krankheiten die Hälfte der Besatzung aufgerieben hatten, übergab Harambeg den wichtigen Posten dem Sieger: sechzig Städte mit ihren Schlössern folgten seinem Beyspiele; ganz Bossnien erkannte die Oberherrschaft des Königs. Zápolya blieb als Statthalter der Provinz in Jaicza zurück; Mathias zog zu Ende des Jahres nach Ofen, um sich die Krone aufzusetzen, welcher er sich auf dem Schauplatze der Ehre, der Gefahr und des Todes so würdig bezeigt hatte.

Durch ganz Europa verbreitete diese glorreiche Eroberung den Ruhm seiner Tapferkeit. Die

Gesandten der vornehmsten Höfe zogen nach Ofen, um dem jungen Helden Glück zu wünschen, ihm die Freundschaft und Hülfe ihrer Fürsten anzubiethen, und ihn nach Stuhlweissenburg zur feyerlichen Krönung zu begleiten. Über den Hintritt seiner Gattin trauernd, wollte er diese Feyerlichkeit noch auf einige Monathe verschieben; aber der vereinigte Wunsch der Nation bewog ihn, sich in den Willen der Stände zu fügen, die den neun und zwanzigsten März des vierzehn hundert vier und sechszigsten Jahres dazu festgesetzt hatten. In der Domkirche, bey den Gräbern der alten Könige erhob der Cardinal-Primas Dionysius von Szécs, ein siebzigjähriger Greis seine zitternde Stimme, und ermahnte den König zur Weisheit, Güte, Starkmuth und Gerechtigkeit im Herrschen. Mit gerührtem Herzen legte Mathias seine Hand auf das Evangelium und schwor, die Verfassung der Nation unverletzt zu erhalten, über die Gesetze zu wachen, die Freyheiten und Rechte der Stände zu beschützen. Unter heiligen Gebethen und Segnungen ward er gesalbt, und mit dem königlichen Ornat angethan; erhabne Gefühle durchdrangen sein Innerstes, als er mit dem Mantel Stephanus des Ersten umgeben ward; grosse Entschliessungen verrieth die Majestät seiner Stirn, das Feuer seines Blickes, als ihn der Cardinal-Primas mit dem Zeichen seiner Herrscherpflichten, mit dem heiligen Schwerte des ersten Königs der Hungarn umgürtete. Jetzt wendete sich der Palatinus mit der Krone in der Hand zu den Ständen; dreymahl rufte er: wollt ihr dafs Mathias zu euerm Künige gekrönt werde? dreymahl ertönte ein weithallendes wir wollen, von allen Lippen, und aus allen Herzen. Dionysius vollzog den Willen der Nation; ihr kostbarstes Heiligthum glänzte von dem Haupte des Helden. Freudenthränen rollten aus den Augen des frommen, verdienstvollen Priesters; Mathias war der vierte König, an dem er diese feyerliche Handlung verrichtet hatte.

Nach Vollendung derselben begleiteten die Stände den König nach Ofen, wo zur Befestigung der innern Ordnung und Eintracht, zur Erneuerung der Gesetze und Verbesserung der Rechtspflege ein Reichstag gehalten ward. Das kurze gerichtliche Verfahren, welches die Könige bisher gegen Majestätsverbrecher beobachtet hatten, ward abgeschaft; feyerlich versprach Mathias, niemanden ohne Zuziehung der geistlichen und weltlichen Stände der Treulosigkeit und des Hochverraths wegen zu verurtheilen. Die Grenzen der geistlichen und weltlichen Gerichtsbarkeit wurden genauer bestimmt, und der Umfang der erstern eingeschränkt. Um das Reich von seiner Entkräftung ganz herzustellen, die Schwächern von den Gewaltthätigkeiten der

Mächtigern zu befreyen, den Dienern der Gerechtigkeit Kraft und Ansehen zu verschaffen, und den fleissigen, durch Strassenräubereyen oft unterdrückten Land- und Handelsmann in seinem Eigenthume zu beschützen, wurden alle Befehdungen unter den schwersten Strafen verbothen. Die Verordnung, daſs alle seit fünf und zwanzig Jahren im Reiche, vorzüglich in Ober-Hungarn aufgeführten Schlösser innerhalb sechs Wochen geschleift werden sollten, entfernte die nächste Gelegenheit zu diesen Ausschweifungen; aber der Grund des Übels lag in der Rohheit der Nation. Auch diesen zu heben hatte Mathias Seelengrösse, Muth und Scharfsinn genug.

Auf sein Verlangen blieben Dionysius von Szécs, Vitéz und Janus Pannonius, Bischof von Fünfkirchen bey ihm in der Hauptstadt zurück; Sie machte er zu Vertrauten und Vollziehern der grossen und heilsamen Entwürfe, die sein hochfliegender Geist in den Stunden des ernstern Nachdenkens zur wissenschaftlichen Bildung der Nation geboren hatte. Mehrere Umstände hatten sich in Hungarn vereinigt, die Ausführung derselben zu begünstigen. Schon unter der Regierung Stephanus des Ersten ward die Jugend zu Gran *), Stuhlweissenburg

---

*) „Strigoniensi in oppido nativitatem habuit S. Stepha-
„nus, et puer adhuc scientia grammaticae artis ad ple-
„ne imbutus est," Chartuitius. in vit. S. Steph. c. I.

und Csanad in den sieben freyen Künsten unterrichtet *), und in der Erklärung der Römischen und Griechischen Schriftsteller geübt **). König Coloman, der Bücherträger genannt, erneuerte das vaterländische Schulwesen, und lockte gelehrte Männer, so gut sie das Zeitalter hervorgebracht hatte, durch ansehnliche Belohnungen und Freyheiten in das Reich. **Ludwig der Grosse** errichtete zu Fünfkirchen die **erste hohe Schule in** Hungarn, die von **Urban dem Sechsten** das Recht, Meister der Künste zu machen und Doctordiplome auszutheilen erhielt. **Sigmund** folgte dem rühmlichen Beyspiele seines Schwiegervaters; durch die Stiftung der hohen Schule zu Ofen zeigte er sich als einen thätigen Freund und Beförderer der Wissenschaften. Der Genius der Zeit, anhaltende Kriege, öftere Einfälle und Verheerungen der Tartarn, innere Zwietracht, stumpfe Gefühllosigkeit der Nation für ihre höhere Cultur; diess waren

---

*) Vita S. Gerardi *apud Bollandistas. ad XXII. Septembr.*

**) „Dum olim in scholari studio simul essemus, et in „historia trojana, quam ego cum summo amore com„plexus, ex libris Daretis Phrygii, ceterorumque au„ctorum sicut a magistris meis audiveram, in unum „volumen proprio stylo compilaveram, etc." *Anonym. Belae regis Hungariae, notarii Hist. Hung. Praefat. ap. Schwandtn. T. I.*

waren die Ursachen, die vereinigt zusammengewirkt hatten, um die Früchte dieser nützlichen Anstalten noch vor ihrer Reife zu verzehren. Doch war nicht alles verloren: die Sprache der alten Römer, freylich von dem Roste des spätern Verderbens entstellt, war die Sprache der Geschäfte und des feinern Umganges, die Sprache der Könige, der Richter und der Gesetze geworden. So klein dieser Vortheil auch scheinen mag, so war er doch ein fruchtbares Samenkorn für die künftige Bildung der Pannonier. In Italien, unter den traurigen Ruinen der Römischen Grösse wehete noch der Geist der alten: Dante, Petrarch, Johann von Ravenna hatten seinen Hauch aufgefasst; von ihm beseelt, fanden und bezeichneten sie die Wege, auf welchen hernach Aretin, Poggio, Valla, Gvarini sich den Ruhm der Wiederhersteller des Geschmackes, die Bewunderung ihrer Zeitgenossen und den Dank ihrer Nachkommen erworben hatten. Zu ihnen zogen die Söhne der Hungarn hin; die Sprache der Alten war ihnen geläufig; in den Schulen zu Rom, Florenz und Verona auch mit ihrem Geiste bekannt gemacht, brachten sie einige wohlthätige Funken des Lichts und des Geschmackes in ihr Vaterland zurück.

Europa's Bewohner war jetzt nicht mehr der nervige Mann, dessen unthätiger Geist unter der

heftigsten Anstrengung seines Körpers unterlag.
Seine Leibesstärke hatte abgenommen, die Seelenkräfte wurden in ihm wirksam; die zunehmende Volksmenge unterhielt die Gährung, die daraus entstehen musste. Zwischen wilden Kriegern und gefühllosen Sclaven hatte sich ein dritter Stand, der Stand der Freyen gebildet; körperliche Stärke war ihm zu seinem Glücke entbehrlich; sie hörte auf das einzige Verdienst zu seyn. Der Wohlstand, den er vorzüglich der Anwendung seiner Geisteskräfte zu verdanken hatte, war der Gegenstand der allgemeinen Aufmerksamkeit, und allmählig auch des allgemeinen Verlangens geworden; die Mittel dazu hatte jeder in sich selbst; Vorzüge des Geistes und des Fleisses fanden Belohnung; Wildheit und Verfeinerung, Unwissenheit und Aufklärung, Wahrheit und Irrthum, Vernunft und Vorurtheile geriethen in heftigsten Kampf. Europa's Bewohner ward zum denkenden Manne; nichts als die eiserne Hand des Priesterthumes hinderte noch seine Fortschritte. Die Kreuzzüge hatten die Macht der Hierarchie erschüttert; die schändlichsten Ausschweifungen hatten ihre gesalbten Diener dem Spotte und der Verachtung des Beobachters Preis gegeben. Man fing an, an der Heiligkeit des Priesters, an der Kraft seines Fluches und an der Wahrheit seiner Lehren zu zweifeln. Die schreckliche Flamme, die den ehrwürdigen Priester von

Hussinetz zur ewigen Schande des Papstthumes verzehrt hatte, brachte Licht in diese Zweifel; sie verschwanden dort, wo die Denkkraft durch die vorhergegangenen Erschütterungen zur Erkenntniss der Wahrheit vorbereitet war. Die Thätigkeit des menschlichen Geistes, der sich durch die Wolken des Aberglaubens durchzuarbeiten bestrebte, ward allenthalben sichtbar; das Schicksal des Märterers der Wahrheit fand Theilnehmer, seine Lehre muthige Vertheidiger. Böhmens Beherrscher bekannte sich öffentlich zu derselben. Pius hatte sich vergebens bemühet, ihre zahlreichen Bekenner in Hungarn durch seinen Inquisitor Gabriel von Verona zu vertilgen; in der Seele des Inquisitors war es zu hell, und sein Plan verboth ihm, durch die Vollziehung der päpstlichen Aufträge auch nur bey einem Theile der Nation sich verhasst zu machen, bey welcher er einen höhern Gipfel hierarchischer Ehrenstellen erreichen wollte. Von dem Cardinal-Primas aufgefordert, hatte der König die neue Lehre durch Edicte verfolgt, die aber ohne Wirkung geblieben waren; weil er, selbst im Herzen überzeugt war, dafs bey der gegenwärtigen Revolution der gesellschaftlichen Bildung auch die Vorstellungsart sich verändern, und das Bedürfniss mehr gereinigter Religionsbegriffe nothwendig nach sich ziehen müsste; weil er die Vortheile berechnet hatte, die aus dieser allgemeinen Geistesgährung für die höhere Cultur seiner Nation erfolgen würden.

Das Griechische Reich war unter der zerstörenden Macht der Osmanen gefallen; der Fanatismus der Eroberer verfolgte die Künste und Wissenschaften, die sich daselbst unter dem Schutze des Luxus und des Ehrgeitzes noch erhalten hatten. Künstler und Gelehrte flüchteten sich nach Westen. Der grösste Theil zog nach Italien; viele blieben auch in Hungarn zurück, wo sie an den Báthoryern, Gerebern, Zápolyern, Erdödyern, an den Bischöfen und an dem Könige selbst die grossmüthigsten Verehrer, Beschützer und Wohlthäter fanden.

Szécs, Vitéz und Janus Pannonius *) hatten sich in Italien zu Forschern des Wahren und Kennern des Schönen gebildet; mit den grössten Männern ihres Zeitalters standen sie in freundschaftlichen Verbindungen; leicht war es ihnen die Wünsche ihres Königs zu erfüllen, der unter diesen günstigen Umständen eine Academie errichten, und die Hauptstadt des Reiches

---

*) Sein wahrer Nahme war Joannes Cesinge. Sein Oheim Vitéz hatte ihn im eilften Jahre seines Alters nach Italien gesandt, wo er sich unter der Anleitung der berühmtesten Männer ganz den Wissenschaften widmete. Ausser Guarini waren auch Galeotti, Arclius, Andronicus Callisti, und Marsilius Ficinus seine Lehrer. Marcellus und Strozza wür-

zum herrlichsten Wohnsitze der Musen und ihrer Geweihten erheben wollte. **Brandolinus, Cattus, Ugolettus** verliessen Italien, und folgten dem ehrenvollen Rufe der Prälaten Pannoniens, die sie zu den ersten Lehrern der schönen Redekünste gewählt hatten. **Bandinus** und **Torquatus** zogen auf Mathias Einladung nach Ofen, um die Söhne der Hungarn in die Geheimnisse Platonischer Weisheit einzuweihen, mit welchen sie sich unter **Marsilius Ficinus** einsamen Pappeln inniget vertraut gemacht hatten. **Julius Ämilius** und **Montagna** rechtfertigten das Zutrauen des Königs, womit er sie zu dem wichtigen Lehramte der Natur- und Arzneykunde bestimmt hatte. **Nicolaus Barius** und **Donatus Aretinus** weihten ihre Hörsäle der Römischen Rechtswissenschaft, deren Aussprüche die Hungarn bis dahin nur in Florenz und Bologna vernehmen konnten. Durch ihre mathematischen und astronomischen Kenntnisse erweckten und schärften **Regiomontanus** und **Nimerius** den Forschungsgeist der Nation; für genossen erklärte selbst Hungarns

---

digten ihn ihrer vertrautesten Freundschaft. Seine poetischen Versuche schätzte Beatus Rhenanus so hoch, dafs er kein Bedenken trug, sie mit den besten Werken der Alten zu vergleichen. Mathias kannte seinen Werth, und erhob ihn bald nach seiner Rückkunft aus Italien zum Bisthume von Fünfkirchen.

Monarch die Stunden, die er mit ihnen in der
Beobachtung des gestirnten Himmels gefeyert
hatte. "Petrus Niger ward aus Deutschland
berufen; der ausgebreitete Ruhm seiner philoso-
phischen und theologischen Kenntnisse bewog
den König, die ganze Academie seiner Aufsicht
und Wachsamkeit zu überlassen." Von allen Seiten eilten nun Lehrbegierige und Gelehrte herzu;
jene, um durch Ausbildung ihres Geistes den
Vorwurf der Rohheit und Barbarey bey auswärtigen Nationen zu widerlegen; diese, um an der
Achtung und Freygebigkeit des gekrönten Musen-
freundes theilzunehmen. Höhere Ehrenstellen,
Infuln und reiche Pfründen waren denjenigen
vorbehalten, die sich in dem Reiche der Wissenschaften auf einen höhern Platz emporgeschwungen hatten.

— Lehrer und Schulen waren nicht das einzige Mittel, wodurch Mathias die Fortschritte
der Vernunft in dem Gebiethe des Wahren und
Schönen befördern wollte; reichlichere Früchte
erwartete er von den Bemühungen, mit welchen er die vortreflichsten Schriften des Alterthumes in eine öffentliche gemeinnützige Samm-
lung gebracht hatte. Die unsterblichen Denkmahle des Geistes der Alten waren in den meisten Ländern Europa's noch so kostbar, die Abschriften davon so fehlerhaft und doch so theuer,
die ersten Werke der jetzt erfundenen Buchdruk-

kerkúnst so schwer zu erlangen, dafs auch der Fleiss und die Anstrengung des thätigsten Kopfes nur selten wahre Befriedigung finden konnte. Auch diesem Bedürfnisse wusste Hungarns grosser Beherrscher abzuhelfen. Ausser den sämmtlichen Werken, die bis dahin die verschiedenen Buchdruckereyen geliefert hatten, käufte er noch mit ungeheuern Kosten eine Menge alter Griechischer Handschriften, welche die aus Byzanz flüchtigen Gelehrten der verheerenden Wuth der Barbaren entrissen hatten. Viele Flüchtlinge führte die Hoffnung grösserer Vortheile mit den geretteten Schätzen nach Italien. Rom und Florenz wurden die Sammelplätze derselben; dort unterhielt Mathias dreyssig Copisten, die nach den besten Originalien getreue Abschriften der alten Dichter, Redner, Philosophen und Kirchenlehrer verfertigen mussten *). Vier bewährte, in den Sprachen des Alterthumes erfahrne Männer waren bestimmt, ihre Arbeiten kritisch zu prüfen und auszubessern; die letzte Revision war das Geschäft des Felix von Ragusa, den tiefe Gelehrsamkeit und gründliche Kenntniss der La-

---

*) „Audivi a majoribus, Mathiam regem, dum viveret, „aluisse semper ad triginta servos amanuenses, pingen- „di peritos, quorum ego plerosque, illo mortuo nove- „ram. Horum erant opera, omnes fere, et graeci et „latini codices conscripti." Nicol. Olahi. Hungaria. c. 5.

teinischen, Griechischen, Hebräischen und Arabischen Sprache der Vollendung dieses Werkes fähig gemacht hatten. Die mit so vielem Aufwande und Fleiss gesammelten Schätze wurden in dem königlichen Schlosse zu Ofen in zwey grossen hochgewölbten Sälen aufgestellt. Die Schränke waren vergoldet, und mit seidenen prächtiggestickten Vorhängen verdeckt; dreyhundert Statüen, kostbare Denkmahle der alten Kunst; zahlreiche Büsten und Gemählde, Werke der berühmtesten Meister waren, durch diese Zufluchtstäte des Denkers vertheilt, und erneuerten in seiner Seele das Bild der alten Grösse, Majestät und Erhabenheit *).

Mitten in diesen rühmlichen Unternehmungen zur Aufnahme der Künste und Wissenschaften unterbrach den thätigen Musenfreund das Kriegsgetümmel, das ihn zur Vertheidigung des Vaterlandes rufte. Mit zahlreichen Haufen war Mahomed in Bossnien eingefallen, und bis ge-

---

*) „Inspexi libros omnes: sed quid libros dico? Quot „libros, tot etiam thesauros isthic inspexi. Dii immor„tales! quam jucundum hoc spectaculum fuisse, quis „credat? — — — Tunc certe non in bibliothéca, sed „in Jovis gremio, quod aiunt, mihi esse videbar." Joan.Alex.Brassicanus in praefat. ad Salvianum de providentia. Paris 1577. — Die Anzahl sowohl gedruckter als geschriebener Werke belief sich bey dem

gen Jaicza vorgerückt. Auf Zápolya's Tapferkeit vertrauend, und den versprochenen Beystand des Papstes erwartend, zog Mathias dem Barbaren langsam entgegen. Schon hatte dieser die Belagerung angefangen, und fern war noch die Hülfe, die den Helden Pannoniens in Stand setzen sollte, das Kreuz selbst in Constantinopel aufzupflanzen. In den empfindlichsten Ausdrükken beklagte er sich über das Zaudern des Römischen Bischofs; aber Pius hörte seine Klagen nicht mehr. In Ancona, wo er die Venetianische Flotte besteigen, und das Kreuzheer in eigener Person anführen wollte, hatte er seine Laufbahn beschlossen. Seinen eigenen Kräften überlassen, setzte Mathias den Marsch mit Eilfertigkeit fort. Die Besatzung hatte indessen dem Feinde den muthigsten Widerstand geleistet. Mohamed erfuhr die Ankunft des Königs; nicht mehr Verachtung, sondern Furcht und Entsetzen vor dem Glücke des gekrönten Heerführers bestimmte ihn, die Belagerung aufzuheben, und

---

Hintritte des Königs auf 55000 Bände, zu deren Anschaffung er beynahe jährlich 33000 Goldgülden verwendet hatte. Sein Nachfolger Uladislaus, für Hungarische Herzen höchst kränkenden Andenkens, verschenkte die kostbarsten Handschriften, was seine Rohelt und Unwissenheit übrig liefs, ward nach der Schlacht bey Mohács und Ofens Eroberung, bis auf einige unbedeutende Reste von den Türken vernichtet.

eine schnelle Flucht zu ergreifen. Der König
setzte ihm einige Meilen nach, aber unsicher
war es, ihn weiter zu verfolgen; die Spuren der
gräulichsten Verwüstung, die er bey seinem
Rückzuge allenthalben hinterlassen hatte, drohten mit Krankheiten und Hungersnoth. Gezwungen Bossnien zu verlassen, wendete sich Mathias nach Servien. Den Erzbischof von Colocza
Stephan Várdaj, liefs er mit einem starken
Trupp Reiter an der Save zurück, um den Übergang über den Strom zu decken. Zápolya zog
mit einigen Scharen nach Strebernitz, nahm die
Stadt mit stürmender Hand weg, und überliefs
die reichen Silbergruben seinen Kriegern zur
Plünderung. Die Absicht des Königs war vorzüglich auf die Bergfestung Zoinich gerichtet;
er unternahm die Belagerung, und setzte sie
durch zwey Monathe mit einem Eifer fort, den
weder der hartnäckige Widerstand der Besatzung,
noch die zunehmende Unzufriedenheit seiner er-
müdeten Streiter entkräften konnte. Heftiger
brach diese jetzt aus, als Zápolya durch einen
unglücklichen Pfeilschufs aus der Festung ein
Auge, und damit auch den Muth verlor. Die
Soldaten verlangten Ruhe und Erholung; der
Heerführer unterstützte ihre Forderungen bey
dem Könige; aber mit einem demüthigenden
Verweis musste er abtreten. Gefahr und Verderben drohende Nachrichten wurden erdichtet;

auch diese erschreckten den ruhm- und siegbegierigen Monarchen nicht. Zápolya kündigte ihm an, Mohamed wäre mit vierzig tausend Mann zum Entsatze der Festung aufgebrochen; Mathias ertheilte den Befehl zum Sturmlaufen. Der grösste Theil des Heeres empörte sich dagegen; der Held sah sich gezwungen seine kühnen Entwürfe für diessmahl aufzugeben, und den schimpflichen Rückzug zu erlauben. Durch die Schande dieser misslungenen Unternehmung aufmerksam gemacht, dachte er jetzt nur auf Mittel, ähnlichen Begebenheiten für die Zukunft vorzubeugen. Schon lange lag der Plan zu einer neuen Kriegsverfassung vollendet in seiner Seele; bey Zoinich hatte er das Bedürfniſs derselben empfunden, ihre Einführung beschäftigte jetzt seine ganze Wirksamkeit. Die wichtigsten Siege der Hungarn waren bisher oft weniger das Werk durchgedachter und genau befolgter Entwürfe, als die Wirkung glücklicher Zufälle. Von der frühesten Jugend an nur im Reiten, Hauen, Stechen, Schleudern und Pfeilschiessen geübt, verstanden sich Pannoniens Rittersmänner mehr auf Angriffe, Rückzüge, Streifereyen und Verheerungen, als auf kunstmässige Läger, Märsche, Schlachtordnungen und Belagerungen. Die Kriegskunst ward gleich einem Handwerke getrieben; Beyspiel und Erfahrung ersetzten den Mangel einer regelmässigen Anleitung. Jedes Schloß und jeder Ritter hatte seinen eigenen Haufen von Edelknechten und Söldnern, die er im Felde als oberster Befehlshaber anführte. So strenge auch bey den einzelnen Rotten das Gesetz des Gehorsams und der Unterwerfung gegen ihren Anführer beobachtet ward, so wenig Kraft hatte es bey dem vereinigten Reichsheere, wo Verbindung zu einem bestimmten Zwecke, abgemessene Eintheilung in Hauptmannschaften und vorschriftmässige Anordnung der Felddienste gegen die Rechte und Freyheiten einzelner Rottenführer stritt. Die meisten Ritterunternehmungen waren nur auf Befehdungen und Abentheuer von wenigen Tagen oder Wochen beschränkt. Die Stärke der Ritter bestand in ihrer Reiterey; das Gefecht zu Fusse blieb die Sache der Handwerker, welchen die Vertheidigung der Städte überlassen war. Tief unter seiner Würde hielt es der Adel, unter dem Fussvolke Proben seiner angebornen Tapferkeit abzulegen.

Durch anhaltendes Studium der Alten mit dem Geiste und den Vorzügen ihrer Taktik vertraut, trat Mathias auf, um den schweren Kampf mit den Vorurtheilen der Nation und ihrer mangelhaften Kriegsverfassung zu bestehen. Er schaffte den Reisigen Trupp mit den plötzlich zusammengerafften Haufen ab, und errichtete nach seinem Entwurfe ein stehendes Heer, das

aus' schwerer und leichter Reiterey, aus leicht
bewaffneten Fussknechten, schwer gerüsteten
Schildträgern und Büchsenmeistern bestand. Die
Art zu fechten war jeder Classe genau vorge-
zeichnet. Die bepanzerten Reiter standen gleich
einer ehernen Mauer, und kämpften auf ihrem
Posten für Sieg oder Tod. Die leichte Reiterey
fiel nach den Umständen auf die Feinde aus; im
Kampfe ermüdet zog sie sich hinter die Schild-
träger zurück. Diese hielten mit den Büchsenmeistern die leichtbewaffneten Fussknechte in
einen Kreis eingeschlossen, vor dem die grossen
einander berührenden Schilder gleichsam eine
Festung bildeten. Auf das gegebene Zeichen
brachen die Leichtbewaffneten hervor, die Schild-
träger und Büchsenmeister unterstützten sie in
dem Angriffe, die Reiterey vollendet, indem sie
entweder den Flüchtigen nachjagte, oder den
Rückzug des Fussvolkes deckte. Der Erfolg hing
von der Fertigkeit und Übereinstimmung der Bewegungen ab; um diese zu erlangen, führte er
allgemeine und beständige Waffenübungen ein.
Das Heer gehörte dem Vaterlande; der Anführer war nicht mehr Eigenthümer der ihm anver-
trauten Rotte. Der tapfere Krieger war seiner
Belohnung gewiſs; das Verdienst, nicht mehr die
Geburt war der Maasstab, nach welchem sie ausgetheilt ward. Die ehrenvolleste Beförderung
für den gemeinen Kriegsmann war, wenn es ihm

glückte, unter die schwarze Legion *) aufgenommen zu werden. Sie war der Kern des ganzen Heeres; der König selbst war ihr Anführer, er selbst Theilnehmer oder Zeuge ihres unerschütterlichen Muthes. Wo alles verzweifelt schien, wo Gefahr und Tod am schrecklichsten drohten, dort war der eigenthümliche Posten dieser Kraftmänner, von dem sie mit ihrem gekrönten Führer nie anders als siegend zurücktraten.

---

*) Sie bestand aus sechstausend Mann. Den Namen hatte sie von den schwarzen Panzerhemden, ihrer gewöhnlichen Kleidung.

(Ende des ersten Theils.)